Luna Born

Missbrauch mit den Missbrauchten

D1664140

Luna Born

Missbrauch mit den Missbrauchten

Mehr Träume, als die katholische Kirche zerstören kann

Tectum Verlag

Luna Born
Missbrauch mit den Missbrauchten
Mehr Träume, als die katholische Kirche zerstören kann

© Tectum – ein Verlag in der Nomos Verlagsgesellschaft, Baden-Baden 2019
ISBN 978-3-8288-4340-0
E-PDF 978-3-8288-7289-9
E-Pub 978-3-8288-7290-5

Umschlaggestaltung: Tectum Verlag, unter Verwendung eines Gemäldes
der Autorin

Druck und Bindung: docupoint GmbH, Barleben
Printed in Germany

Bibliografische Informationen der Deutschen Nationalbibliothek
Die Deutsche Nationalbibliothek verzeichnet diese Publikation
in der Deutschen Nationalbibliografie; detaillierte bibliografische
Angaben sind im Internet über http://dnb.d-nb.de abrufbar.

Für meine Kinder,
die keine Kinder mehr sind,
und für meine Eltern,
die seit dem *Kleinen Wunder*
wieder meine Eltern sind

Vorwort

Im Bayerischen Rundfunk wurde im Frühjahr 2019 ein bemerkenswertes Gespräch zwischen der ehemaligen Nonne Doris Wagner und dem Wiener Kardinal Christoph Schönborn ausgestrahlt.[1] Thema des Gesprächs war – vor dem Hintergrund der persönlichen Missbrauchserfahrungen von Doris Wagner in der katholischen Ordensgemeinschaft DAS WERK – der geistliche und sexuelle Missbrauch in der katholischen Kirche. Viele Zuschauerinnen und Zuschauer erlebten als Höhepunkt des Gesprächs den Moment, als Doris Wagner Kardinal Schönborn fragte: „Glauben Sie mir meine Geschichte?" Kardinal Schönborn antwortete: „Ja, ich glaube Ihnen."

Der Kardinal hätte mehrere andere Möglichkeiten gehabt, auf diese Frage zu antworten. Entweder: „Ich muss erst die andere Seite hören, bevor ich mich entscheide, ob ich Ihnen glaube." Oder: „Sollte Aussage gegen Aussage stehen, so gilt die Unschuldsvermutung für die von Ihnen beschuldigten Personen." Er hätte auch eine Unterscheidung treffen können: „Persönlich glaube ich Ihnen, aber in meiner Eigenschaft als Kardinal bin ich eine Amtsperson, und da bin ich an Verfahren gebunden, bevor ich die Entscheidung treffe, wem ich glaube." Oder: „Unter vier Augen beantworte ich Ihnen diese Frage gerne. Aber hier vor laufenden Kameras geht das leider nicht." All dies tat Kardinal Schönborn nicht. Er sagte einfach: „Ich glaube Ihnen."

Ich vermute, dass Kardinal Schönborn nach dieser Antwort viel Kritik und Anfeindung erfahren hat und erfährt. Der Hauptvorwurf gegen ihn wird wohl lauten: „Wie können Sie die Unschuldsvermutung, ein zentrales Gut des Rechtsstaates, im Umgang mit Beschuldigungen wegen sexuellen Missbrauchs einfach aufkündigen? Die Unschuldsvermutung gilt doch auch für Priester. Als Bischof haben Sie im Übrigen auch eine besondere Fürsorgepflicht gerade gegenüber den Priestern."

Zu den immer wiederkehrenden Vorwürfen gegenüber kirchlichen Aufarbeitungsprozessen gehört die Behauptung, dass es neben den Opfern von Missbrauch inzwischen auch eine zweite Kategorie von Opfern gibt: fälschlich beschuldigte Priester. Nun will ich zwar nicht leugnen, dass es diese Fälle auch gibt – und dass die Beschuldigten in solchen Fällen selbstverständlich Anspruch auf volle Rehabilitation haben. Oft wird aber auch zur Begründung der Behauptung darauf hingewiesen, dass Gerichte Anklagen – sofern sie nicht wegen der Verjährungsfrist oder aus anderen Gründen von der Staatsanwaltschaft im Vorfeld schon abgelehnt wurden – aus Mangel an Beweisen zurückgewiesen haben, das heißt im Namen der Unschuldsvermutung. Doch mit solchen Urteilen ist gerade nicht gesagt, dass Falschbeschuldigungen vorliegen. Der deutsche Bundesgerichtshof formuliert das so: „Verurteilt werden darf ein Angeklagter nur dann, wenn sich das Gericht (...) die feste Überzeugung, d.h. die persönliche Gewissheit verschafft hat, dass der Angeklagte die ihm vorgeworfene Tat begangen hat. Kann das Gericht diese uneingeschränkte Überzeugung nicht erlangen, so muß es nach dem Grundsatz *im Zweifel für den Angeklagten* diesen freisprechen, mag ein noch so hoher Grad von Wahrscheinlichkeit für seine Täterschaft sprechen."[2] Kurzum, ein Freispruch ist zwar zwingend geboten, wenn das Gericht nur zu 99 % von der Schuld des Angeklagten überzeugt ist. Das verbietet jedoch Freunden, Angehörigen und Seelsorgern keineswegs, weiterhin dem Opfer zu glauben.

Genau um dieses schwierige, komplexe, nicht vermeidbare Problem geht es in dem vorliegenden Erfahrungsbericht von Luna Born: Welche Rolle spielt die Bereitschaft zu glauben, und welche Rolle spielt die Unschuldsvermutung, wenn Vertreter kirchlicher Institutionen – Ordensobere, Bischöfe, Missbrauchsbeauftragte – den Berichten von Betroffenen begegnen? Kommen sie den Betroffenen mit einer Haltung des Vertrauens entgegen, oder nehmen sie die Haltung einer von der Unschuldsvermutung her begründeten methodischen Skepsis ein? Und wie sieht dies jeweils aus der Perspektive der Betroffenen aus? Lassen sich Vertrauen und methodische Skepsis miteinander verbinden, oder ist hier zunächst eine Entweder-oder-Entscheidung bei den kirchlichen Vertretern gefragt? Und wenn ja: Gibt es dafür Kriterien? Es gibt ja keinen Automatismus des Glaubens.

Unschuldsvermutung

Der Schlüssel zum Verständnis der vorliegenden Geschichte von Luna Born scheint mir also die Frage nach dem Status der Unschuldsvermutung bei der Aufarbeitung von Missbrauch zu sein. Unbestritten ist: Die Unschuldsvermutung ist eine hart erkämpfte Errungenschaft des Rechtsstaates. Im deutschsprachigen Raum war es übrigens der Jesuit Friedrich Spee, der in seinem epochemachenden Werk *Cautio Criminalis* von 1631[3] die elementare Bedeutung des Grundsatzes *in dubio pro reo / im Zweifel für den Angeklagten* herausgearbeitet hat. Mit der Unschuldsvermutung geht die Überzeugung einher, dass der Staat mit dem Anspruch überfordert ist, vollkommene Gerechtigkeit herzustellen. Im Fall der Fälle muss er auf die Gefahr hin, dass Opfer nicht zu ihrem Recht kommen, die beschuldigte Person frei gehen lassen, sofern ihre Schuld nicht zweifelsfrei bewiesen werden kann.

Für die Aufarbeitung von Missbrauch in Institutionen, insbesondere auch in der Kirche, bedeutet dies im Umkehrschluss, dass es für die Beziehung zwischen

Institution und betroffenen Personen eine Ebene geben muss, die mit juristischen Kategorien nicht vollständig erfasst werden kann, sondern ihr vorgelagert ist. Ich erinnere mich an Begegnungen mit den Betroffenen von sexuellem Missbrauch durch Jesuiten am „Eckigen Tisch" in Berlin im Jahr 2010. Es gab zwei Punkte, die im Vorfeld zu klären waren: zum einen der Anonymitätsschutz für diejenigen Opfer, die diesen Schutz für sich beanspruchten, obwohl gleichzeitig die Begegnung unter hoher öffentlicher Beobachtung stand. Zum anderen aber auch die Klärung der Gesprächsebene selbst, auf der wir uns gemeinsam bewegen würden: Die Anwälte hatten uns Jesuiten vor allen Äußerungen während der Begegnung gewarnt, die anschließend in juristischen Verfahren von anwesenden Betroffenen „gegen uns" verwandt werden könnten. Sich darauf einzulassen hätte aber bedeutet, dass wir den Betroffenen gegenüber nur stumm zuhörend dagesessen hätten. Eine Begegnung, die diesen Namen wenigstens ansatzweise verdient, hätte es dann nicht gegeben. So war es auch wichtig, im Vorfeld klarzustellen, dass die Sprache, die wir unsererseits sprechen würden, nicht im Sinne juristischer Terminologie zu verstehen sei.

Vor dem juristischen Diskurs liegt der Vertrauensdiskurs. Aus der Geschichte von familiärem Missbrauch ist ja bekannt: Ein Kind muss im Durchschnitt sieben Mal sprechen, bevor man ihm glaubt. Wenn Eltern ihren Kindern, die ihnen von einem Verbrechen berichten, das ihnen angetan wird, mit der Haltung begegnen: „Bevor ich dir glaube, muss ich erst einmal überprüfen, ob das stimmt, was du sagst, indem ich der bezichtigten Person die Chance gebe, sich auch dazu zu äußern", bedeutet dies, dass Eltern ihren Kindern zunächst einmal nicht glauben. Es ist aber für die Qualität der Beziehung entscheidend, ob ich sofort oder zögerlich glaube. Ähnliches gilt für pädagogische Beziehungen und auch für die Seelsorge: Seelsorger oder Seelsorgerinnen haben das Recht, Vertrauen und Glauben zu schenken. Das ist keineswegs ein Freibrief für Beliebigkeit: Die Glaubenszusage in einem vertrauensvollen Gespräch ist im Fall der Fälle kein irrationaler Akt. Vielmehr gibt es benennbare Kriterien für Glaubensentscheidungen, Plausibilitätskriterien, Glaubwürdigkeitskriterien, Übereinstimmungen mit Aussagen anderer Personen, Disclosure-Effekte und vieles andere mehr.

In kirchlichen Äußerungen, auch von höchsten Stellen, ist erfreulicherweise inzwischen zu vernehmen, man sei bereit, den Opfern zuzuhören. Das bedeutet aber, wenn es nicht bloß um eine formale Anhörung gehen soll: nicht in der Haltung einer Person zuzuhören, die methodisch an Verdachtshermeneutik auf das Gesagte hin festhalten muss, da sie die Unschuldsvermutung im Hinterkopf hat. Eine Grundbereitschaft zu glauben muss da sein, wenn man mit Empathie für die Person und mit Interesse an dieser Person zuhören will.

Nun sind aber Bischöfe, Schulleiter oder Pfarrer nicht nur Seelsorger, sondern auch Amtspersonen mit Verpflichtungen gegenüber beschuldigten Personen. Es waren die Mitarbeitervertretungen in den kirchlichen Institutionen, die Bedenken gegenüber einer zu großen Vertrauensbereitschaft von Vorgesetzten gegenüber „mutmaßlich" Betroffenen hatten, denen gegenüber dann die bezichtigten Angestellten keine Chance mehr hätten. Der Rollenkonflikt zwischen empathisch-seelsorglichem Zuhören und den Pflichten als Amtsperson kann Vorgesetzte tatsächlich überfordern. Das ist der Hauptgrund dafür, dass in den kirchlichen Richtlinien die Stelle des „unabhängigen Beauftragten" als Ansprechperson geschaffen wurde, die das Recht hat, Betroffene in dem Prozess zu begleiten, ohne – gerade wegen ihrer Unabhängigkeit – in den Loyalitätskonflikten zu stecken, in denen die Amtspersonen stehen. Im Fall des vorliegenden Berichts von Luna Born scheint mir das bisherige Scheitern des Aufarbeitungsprozesses damit zu tun zu haben, dass in allen entscheidenden Augenblicken dann doch die Bereitschaft zu glauben oder sogar die bereits gegebene Zusage zu glauben durch das Beharren auf der Unschuldsvermutung ausgesetzt wurde. Der juristische Diskurs siegt über die Beziehungs- und Begegnungsdimension, auf die Betroffene angewiesen sind – und die im Übrigen auch heilend werden kann für die betroffene Institution.

Hier liegt übrigens auch das Problem all jener kirchlichen (und anderen öffentlichen) Äußerungen, welche die „Aufarbeitung" sämtlich an die Staatsanwaltschaften delegieren wollen. Einerseits: Im Rahmen der geltenden Gesetze gilt, dass Strafvereitelung strafbar ist – das trifft selbstverständlich auch auf Personalverantwortliche und Bischöfe zu, die Straftaten vertuscht und Täter vor der strafrechtlichen Aufarbeitung geschützt haben, sodass diese sich heute hinter der Verjährungsfrist verstecken können. Kirchliche Autoritäten sind dazu verpflichtet, bei Gesetzesverstößen von Klerikern und anderen Angestellten mit den staatlichen Autoritäten zusammenzuarbeiten. Es gibt kein Sonderstrafrecht für Kleriker und kirchliche Angestellte. Andererseits: Die Aufgabe der Gerichte besteht in der strafrechtlichen Aufarbeitung von Straftaten nach der Maßgabe rechtsstaatlicher Prinzipien – und dazu gehört die Unschuldsvermutung. Gerade deswegen machen viele Opfer mit der öffentlichen Gerichtsbarkeit sehr schmerzliche Erfahrungen. Bedürfnisse nach Vertrauens- und Anonymitätsschutz werden sehr oft nicht angemessen berücksichtigt. Wenn der Missbrauch Jahre zurückliegt, schlägt die Verjährungsfrist zu. Und schließlich enden Verfahren sehr oft mit Freispruch für die Beschuldigten aus Mangel an Beweisen, nachdem Aussage gegen Aussage stand. Für die Betroffenen beginnt nach solchen Erfahrungen mit der staatlichen Gerichtsbarkeit eine neue Phase der Ausgrenzung.

„Anerkennungszahlung"

Am Bericht von Luna Born fallen die Ambivalenzen der kirchlichen Gesprächspartner im Umgang mit den „Anerkennungszahlungen" auf. Das entspricht der
Logik ihrer Geschichte, weil die Zahlung ja der materielle Ausdruck einer
„Anerkennung" ist, oder anders gesagt: Weil die Institution mit der Auszahlung
der 5.000 Euro ihre Zusage „Ich glaube dir" materialisiert. Aber genau dieses „Ich
glaube dir" steht in der Geschichte von Luna Born auf brüchigem Boden. Das
spürt die Betroffene ganz deutlich. Und es schmerzt. Es geht nämlich um viel mehr
als um Geld.

Das Institut der Anerkennungszahlung von 5.000 Euro basiert auf der Unterscheidung zwischen „Anerkennung" und „Entschädigung". Die Anerkennungszahlung ist keine Entschädigungszahlung. Erstmalig durchgeführt wurde sie im
Herbst 2010 von uns Jesuiten als materialisiertes „Ich glaube dir" – übrigens
damals gegen erheblichen Widerstand der Deutschen Bischofskonferenz. Ich
meine, dass die Einrichtung dieser Zahlung besser ist als ihr Ruf. Sie macht etwas
Wichtiges sichtbar und macht im Fall der Geschichte von Luna Born eben auch
sichtbar, dass die Zusage des „Ich glaube dir" nicht trägt.

Die Zahlung war seinerzeit eine Reaktion auf eine Forderung der Opferseite
im Frühjahr 2010 an den Jesuitenorden. Die Betroffenen forderten die Auszahlung von (allerdings weitaus höheren) Pauschalbeträgen. Pauschalbeträgen deswegen, da sie der Täterseite, in diesem Fall den Verantwortlichen im Jesuitenorden, nicht das Recht einräumen wollten, selbst zu bestimmen, welches Leid
größer und welches Leid geringer war, um dann die „Entschädigungszahlungen"
entsprechend zu staffeln.

Die Höhe der geforderten Beträge war für den Orden nicht darstellbar. Die
Forderung nach dem pauschalen Charakter der Beträge war jedoch einsehbar.
So kam es seitens des Ordens zu der Entscheidung für den Pauschalbetrag von
5.000 Euro als „Anerkennungszahlung". Darüber hinaus gab es in vielen Fällen Entschädigungszahlungen im eigentlichen Sinne des Wortes: Finanzierung
von nachzuholenden Bildungsabschlüssen, Nachzahlungen bei Therapien, Ergän-
zungszahlungen für Rentenbeiträge und vieles andere mehr. Solche „Entschädigungszahlungen" beanspruchten und beanspruchen angesichts der Schwere
des zugefügten Schadens nicht im vollen Sinne des Wortes zu „entschädigen".
Dennoch konnte in vielen Fällen eine Ebene der Begegnung gefunden werden,
in der Beträge je nach Bedarf individuell vereinbart wurden. Angesichts des
„Missbrauchs des Missbrauchs" gerade in diesem Bereich ist hinzuzufügen:
Weder die Anerkennungszahlungen noch die individuell bemessenen Entschädigungszahlungen sind als Schweigegelder zu verstehen. Das wäre sonst die

Fortsetzung des Missbrauchs. Keine betroffene Person wird von den kirchlichen Institutionen dazu verpflichtet zu schweigen, um die Täter oder die Institution zu schützen.

Die öffentliche Debatte um Entschädigungsleistungen ist bis heute nicht zur Ruhe gekommen. Das hängt wohl auch damit zusammen, dass noch keine Regelung gefunden worden ist, die auch auf der öffentlich-politischen Ebene eine Chance hat, einvernehmlich anerkannt zu werden. Es steht bis heute die Frage im Raum, ob die Lösung der Entschädigungsfrage nicht darin bestehen könnte, eine unabhängige Kommission einzurichten, die entscheidet, wie hoch Entschädigungsansprüche im Fall der Fälle sind, und die zugleich Orden und Bistümer dazu verpflichten kann, die Beträge entsprechend auszuzahlen.

Eine solche unabhängige Kommission müsste auf nationaler Ebene agieren. Das wird vermutlich nicht ohne Solidarität zwischen armen und reichen Bistümern, zwischen armen und reichen Orden, zwischen Bistümern und Orden möglich sein. Damit wäre dann aber auch eine Lösung für das Problem gefunden, das in dem vorliegenden Bericht von Luna Born überdeutlich wird: das unterschiedliche Agieren der unterschiedlichen Bistümer. Anerkennungen, die in dem einen Bistum ausgesprochen werden, werden in dem anderen Bistum bestritten und umgekehrt. Den Betroffenen wird ein kafkaesk anmutendes Hin und Her zwischen unterschiedlichen Zuständigkeiten, immer wieder neuen Verfahren und Formalitäten zugemutet, das nachvollziehbar zermürbt und die letzten Vertrauensressourcen auf der Opferseite verbraucht. Denn auch dies ist ja immer mit zu bedenken: Eine betroffene Person, die sich an die Institution wendet, erbringt eo ipso eine Vertrauensleistung, mit der achtsam umzugehen ist.

Rom

Der Bericht von Luna Born macht schließlich deutlich: Niemand weiß, wer in Rom entscheidet, schon gar nicht die Betroffenen. Niemand weiß, was in der Kommunikation zwischen Rom und den Bistümern geschieht. Denn Rom kommuniziert nur durch die Bischöfe. Ich kenne bis heute keinen Fall, in dem eine betroffene Person aus Rom selbst eine Antwort erhalten hat. In Rom spitzt sich das Strukturproblem der katholischen Kirche bei der Aufarbeitung von Missbrauch in dem Maße zu, wie Rom gerade versucht, die Aufarbeitung „römisch" zu lösen, nämlich „oben", zentral. Selbstaufklärung in monarchischen Strukturen funktioniert aber nicht.

Mitleidssprache hilft Betroffenen nicht, auch dann nicht, wenn sie aus Rom oder anderen höchsten Stellen erklingt. Das Gegenteil ist der Fall. Mitleidssprache gegenüber Betroffenen beruht auf einer irrtümlichen Rolleneinschätzung.

Ganz schwierig wird es, wenn, wie im Fall von Luna Born, Verfahren aus „Mitleid mit den Betroffenen" eingestellt werden, weil diese angeblich oder tatsächlich durch den Missbrauch und die Aufarbeitung des Missbrauchs in einer schwierigen „psychischen Verfassung" seien und die Fortführung des Verfahrens ihnen deswegen nicht guttue. Kein Wunder, dass diese Form von „Mitleid" bei Betroffenen als Zynismus ankommt, nach dem Motto: Je schlimmer der Missbrauch und die Wirkungen des Missbrauchs auf das Opfer, umso schneller muss das Verfahren eingestellt werden, und zwar mit Rücksicht auf die Opfer.

Hinter dieser Logik steht eine Mentalität, die das Schweigekartell um den Missbrauch stabilisiert. Das Argument lautet: Aufklärung und Aufarbeitung ist für die Opfer nicht gut, weil sie die Opfer retraumatisiert. Nun ist es ja richtig: Durch das Öffentlichwerden des Missbrauchs wurden bei vielen Opfern schmerzliche Erfahrungen und Szenen angetriggert, und es begann damit für sie ein äußerst anstrengender Prozess. Und natürlich gab und gibt es auch Betroffene, die sich aus Selbstschutzgründen oder aus Gründen des Schutzes ihrer Familien dazu entschieden haben, kein weiteres Verfahren anzustrengen. Wenn Belastungen für die Betroffenen aber paternalistisch zum Vorwand genommen werden, Betroffene zurückzuweisen, wenn diese darauf drängen, dass das Verfahren in Rom in Gang gesetzt wird, dann ist das blanker Zynismus.

Nicht hilfreich ist es auch, wenn die Mitleidssprache in kirchliche Zornessprache über die Täter und ihre Taten kippt. Jüngstes Beispiel dafür ist die verunglückte Rede von Papst Franziskus zum Abschluss des römischen „Missbrauchsgipfels" im Februar 2019. In ihr lässt er seinem Zorn gegenüber den Tätern freien Lauf und solidarisiert sich so implizit mit den Opfern. Doch die Solidarisierung beruht auf einer falschen Rolleneinschätzung. Kirchliche Verantwortungsträger entziehen sich so den Opfern als Gegenüber auf der „Täterseite". Das gilt auch für die Mitleidssprache. Den Schmerz der Opfer „mitfühlen", ihnen sagen, dass man für sie bete, Bedauern über „Betrüblichkeiten" bekunden und mit dem Eingeständnis kombinieren, man könne leider nichts tun – all das ist Gift für die Aufarbeitung und eine Belastung für die Betroffenen.

Pater Klaus Mertes, Mai 2019

Der rote Faden

Vorwort VII

Vorab
oder Warum mein Buch ein Glücksbuch ist.   1

Liste der Ansprechpartnerinnen und Ansprechpartner
oder Um den Überblick nicht zu verlieren.   7

Teil 1

Wie alles begann
oder Das Bild von Ösen und Haken 11

Die Konfrontation
oder „Wieso hattest du auch immer so eine
süße, rote, kurze Hose an!". 17

Der Übergang
oder Warum es wichtig ist zu wissen, wie alles begann 21

Aus meinem Tagebuch: Der Schmerz 27

Das Glücksgefühl, gehört zu werden 29

Die Ernüchterung
oder Der Erstkontakt mit dem zuständigen Bistum. 35

  Herr Eins. 35

Der Fragenkatalog. 39

Aus meinem Tagebuch: „KleineWunder" 46

Hintergrundwissen: Kleine medizinische Abhandlung
oder Wie mein Hirn tickt 50

Wie es im zuständigen Bistum weiterging
oder Die verschiedenen Männer
des zuständigen Bistums 59

> Herr Zwei 59

> Herr Drei 62

> Herr Vier! 63

Hintergrundwissen: Paralleljustiz, Richterorganisation =
Täterorganisation 68

Zurück zum zuständigen Bistum 72

> Herr Fünf und die 1.000 Euro Therapiekosten 72

> Herr Sechs, der Gutachter für das Glaubwürdigkeitsgutachten 84

Hintergrundwissen: Trauma/REtrauma
oder „Mein Bischof = mein Schicksal". 90

Hintergrundwissen: Energetisches Schulterzucken
oder Die Möglichkeit, Verantwortung zu verschieben. 95

Wie es dann weiterging
oder Noch mehr Kontaktpersonen –
alles Männer! 101

> Herr Sieben, der Sonderbeauftragte der Deutschen
> Bischofskonferenz. 101

> Der zuständige Bischof, Herr Acht 108

Aus meinem Tagebuch: DU bist nicht allein! 116

Der Strafrichter sollte es nun richten
oder Was zu weit geht, geht zu weit 119

> Herr Neun und Herr Zehn 122

Hintergrundwissen: Vermischung von staatlichem
Rechtssystem und Seelsorge
oder Wie es mir gerade gefällt. 129

Die Anerkennung durch das nicht zuständige Bistum
oder So sieht Seelsorge aus 133

Die Zeitungsartikel in der Lokalpresse
oder Ich gehe an die Öffentlichkeit 135

Das vorläufige Finale mit dem zuständigen Bistum
oder Die Umkehr der Schuldfrage 137

Hintergrundwissen: Verdrehung des SchuldPfeils 153

Das vorläufige Happy End
oder Mehr Träume, als die katholische Kirche
zerstören kann 157

Der aktuelle Stand
oder Das kann ja wohl nicht wahr sein
oder Der Fisch stinkt doch vom Kopf her
oder Und noch eine Glücksbotschaft 162

Teil 2

**Struktur und Strukturprobleme der katholischen Kirche,
die Missbrauch und Vertuschung möglich machen und
vereinfachen**
oder Die Kirche ist nicht schuld, verantwortlich ist
der einzelne Mensch 179

Zwangszölibat 182

Reiner Männerverein
oder Sind Frauen Christen zweiter Klasse? 186

**Die Doppelmoral der katholischen Kirche:
Exemplarische Beispiele** 190

Die katholische Kirche und Sexualität
oder „… und wenn was schiefgeht …" 195

Vorbereitung der Priester auf das Zwangszölibat 213

Künstlich erhöhte moralische Instanz der Geistlichen 219

Die Monarchie 224

Paralleljustiz – eine Ergänzung 233

Noch einmal: Vermischung von staatlichem
Rechtssystem und Seelsorge
oder Wie es mir gerade gefällt 237

„Mein Bischof = mein Schicksal" – eine Ergänzung 239

Noch einmal: Energetisches Schulterzucken
oder Die Möglichkeit, Verantwortung zu verschieben 243

Noch einmal: Verdrehung des „SchuldPfeils" 245

LEITLINIEN
für den Umgang mit sexuellem Missbrauch Minderjähriger und
erwachsener Schutzbefohlener durch Kleriker, Ordensangehörige
und andere Mitarbeiterinnen und Mitarbeiter im Bereich der
Deutschen Bischofskonferenz 247

Das sechste Gebot: Du sollst nicht die Ehe brechen
oder „Des Pudels Kern" 259

Das gute Ende 265

Danke 271

Anmerkungen 273

Abbildungsverzeichnis 282

Vorab

oder

Warum mein Buch ein Glücksbuch ist

Nun ist es bald so weit! Beim Schreiben dieser Zeilen ist mein Buch fast fertig. Auf der einen Seite kann ich kaum erwarten, es in den Händen zu halten, und freue mich riesig. Auf der anderen Seite macht es mich nervös, wenn ich mir vorstelle, dass es wirklich veröffentlicht werden soll.

Die Cover-Idee gefällt mir sehr gut – das Bild ist eines meiner Lieblingsbilder von denen, die ich 2014 und 2015 gemalt habe. Nach Rücksprache mit meinen privaten Beraterinnen und Beratern werden auch meine anderen Bilder in Farbe mit ins Buch aufgenommen. Das bereitet mir Bauchschmerzen, denn ich halte mich selbst nicht für eine begnadete Malerin. Aber die Bilder haben mir wirklich geholfen. Das große Thema war und ist „Gefühle malen", denn es war sehr schwierig, Gefühle zu fühlen und sie dann auch noch zum Ausdruck zu bringen. Ich liebe Wörter, doch da war und ist immer noch eine Grenze, die ich wahrnehme; sobald es um die Dimension der Ohnmacht geht oder das Ausmaß der Einsamkeit, fehlen mir die Worte, und da kamen mir die Farben gerade recht. Ich bitte also um Nachsicht und Großherzigkeit, wenn es um die Beurteilung der Bilder geht, habt dabei das Thema „Gefühle zum Ausdruck zu bringen" bitte im Herzen! Gestern war meine Freundin hier, und wir haben zusammen gekocht. Sie sah die Bilder und ging sie sehr still durch. Sie wusste das große Thema nicht, als sie plötzlich meinte, sie könne meine Gefühle in den Momenten, als ich malte, spüren. Das macht mir Hoffnung, dass es Euch vielleicht auch so gehen mag.

Ich habe das Buch unter meinem Künstlernamen veröffentlicht und lange mit mir darum gerungen, ob es feige ist, ob ich mich nicht zeigen will. Doch nachdem ich mich dazu entschlossen hatte, das Buch so zu veröffentlichen, habe ich eine riesige Entlastung wahrgenommen. Auch jetzt spüre ich noch die Erleichterung und merke, wie groß mein Schutzbedürfnis für mich und auch für meine Familie ist. Pater Mertes meinte zu mir in diesem Kontext: *„Ja, natürlich, Schutz ist das Wichtigste in diesem Zusammenhang. Ihr müsst euch doch als Betroffene jetzt nicht auch noch für die Aufarbeitung opfern."* Ja, so ist es wohl.

Ich habe mich ebenso dazu entschieden, all die Menschen zu schützen, mit denen ich es im Rahmen der Missbrauchsanzeige zu tun hatte. Auch wenn ich vieles von deren Handeln und Nicht-Tun nicht verstehen kann und es mich schmerzt, respektiere ich, dass jede und jeder von uns „nur" ein Mensch ist. Ich würdige daher den Schutz aller und habe alle Namen im direkten Zusammenhang mit meiner Geschichte geändert. Bei Menschen mit einmaliger Funktion, wie z.B. dem Papst, ist diese Art von Schutz wohl nicht möglich.

Ich habe lange darüber nachgedacht, wie ich die Menschen – vor allem die Männer des zuständigen Bistums – denn benennen könnte, um sowohl der von mir empfundenen Anonymität als auch deren Schutz gerecht zu werden. Ich habe mich dazu entschieden, sie in der Reihenfolge ihres Erscheinens durchzunummerieren. Das trifft für mich den Kern des Unpersönlichen und macht das Ausmaß der verschiedenen Ansprechpartner spürbar deutlich. Ich habe selbst beim Schreiben immer wieder den Überblick über die Zuordnung der Männer verloren. Welche Nummer war jetzt noch der zuständige Bischof? Ach ja, er persönlich kam ja erst relativ spät ins „Spiel", er ist Herr Acht!

Um es Euch Leserinnen und Lesern leichter zu machen, habe ich eine Liste der Ansprechpartner und Ansprechpartnerinnen erstellt. Diese Liste findet Ihr auf dem beigelegten Lesezeichen, denn so ist sie immer griffbereit. Den Beschuldigten habe ich „Pfarrer Täter" genannt, das drückt für mich am besten aus, welche Doppelrolle er ausfüllt. Auf den besonderen Hinweis einer meiner privaten Lektorinnen hin, weise ich ausdrücklich darauf hin, dass es sich um die *römisch-katholische* Kirche handelt. Wir haben versucht, den korrekten Begriff so oft wie möglich zu nutzen, um den weiteren katholischen Kirchen kein Unrecht zu tun.

Zum Thema Unrecht: Ich habe mich sehr bemüht, alle Persönlichkeitsrechte und Urheberrechte zu berücksichtigen. Im Grunde ist es kein Problem gewesen, Genehmigungen einzuholen, und es hat zu sehr netten und auch intensiveren Austauschen geführt. Sollten trotz allem versehentlich Rechtsverletzungen vorliegen, bitte ich das zu entschuldigen und mir umgehend mitzuteilen. Sollte einer oder eine von Euch mein Buch zitieren wollen, um sein eigenes Werk zu untermalen oder zu untermauern, bitte ich um eine kurze Anfrage an den Verlag, der sie mir weiterleiten wird.

Ich vermute, dass sich der eine oder die andere in meiner Darstellung nicht genug gesehen fühlt. Vielleicht sind Herr Eins und Herr Zwei persönlich getroffen, weil sie ihr – sicher ehrlich gemeintes – Bemühen nicht genug gewürdigt sehen. Das täte mir leid, wenn dem so wäre! Und doch ist das, was ich geschrieben habe, mein persönliches Empfinden. Es kann gut sein, dass Herr Eins seinen Fragenkatalog nicht so gemeint hat, wie er in großen Teilen bei mir ankam. Ich nehme mir aber hier in meinem Buch die Freiheit, genau das in den Mittelpunkt zu stellen: mein Erleben und meine Gefühle als Opfer und als Betroffene von sexueller Gewalt durch einen Priester der römisch-katholischen Kirche. Denn bei diesem Thema geht es genau darum – oder es sollte genau darum gehen! Darum bitte ich auch alle, die mit uns Betroffenen zu tun haben, ihre eigenen Gefühle, ihre „Haken und Ösen" und „offenen Handschuhe" in voller Eigenverantwortung extern zu bearbeiten und möglichst nicht im Kontakt mit uns auszuleben und somit in den Vordergrund zu stellen.

Ich habe das Buch in zwei Teile aufgeteilt. Dabei habe ich den Kapiteln bestimmte Zitate vorangestellt. Diese Zitate dienen nicht der bloßen Illustration und dem Nachweis der Aktualität, sondern sollen – wie ein Motto – einen ersten Zugang zu dem jeweiligen Kapitel öffnen und die im jeweiligen Kapitel zu beleuchtenden Inhalte erläutern. Es handelt sich also um Motto-Zitate.

Im ersten Teil erzähle ich meine Geschichte. Dabei spielt der stattgefundene Missbrauch nur eine sehr untergeordnete Rolle. Es geht mir hier nicht darum, was wie genau vor vielen Jahren passiert ist. Das ist ein Teil meines Lebens, und er interessiert niemanden wirklich im Detail, sondern wäre nur schwere Kost. Und doch kam ich nicht darum herum, sozusagen als Grundlage für das Buch, kurz zu schildern, wie alles begann und warum das, was passiert ist, überhaupt möglich war und dann auch noch für so lange Zeit.

Eine Freundin meinte nach dem Lesen, es sei das schwerste Kapitel – und dann ist es auch noch das erste! Bittet haltet durch, lest es quer, überfliegt es, lasst es andere lesen und für Euch passend zusammenfassen, was auch immer! Es ist nur die Grundlage. Ich selbst bin aufgrund meiner Geschichte kaum dazu in der Lage, Berichte über sexuelle Gewalt in welcher Form auch immer zu lesen oder anzuschauen. Ich konnte das Buch von Daniel Pittet „Pater ich vergebe Euch!"⁴ zu großen Teilen in den genauen Beschreibungen nicht lesen, da ich sofort dissoziiere und erstarre. Ab dem Kapitel „Die Anzeige" wurde es leichter und für mich und mein Buch auch sehr hilfreich. Ich schreibe das, um Euch allen Mut zur Lücke zu machen und Euch dazu zu ermuntern, mein Buch dann dort weiterzulesen, wo es wieder möglich wird. Für mich selbst war es ein entscheidender Schritt zur Erkenntnis und zur Annahme meiner Geschichte, als ich zuließ und wahrnahm, dass ich reagiere, wenn es um Bilder und Geschichten von sexueller Gewalt geht.

Der erste Teil – der meine Geschichte vor allem ab der Antragstellung bis Juli 2019 enthält – besteht aus mehreren kleineren Abschnitten: Da gibt es die chronologische Geschichte, gespickt mit meiner Wut, Briefen und Zitaten aus den vielen, vielen E-Mails.

Es gibt neutralere Texte, die allgemein sowohl die Strukturproblematik der römisch-katholischen Kirche als auch zum Beispiel eine kleine medizinische Erklärung über die Verarbeitung von Traumafolgen oder über Trauma und

Retrauma beinhalten. Dann habe ich beim Recherchieren meiner eigenen Tagebücher und Aufschriften sehr persönliche Texte gefunden, die zum Teil einen Platz gefunden haben. Auch diese sind optisch in „Der rote Faden" abgesetzt. Und dann gibt es noch die Bilder, über die ich schon geschrieben habe. Es steht jeder und jedem von Euch frei, was Ihr lest und in welcher Reihenfolge. Durch die verschiedenen sichtbaren Abhebungen ist es leicht – so hoffe ich –, eine persönliche Reihenfolge des Lesens herzustellen.

Der zweite Teil des Buches enthält die Strukturen der römisch-katholischen Kirche, die ich im Zusammenhang mit dem Missbrauchsskandal und der Aufarbeitung problematisch und ursächlich erlebe und wahrnehme, systematisch und aufgegliedert. Drei Kapitel sind bereits im ersten Teil enthalten, da gibt es nichts hinzuzufügen, und sie werden auch aus Umfangsgründen nicht doppelt erscheinen, andere habe ich geändert, angepasst, ergänzt oder ganz neu geschrieben. Endgültige Lösungen habe ich nicht wirklich, manchmal Ideen, aber ich sehe es auch nicht als meine Aufgabe, der römisch-katholischen Kirche fertige Lösungen zu präsentieren.

In meinem Exposé habe ich mein Buch mehrfach ein „Glücksbuch mit Happy End" genannt. Für mich ist es das auch – trotz der Schwere des Themas von Missbrauch und sexueller Gewalt, von Vertuschung, von Wut und von Täterschutz. Es ist ein Glücksbuch, weil es mir zum Beispiel zu vielen glücklichen Momenten verholfen hat. Nicht immer im Sinne von „Ich-lache-mich-kaputt-Glück", sondern vielen anderen und auch wundervollen Arten des kleineren und stilleren Glücks.

So bin ich wegen der posttraumatischen Belastungsstörung sehr eingeschränkt in meinem Beruf belastbar. Das ist bitter! Und manchmal macht es mich einsam in den vielen Stunden, in denen ich nicht mehr so arbeiten kann wie früher. Und dann ist es viel leichter, wieder in die alten Geschichten abzurutschen, und somit drehe ich mich dann im Kreis. Und dann kam plötzlich dieses Buch in mein Leben, wie ein Blitz oder eigentlich wie eine Sternschnuppe und damit die Gewissheit, dass ich es schreiben werde, dass genau das jetzt gerade dran ist. Ich kann meinen Missbrauch nicht rückgängig machen, ich kann den Täter – leider – nicht dazu zwingen, Verantwortung zu übernehmen und sich bei mir zu entschuldigen. Aber ich kann dazu beitragen, dass der *jetzt* herrschende Missstand, der fatale Umgang mit uns als Betroffenen, dass der aufgezeigt wird. Dass *jetzt* hingeschaut wird. Und meine Geschichte seit dem Antrag 2014 macht es so deutlich! Eins zu eins, so scheint es mir, kann ich daran die Systemprobleme aufzeigen. Es ist wunderbar, eine sinnvolle Beschäftigung zu haben, das Gefühl zu bekommen, sinnvoll – also wirklich voller Sinn – etwas zu erschaffen. Das Gefühl macht mich glücklich!

Und dann ist es tatsächlich so, dass ich jetzt, mit über 50 Jahren, plötzlich schlauer bin als noch vor einem Jahr. Ich weiß definitiv mehr. Über mich, über unser Grundgesetz, über den Aufbau der römisch-katholischen Kirche, aber auch noch mehr über Traumafolgestörungen, über fragmentierte Erinnerungen, über das 6. Gebot der römisch-katholischen Kirche. Und auch, ganz banal, wie viele Zeichen mit Leerzeichen eine DIN-A5-Seite ausmachen – darüber habe ich mir nie Gedanken gemacht, bei all den Büchern, die ich schon gelesen habe.

Das macht mich glücklich, die Erfahrung, gelernt zu haben!

Und dann habe ich all die vielen neuen Menschen kennengelernt, die plötzlich ohne viel Zutun meinerseits da waren. Ja, es war auch sicher etwas Mut dabei, als ich Pater Mertes an einem Sonntagnachmittag anmailte, weil sein Name in Verbindung mit dem Missbrauchsskandal immer wieder auftaucht. Und ich das große Bedürfnis nach Kontakt und Unterstützung hatte. Und er rief einfach zehn Minuten später an! Einfach so. Er kannte mich nicht, meine Geschichte vage, und rief bei allem, was er zu tun hat, *mich* an! Das sind echte Glücksmomente, wenn ich das Gefühl bekomme, ich bin nicht mehr allein! Und das ist nur ein Beispiel.

Und dann das Glück der **KleinenWunder** – ich werde nicht vorweggreifen, es ist ein großes Glücksgefühl, meine Eltern sicher und stabil wieder an meiner Seite zu wissen. Der Schmerz ist nicht weg, der kindliche Schmerz, warum habt ihr mir nicht geglaubt und mich nicht beschützt? Nein, der Schmerz ist da, und er darf da sein, aber die Eltern sind auch wieder da! Was für ein Glück!

Ich habe mich im Februar 2019 oft gefragt, warum ich während des Krisengipfels nicht auch in Rom war. Ich konnte noch nicht. Ich saß an meinem Buch, an dem Traum, dem Lebenstraum, ein Buch zu schreiben! Und dann mit diesem wichtigen Thema unter dem neuen Aspekt: kein Opferbuch, sondern ein Glücksbuch.

Natürlich träume ich davon, dass genau mein Buch der Tropfen ist, der das Fass der Ungeduld und des Zu-Viels in Bezug auf die römisch-katholische Kirche und den aktuellen Umgang mit uns Betroffenen endlich zum Überlaufen bringt. Ja! Was für ein Traum! Ich wage wieder, groß zu träumen – mit meinem Buch. Aber auch wenn es das noch nicht ist, bin ich mir sehr sicher, dass mein tägliches Schreiben, meine Recherchen, meine Verhandlungen mit den Verlagen, mein Mut, auch noch meine Bilder zu veröffentlichen, ein großer kleiner Tropfen in dem schon ziemlich vollen Fass ist. Vielleicht braucht es noch mehr Bücher, noch mehr Talkshows, noch mehr Demonstrationen, aber mein Buch ist hoffentlich ein kleiner großer Teil, der das starre und rigide System der römisch-katholischen Kirche zum Wanken bringt.

Ganz vielleicht kommen – endlich – die Entscheidungsträger der römisch-katholischen Kirche ja auch von selbst darauf, dass radikale und auch kleinere Veränderungen – *jetzt* – nötig und möglich sind. Und ganz vielleicht kann mein Buch sogar dazu etwas beitragen.

Vielleicht hilft mein Buch auch Menschen, die noch vor der Entscheidung stehen, ob sie den Missbrauch anzeigen wollen und können, oder Menschen, die noch immer von sexueller Gewalt durch Geistliche betroffen sind, dabei, das Leid offenzulegen und Anzeige zu erstatten. Ich kann es niemandem wirklich anraten, in dem Sinne, dass es einfach geht, dass es leicht ist. Aber eins kann ich mit Sicherheit sagen: Mir persönlich hat die erlebte Ungerechtigkeit, die Verschleppung und die Vertuschung zu meiner riesengroßen Wut und letztendlich mit viel innerer Arbeit und viel äußerer Unterstützung zur Annahme meiner Geschichte verholfen.

Und noch eins weiß ich heute ganz sicher: Es lohnt sich, sich zu vernetzen. Du bist nicht allein – ganz sicher nicht! Auch wenn es sich vielleicht im Moment immer noch und immer wieder so anfühlt. Das ist „nur" ein Teil der Traumafolgestörung, das ist ein Teil, den es sich lohnt, aufzulösen, weil wir dann weniger ohnmächtig sind. Schon die Erfahrung, dass ich mich gehört und verstanden fühle – von den Menschen, die mich bei dem Buch begleiten, lässt mich weich und stark zugleich werden.

Es bleibt mir noch zu erwähnen, dass ich inzwischen fast täglich das unglaubliche Glücksgefühl genieße, geführt zu sein. Auch wenn ich es schon länger wieder wusste, dass es eine göttliche Kraft gibt, auch für mich, hat mich das Schreiben des Buches spüren lassen, wie sehr ich geschützt und behütet werde, welche himmlische Unterstützung ich erfahren darf – gerade mit und durch mein Buch *Missbrauch mit den Missbrauchten*! Was für ein Glücksgefühl!

Luna Born, Juli 2019

Liste der Ansprechpartnerinnen und Ansprechpartner

oder
Um den Überblick nicht zu verlieren

Aus dem zuständigen Bistum oder von dort eingesetzt:

Herr Eins: Kriminalbeamter im Ruhestand und ehrenamtlicher Mitarbeiter in der Kommission für Fälle sexuellen Missbrauchs an Minderjährigen

Herr Zwei: Kirchenjurist und Mitarbeiter in der Kommission

Herr Drei: Psychotherapeut

Herr Vier!: Rechtsanwalt und vom zuständigen Bischof – Herr Acht – ernannter Voruntersuchungsführer

Herr Fünf: Stellvertretender Generalvikar

Frau Eins und Frau Zwei: Von Herrn Vier! eingeführte neue Vernehmerinnen

Herr Sechs: Vom zuständigen Bistum vorgeschlagener Gutachter für ein Glaubwürdigkeitsgutachten meiner Person

Frau Drei: Kirchenrechtsprofessorin, sollte Herrn Zwei ersetzen

Herr Sieben: Der Sonderbeauftragte der Deutschen Bischofskonferenz für Fragen des sexuellen Missbrauchs Minderjähriger im kirchlichen Bereich

Frau Vier: Sekretärin von Herrn Sieben

Herr Acht: Der zuständige Bischof

Herr Neun: Sekretär von Herrn Acht

Herr Zehn: Vom zuständigen Bischof vorgeschlagener Strafrichter

Herr Vierzehn: Seit Juni 2019, der innerkirchliche „Richter" im Verfahren

Herr Fünfzehn: Seit Juni 2019, der neu ernannte Präventionsbeauftragte

Weitere Personen, mit denen ich es zu tun hatte:

Frau N.: Ansprechpartnerin im nicht zuständigen Bistum

Der Journalist

Rechtsanwalt, seit 2011 Mitglied des ständigen Beraterstabs des Erzbischofs von Berlin zur Beratung in Fragen des Umgangs mit sexuellem Missbrauch Minderjähriger und erwachsener Schutzbefohlener

Rechtsanwältin, vom oben genannten Rechtsanwalt empfohlen, weil er mir nicht weiterhelfen konnte, da er die Gegenseite vertritt

Herr Elf: Leiter der Deutschen Bischofskonferenz

Herr Zwölf: Sekretär von Herrn Elf

Herr Dreizehn: Ansprechpartner in Rom

Teil 1

„Für die meisten ist
die Schamschwelle und Hürde,
sich als Opfer zu outen,
sehr hoch.
Es ist für sie ein Kraftakt, sich zu öffnen."

Aus: Badische Zeitung vom 09.11.2018,
Zitat von RÄ Dr. A. Musella, Missbrauchsbeauftragte
des Erzbistums Freiburg

Wie alles begann

oder
Das Bild von Ösen und Haken

Vielleicht begann alles mit dem Gefühl, falsch zu sein. Von Anfang an, noch vor der Geburt, war ich, so, wie ich bin und mich entschieden hatte, zu sein, falsch, denn ich sollte und musste unbedingt ein Junge werden.

Da mein Vater mit fünf Schwestern einziger männlicher Nachkomme war, hatte er den Auftrag, den heiligen Familiennamen sicher weiterzugeben. Das erste Kind meiner Eltern war meine Schwester. Die große Familie hoffte auf ein zweites Kind – und das war dann ich! Ich weiß nicht wirklich, wie es meinen Eltern mit dem Thema ging. Ob sie sich ganz von diesem Großfamiliendruck befreien konnten? Ob sie innerlich ganz frei waren von Wünschen und Vorstellungen? Damals war das sicher schwieriger als heute, denn heute können auch wir Frauen leichter und selbstverständlicher unseren Geburtsnamen behalten und weitergeben. Getreu des Familienauftrags habe ich das auch – noch unbewusst – getan! Aber damals?

Nun, ich wurde ein Mädchen und bin – dem Himmel sei Dank, trotz meiner Geschichte – sehr froh darüber. Inzwischen, mit dem großem *JA* zu meiner Geschichte, kann ich mich heute fragen: Wie hätte ich sonst all das erleben können? Wie sonst hätte ich all die Erfahrungen gemacht, die mich heute hier sitzen lassen, um das zu schreiben, was es zu schreiben gibt? Mein Auftrag für dieses Leben scheint unter anderem zu sein: „Es kann viel passieren – doch ich habe mehr Träume und bin in der Lage, sie umzusetzen, als die Erlebnisse und Erfahrungen mit der römisch-katholischen Kirche zerstören können!"

Geprägt von dem Gefühl, vom ersten Moment an nicht richtig zu sein, nicht vollkommen, nicht ganz, gab es von Anfang an ein „Lag" – mein Lieblingsausdruck für einen Mangel, der bestimmte Situationen anzieht, für die Öse, die ich hinhalte und in die andere sich mit ihrer Geschichte einhaken. Oder, wie meine Tochter es zu sagen pflegt: Das war wohl der hingehaltene offene Handschuh, den andere sich anzogen.

Im Nachhinein ist mein Start ins Leben eigentlich ein bisschen schade, denn meine Eltern haben noch zwei weitere Kinder bekommen, beide Jungs! Aber es ist auch ein weiterer klarer Ausdruck für mich, dass es notwendige Grundlagen gibt für „persönliche Geschichten", „Schicksal" oder wie jeder oder jede es nennen mag.

Nun, niemand kann in die Zukunft schauen, und so wurde ich unter diesem Druck geboren und mit diesem Gefühl, „einfach nicht richtig zu sein". Auch das Gefühl, den Erwartungen nicht zu entsprechen, begleitete mich durch diese familiäre Konstellation. Und dabei geht es mir nicht darum, zu sagen, wer schuld an meiner Geschichte ist, sondern lediglich um einen Versuch zu erklären, wie das, was passiert ist, so lange und so oft geschehen konnte.

Auch der Täter wird seine Geschichte haben, seine Gründe, warum er sich mir und anderen gegenüber so verhalten hat und vielleicht noch immer verhält. Ich kenne sie nicht, und es liegt an ihm, sich damit auseinanderzusetzen. Da ich das, was war, nicht mehr rückgängig machen kann, ist das Einzige, was ich heute von ihm erwarte, dass er sich zu seinen Taten bekennt, dazu steht und die volle Verantwortung dafür übernimmt, vor mir, den weiteren Betroffenen und vor all denen, die ihn decken und schützen. Ist das wirklich zu viel erwartet?

Ich schweife ab. Der Täter war ein guter Freund meiner Eltern. Als ich noch ein Säugling war, zog meine Familie ins Ausland. Der Täter wurde kurze Zeit später als Missionar in das gleiche Land entsandt, wie es die Katholiken nennen. Nachdem ich den französischen Film „Das Schweigen der Hirten"[5] gesehen habe, frage ich mich heute, ob der Täter bereits im Vorfeld pädophile und/oder übergriffige Verhaltensweisen aufgezeigt hatte und deswegen ins Ausland verschickt wurde. Das würde zumindest zum Teil erklären, warum das zuständige Bistum und der zuständige Bischof ihn so schützten und schützen. Es wäre ein noch größerer Skandal, wenn das nachgewiesen werden könnte.

Die Missionsstation lag hoch oben in den Bergen, und bis die Straße besser ausgebaut wurde, war die Fahrt in den ersten Jahren lang und nicht ungefährlich. Aber meine Eltern fuhren oft dorthin, sie fühlten sich sicher wohl und irgendwie zu Hause mit den aus Deutschland stammenden Mitgliedern der Station. Wenn wir nicht hinfuhren, kamen die Menschen von dort zu uns: Ostern, Taufen – es gab immer wieder Gelegenheiten.

Der Täter war der Held. Groß, charismatisch, gutaussehend, immer strahlend und fröhlich, ein Liedchen auf den Lippen, stellte er auch seine Kollegen in der Missionsstation in den Schatten. Gab das böses Blut? Ich weiß es nicht. Konflikte wurden nicht offen besprochen. Weder dort noch bei uns in der Familie, meiner Erinnerung nach, aber ich war ja noch ein Kind.

So wuchs ich auf in einer „glücklichen Familie", mühsam nach außen perfekt dargestellt und geprägt vom römisch-katholischen Glauben. Es gab vor allem „Schwarz und Weiß", „Gut und Böse", „Richtig und Falsch", wenig dazwischen und wenig Reflexion darüber. Die Missionsstation als katholisch geprägter Ort und vor allem der damalige „Held" galten als „weiß", „richtig" und „gut". Ohne Zweifel! Eine gute Grundlage für sexuelle Übergriffigkeiten.

Alles fing ganz harmlos an. Wie sicherlich so oft. Natürlich durften wir Kinder auf dem Schoß des Freundes sitzen. Natürlich wurden wir gedrückt und festgehalten, wer sollte – oder wollte – sich schon etwas dabei denken. Es passierte schleichend, dabei was das eigene System von „Richtig und Falsch" schon richtig durcheinander. War das wirklich ein Schlüssel, der so drückte, wenn ich auf seinem Schoß saß? War es wirklich nur ein Spiel, um mich zum Lachen zu bringen, wenn er mich auf dem „Schlüssel" hin und her schob, nach vorne und nach hinten? Der schleichende Anfang, eine völlige Verharmlosung der körperlichen Kontakte und Übergriffe vernebelten meine Wahrnehmung sicher zusätzlich.

Es ist bekannt, dass Täter oft ein sehr inniges und persönliches Verhältnis zu den Opfern aufbauen. Als ich Jahrzehnte später eine mir damals nahestehende Person, die auch mit uns lebte, fragte, ob sie auch betroffen sei, ob er sie auch missbraucht habe, konnte sie das klar verneinen. Aber sie berichtete auch, dass sie als Kind oft eifersüchtig gewesen sei, weil der damalige Held mich so offensichtlich bevorzugte und mehr mochte. Meine Mutter verehrte ihn, es gab keinen Zweifel über seine Integrität, er wurde als Mann Gottes idealisiert und nicht infrage gestellt.

So gab es auch keine Zweifel, als ich unter anderem verstört von einem Besuch der Außenstelle der Missionsstation weiter oben in den Bergen wiederkam, in dem eine Familie gerade ein Baby bekommen hatte, das ich gerne hatte besuchen wollen. Der Täter wohnte zu der Zeit ebenfalls dort. Keine Fragen, warum ich plötzlich Vaginalentzündungen hatte, warum für mich das Winterlied „Scheiden tut weh" aus tiefster Überzeugung „Scheide tut weh" hieß. Oder später, wenn er mich dazu einlud, mit ihm Ferien zu machen, in Israel oder in Malente (ein kleiner Ort in der Nähe des Plöner Sees) – es gab keine Fragen, oder wenn doch, konnte er eventuelle Zweifel schnell zerstreuen und bagatellisieren. „Was nicht sein darf, das ist auch nicht", eine weitere perfekte Grundlage für übergriffiges Verhalten, für sexuelle Gewalt von vermeintlichen Autoritätspersonen.

Der Missbrauch ging über Jahre. Subtil und unterschwellig zu Beginn, zunehmend und drängender, als ich älter wurde und sich die Gelegenheiten ergaben. Tatsächlich hat er nie „eingestöpselt" – wie er es nannte –, tatsächlich hat er mich nie vergewaltigt, aber er ist mit mir nackt baden gegangen, hat sich an mir gerieben bis zum Samenerguss, er hat masturbiert, und ich musste ihm zuschauen, ihn anfassen, mich auskleiden, meinen Schoß zeigen, mich auf ihn legen, mich unter ihn legen … Wenn er fertig war, hat er immer gelacht, ziemlich tief und dröhnend, als wäre alles witzig … Tiefes Lachen in bestimmten Situationen halte ich bis heute schlecht aus.

Als Jugendliche hatte ich ein schwieriges Verhältnis zu meinen Eltern. Als ich 16 Jahre alt war, zog ich aus und übernahm die volle Verantwortung für mich und meinen Alltag.

Er – der Täter – war ein vermeintlich sicherer Ansprechpartner in den Zeiten, „immer für mich da", ich vertraute ihm. Und meine Wahrnehmung war und blieb vernebelt, mit dem Grundgefühl, nicht korrekt zu sein, und den zunehmenden, scheinbar harmlosen Grenzüberschreitungen, schleichend und manipulierend. Immer wenn andere dabei waren, waren „nur die Umarmungen zu lang", regelmäßig wanderte seine Hand auf meinen Po, und er drückte mich damit an sein Geschlechtsteil, groß, erigiert, wie ich spüren konnte. Selbst ich wusste später, dass es kein Schlüssel war. Es wurde intimer, wenn wir allein waren. Als ich älter wurde, bot er mir vorher Alkohol an. Später habe ich einmal einen Stuhl unter die Türklinke geklemmt und wurde davon wach, weil er an der Klinke rüttelte und der Stuhl drohte umzukippen. Bei dem Urlaub in Malente versprach er im Vorfeld zwei Einzelzimmer, als ich dann dort ankam, meinte er lediglich, es hätte nur noch Doppelzimmer gegeben.

Erst als erwachsene Frau und mit viel therapeutischer Unterstützung konnte ich der Wahrheit ins Auge schauen, und ich konfrontierte ihn mit meinen Erinnerungen und meinem Wissen.

HaHaHa

„Der Teufel war's?
Von wegen!

Am Ende des Bischofsgipfels in Rom
sucht der Papst die Schuld für sexuellen Missbrauch
bei höheren Mächten. (…)

Er wird sagen,
Missbrauch durch Kleriker sei,
‚wenn eine gottgeweihte Person
zum Werkzeug Satans‘ werde.“

Aus: DIE ZEIT, 10/2019 vom 28.02.2019; S. 48,
von Evelyn Finger

Die Konfrontation

oder

„Wieso hattest du auch immer so eine süße, rote, kurze Hose an!"

War das sein Ernst? War das wirklich seine Antwort auf meine Fragen und die schweren Anschuldigungen, die gerade als Worte zwischen uns standen? Schüchtern eher und noch unsicher im Vortrag, hatte ich es endlich gewagt. Endlich! So lange hatte ich mit mir gerungen, so lange trug ich schon die Fragen nach dem „Warum?" und „Was alles?" und „Wie oft?" mit mir, und das war seine Antwort? Eine unbändige Wut packte mich und drohte mich mitzureißen, mich fortzuspülen in die Abgründe des Hasses und der Gewalt … Und doch kam sie – die Wut – nicht durch, verbarg sich erneut hinter meiner zunehmenden Unsicherheit und dem Zweifel. „War ich vielleicht doch schuld? Welche Hose meint er nur? Und wieso hatte ich sie angezogen? Hatte ich immer diese Hose an?" Gedanken rasten durch meinen Kopf und mein Herz, und ich fühlte mich klein und wusste nicht, was ich sagen sollte. Freundlich bot ich ihm an, ihn zum Bahnhof zu fahren!

Als ich anschließend nach Hause kam, hatte ich höllische Kopfschmerzen. Ich fühlte mich müde und ausgelaugt. Ich hatte mir so viel von dem Gespräch erhofft und nur deswegen zugestimmt, dass er noch einmal in meine Wohnung kommen durfte, obwohl sich alles in mir gesträubt hatte und ich sicher war, dass es keine gute Idee war, ihn zu mir einzuladen. Ich erinnerte mich plötzlich an seinen letzten Besuch, ich war so froh gewesen, dass er sich mit Freunden aus alten Zeiten ankündigte, da fühlte ich mich sicherer. Und doch fiel mir schaudernd der Moment ein, als er mir beim Abschied – wie so oft – die Hand auf den Hintern schob, um sich nah und näher und noch näher an mich ranzudrücken und sich an mir zu reiben. Ich spürte seinen erigierten Penis durch die Hose durch und wollte mich freimachen, als er anfing zu lachen. Dieses Lachen, immer dieses Lachen. Als er merkte, dass die anderen sich nach uns umdrehten, ließ er mich plötzlich los, und ich verlor das Gleichgewicht und fing an zu zittern.

Und doch brachte ich ihn nach der Konfrontation zum Bahnhof! Was für ein Abhängigkeitsverhältnis, kann ich heute nur feststellen. Danach brach ich zusammen.

Tage später erst konnte ich mir das Gespräch wieder durch den Kopf gehen lassen. Mir gegenüber also kein Nein und keine Verleugnung. Im Gegenteil, er erzählte, er würde auch mit anderen Frauen und Mädchen „schmusen". Es sei doch nicht so schlimm. Auf meine Frage, wie er sein Verhalten mir und den anderen gegenüber mit dem Zölibat vereinbaren könnte, meinte er: „Solange ich nicht einstöpsle, also mit dir schlafe, halte ich das Zölibat doch ein!" Eine völlige Verharmlosung des Geschehenen.

Später schrieb er mir Briefe. Den ersten öffnete ich noch. Als ich las: „Du kannst mich doch damit jetzt nicht allein lassen", habe ich die weiteren ungeöffnet zurückgeschickt. Ein grober Fehler, wie mir das zuständige Bistum später vorwarf. Ich hätte sie natürlich als Beweismittel aufheben sollen.

Oder vielleicht hat der Papst doch recht, wenn er die *Schuld bei höheren Mächten* sucht, wie aus dem Zitat vorab deutlich wurde? Sicher war und ist (!) der Täter eine von Gott geweihte Person – aber ein Werkzeug des Teufels? Das ist mir doch zu kurz gegriffen, dafür sind und waren seine Handlungen und Reaktionen, sein Begehren allzu menschlich.

Die Falle

„Wir müssen eingestehen, dass unsere Mittelmäßigkeit,
unsere Verlogenheit und unsere Selbstgefälligkeit
uns in die beschämende und skandalöse Lage gebracht haben,
in der wir als Kirche uns jetzt befinden."

Aus: DIE ZEIT, 12/2019 vom 14.03.2019 im Artikel: „Draußen vor der Tür" von
Evelyn Finger; ein Satz, der während des Anti-Missbrauchs-Gipfels
im Februar 2019nach draußen übertragen wurde

Der Übergang

oder

Warum es wichtig ist zu wissen, wie alles begann

Ja, so fing alles an. Aber das ist nicht die Geschichte, die dieses Buch füllen wird. Das ist nur die Grundlage, die – letztlich doch auch in manchen Details – zu kennen wichtig ist, um die Ungeheuerlichkeit besser zu verstehen, um die es hier und jetzt geht: meine Geschichte, nachdem ich den Missbrauch 2014 in dem Bistum angezeigt habe, in dem wir damals lebten, dem **nicht zuständigen** Bistum, wie ich später erfuhr.

Wie ging und geht die römisch-katholische Kirche damit um? Was habe ich erlebt? Wurde mir geglaubt? Was ist mit dem Täter passiert? Reicht es, dass einige Bischöfe offensichtlich opfernäher handeln und andere die Täter schützen? Woran liegt es, dass solche Unterschiede überhaupt möglich sind? Werden die Leitlinien eingehalten? Was muss passieren, damit sich für die Betroffenen wirklich etwas ändert? Hat der Wahnsinn eigentlich aufgehört? Schade eigentlich, dass die scheinbar so einsichtigen Worte aus dem Motto-Zitat oben, so wenig spürbar umgesetzt werden von der Institution Kirche, auch wenn Einzelne ganz offensichtlich ein tiefes Empfinden der Problematik haben.

Meine Geschichte ist seit der Anzeige durch die Presse und durchs Fernsehen gegangen. Meines Wissens nach ist es in Deutschland einmalig, dass ein nicht zuständiges Bistum den erlebten Missbrauch durch den Täter im Namen der katholischen Kirche anerkannt hat. Das ist gut und wichtig für mich und meine Entwicklung, denn es gab mir die Sicherheit, die ich gebraucht habe, um mich Schritt für Schritt vom Opfer zur Betroffenen herauszuarbeiten. Und doch ist es kein befriedigendes Ergebnis, denn der Täter wurde mindestens bis Juni 2019 weiter vom zuständigen Bischof geschützt. Aus „Altersgründen" wurde er im September 2015 zur Ruhe gesetzt, in allen Ehren – mit den Vorwürfen hätte das nichts zu tun, ließ der zuständige Bischof offiziell verlauten.

Ein offensichtlich typisches Verhalten in der römisch-katholischen Kirche: Priester werden und wurden versetzt, zur Ruhe gesetzt, kurze Zeit aus der Öffentlichkeit gezogen oder in andere Länder entsandt, wenn der Verdacht bestand und besteht, dass Kinder und Jugendliche missbraucht wurden und werden. Das wird ausführlich in dem Buch „*Bruder, was hast Du getan*"[6] für das Kloster Ettal beschrieben. Oder ist erschütternd einleuchtend in dem Film aus Frankreich „*Das Schweigen der Hirten*"[7] zu sehen. Auch Daniel Pittet musste diese Erfahrung machen, die er in seinem Buch „*Pater, ich vergebe Euch!*"[8] beschreibt.

Das lässt sich sehr schön auch an meiner Geschichte nachweisen: Der Täter wurde – wie schon erwähnt – als junger Mann ins Ausland entsandt. Heute stelle ich mir die Frage, ob er bereits im Vorfeld durch übergriffiges Verhalten aufgefallen war. Nach seiner Rückkehr arbeitete er nicht als Pfarrer, und lebte somit in einer normalen städtischen Wohnung. Plötzlich wurde er jedoch in einem Pfarrhaus mit einem anderen Pfarrer untergebracht. Auf Nachfragen erzählte er, der Kollege – der zuständige Priester der Pfarrei – stünde unter Verdacht, Jungs zu missbrauchen. Und da hatte der Bischof die super Idee, den Kollegen „zum Aufpassen" mit in das Haus einziehen zu lassen. Heute kann ich nur feststellen, dass ich ja nur seine Variante der Geschichte kenne. Vielleicht war auch er aufgefallen durch übergriffiges Verhalten, und der Kollege sollte auf ihn aufpassen. Oder beide sollten aufeinander aufpassen. Was auch immer der wahre Hintergrund für diese „Wohngemeinschaft" war – für mich als Betroffene ist so etwas eine denkbar ungünstige und absolut nicht ausreichende Maßnahme, die den heutigen Leitlinien nicht entsprechen würde. Übrigens handelt es sich bei dem damaligen Entscheidungsträger um denselben Bischof, der bis zum Juni 2019 den Täter meines Missbrauchs schützt. Da wurde der Bock zum Gärtner gemacht, oder, sehr zynisch: Da kamen sich die beiden Priester mit ihren unterschiedlichen Vorlieben wenigstens nicht in die Quere.

Vor wenigen Tagen erhielt ich ein Schreiben von Herrn 14, dem nun zuständigen innerkirchlichem „Richter" des zuständigen Bischofs. Meinem Antrag auf Wiederaufnahme des Verfahrens wurde stattgegeben – ohne nachvollziehbare Gründe zu nennen, warum das nun nach vier (!) Jahren passiert und 2015 verweigert wurde. Der weitere Verlauf ist völlig offen. Natürlich wurde ich schon vorsorglich darauf hingewiesen, dass allein das Sichten der Akte Zeit in Anspruch nehmen wird.

Ich bin mir sicher, dass ich nicht die Einzige bin, die „Missbrauch mit uns Missbrauchten" erlebt hat. Mir ist die Schwierigkeit des Begriffes „Missbrauch" dabei bewusst. Natürlich gibt es auch keinen *GEbrauch* von Menschen. Und doch ist Missbrauch mein eigenes Wort, weil es den Missbrauch meines Vertrauens, meiner Gutgläubigkeit, meiner Abhängigkeit und meiner persönlichen Integrität mit einschließt; und es ist auch das Wort, das die römisch-katholische Kirche in diesem Zusammenhang nutzt, obwohl „sexuelle Gewalt gegen Kinder und Jugendliche" es wesentlich treffender beschreibt.

Da es keinen öffentlichen Zugang zu den Akten gibt – noch nicht einmal für die Wissenschaftler, die die MHG-Studie für die römisch-katholische Kirche über das Ausmaß der Missbrauchsfälle[9] durchgeführt haben –, ist es schwieriger, mit anderen Betroffenen in Kontakt zu kommen, als es zum Beispiel in Ettal war, weil sich dort die Schüler alle kannten und kennen. Aktuell habe ich erneut Akteneinsicht beantragt im Rahmen der Wiederaufnahme des Verfahrens, die, wie erwartet, ohne nachvollziehbare Gründe abgelehnt worden ist.

Ein Geschenk dieser Erfahrungen in 2014 und 2015 war sicher, dass ich so wütend geworden bin und mir das zuständige Bistum so viel Anlass dazu gab, dass ich damals zwei Möglichkeiten für mich sah: Ich gehe daran kaputt oder ich nutze die Erfahrung als innere Entwicklungschance, als Sprungbrett in die Sicherheit, dass ich eben wirklich mehr Träume habe und lebe, als die römisch-katholische Kirche zerstören konnte und kann.

Ich habe mich für die zweite Möglichkeit entschieden.

Der schwarze Sog

Der rote Traum der Hoffnung

„Ich werde schweigen, aber nicht,
weil ich mich einschüchtern lasse vom Tätersystem.
Sondern weil meine Gesundheit wichtiger ist als jeder Beitrag,
den ich für dieses verkommene und verlogene System Kirche
leisten könnte."

Claudia Mönius, Betroffene, aus: DIE ZEIT, 9/2019 vom 21.02.2019, S. 49

Aus meinem Tagebuch:
Der Schmerz

Völlig unvorbereitet und unerwartet trifft er mich noch während des Telefongesprächs.

Alles schien verarbeitet und gut integriert – wohl doch nur verpackt und zugedeckt, oder?

Der Schmerz über den Schmerz, über den Verrat, über den Verlust von Vertrauen, Unschuld und Unversehrtheit.

Der Schmerz, nicht gehört worden zu sein, als es so dringlich nötig war.

Völlig unerwartet trifft er mich, lässt meine Stimme zittern – ungewohnt – und treibt mir Tränen in die Augen. Der erste offizielle Anruf – ob ich diesmal gehört werde?

Will die Anwältin auch Beweise?

Oder reicht der Schmerz?

Ja – das kann wohl sein, vielleicht.

Er, der Schmerz, ist ein Teil meines Lebens, wird es wohl bleiben, er sitzt wie ein Herpesvirus in den Nervenzellen und bahnt sich den Weg zur Stimme, zu den Augen, zum Herz, unerwartet und unvorbereitet.

Trotz der Annahme meiner Geschichte, trotz der Aufarbeitung und Integration darf der Schmerz kommen und braucht Raum, jetzt – gerade jetzt, weil ich offen und weich meiner Geschichte gegenüber bin. Und verletzlich und stark mit meiner Geschichte. Jetzt darf er sein, der Schmerz, endlich, denn er bringt mich sicher nicht mehr um.

So lasse ich die Stimme zittern, die Tränen fließen und öffne das Herz, in dem unendlichen Vertrauen, dass ich jetzt geschützt bin, geliebt, getragen und gehört!

„Ich bin gespannt,
ob die Kirche den Schritt schafft,
uns nicht nur zu glauben,
sondern etwas zu tun.“

Doris Wagner, Theologin, ehemalige Nonne und Betroffene,
aus: DIE ZEIT, 9/2019 vom 21.02.2019, S. 48

Das Glücksgefühl, gehört zu werden

Während meines letzten Jobs bat mich mein damaliger Vorgesetzter um ein *privates Date*. Ich brauchte noch nicht einmal Nein zu sagen, allein mein Zögern reichte aus, um ihn in seinem offensichtlich narzisstischen Ego so zu kränken, dass ich fortan meine Arbeit in leitender Funktion nicht mehr ausüben konnte. Es begann schleichend und rasend zugleich. Mir wurden wichtige Informationen nicht mehr weitergeleitet. Die wöchentlichen Sitzungen wurden auf einen späteren Zeitpunkt verschoben in dem Wissen, dass ich zu der Zeit aufgrund meiner familiären Situation nicht mehr im Büro sein konnte. Entscheidungen, die meine Abteilung betrafen, wurden getroffen, ohne sie mit mir abzusprechen.

Ich bot an, die Leitung abzugeben. Daraufhin sollte ich zwangsversetzt werden, mir wurde ein Arbeitszimmer hinter dem Archiv zugewiesen, der bereits genehmigte Heimarbeitsplatz gestrichen … So ging es weiter. Meine Bitte um eine externe Supervision wurde abgelehnt, weil der Vorgesetzte es nicht wollte. Ich habe den Arbeitsplatz verlassen, ich habe ihn eigentlich verloren.

Auch wenn der damalige Vorgesetzte mich meiner Meinung nach nur um ein *„privates Date"* bitten darf, wenn er ein Nein auch aushält und verträgt, wird an der Geschichte deutlich, welchen Einfluss mein Missbrauch immer noch hatte. Trotz langer und intensiver Therapie, trotz des Gefühls, den Schmerz „im Griff" zu haben, spürte ich das „Lag", das Vakuum, von dem ich im ersten Kapitel schon schrieb. Die Auswirkungen des Missbrauchs waren der offene Handschuh, den ich unbewusst hinhielt und den der damalige Vorgesetzte nur noch anziehen, die Öse, in die er mit seiner Geschichte nur einhaken musste.

Wieder ist es keine Entschuldigung für sein Fehlverhalten. Nein. Das Leid, das er durch seinen unkontrollierten Trieb und die Unfähigkeit, eine Ablehnung zu verkraften, über mich und meine Familie gebracht hat, lässt sich nicht entschuldigen. Er hat sich ja auch nie entschuldigt oder Verantwortung übernommen. Und ähnlich wie in meiner Missbrauchsgeschichte gab und gibt es auch in dieser Geschichte Wisser und Mitwisser, die zugeschaut haben, die meine Bitte nach externer Supervision oder Unterstützung in den Gesprächen nicht hören wollten oder Abmahnungen nicht ausgesprochen haben oder auch Protokolle verändert haben oder, oder, oder. Aber das ist sicher eine andere Geschichte, die an einem späteren Ort erzählt werden will.

Nur eines ist in diesem Zusammenhang für mich wichtig aufzuzeigen: der unglaubliche Einfluss und die Folgeschäden auch so viele Jahre nach dem Missbrauch auf mein tägliches Leben – trotz aller Bemühungen, das Lag zu schließen, das Vakuum zu füllen oder den Handschuh selbst anzuziehen.

Was gab es zu tun? Das Wichtigste diesmal zuerst: Schutz! Die dadurch entstandenen Zeiträume galt es neu zu füllen. Ich begegnete mir plötzlich selbst, wenn ich mit mir spazieren ging, wenn ich vermehrt krank im Bett lag, und wenn ich mit anderen sprach. Der Zusammenhang war mir schneller klar, als ich es für möglich hielt. Und das Rad begann sich erneut zu drehen: Bilder kamen, Erinnerungen, Flashbacks und körperliche Reaktionen, wie es auch Daniel Pittet in seinem Buch beschreibt. Das Bild einer posttraumatischen Belastungsstörung zeigte sich. Es war, als ob durch das übergriffige Verhalten des Vorgesetzten alle Schutzmauern zusammenbrachen und sich das Ausmaß des Leids voll ausbreitete.

Ich fing an zu schreiben, ich begann zu malen. Es half, aber nicht durchschlagend.

Ich holte mir erneut Hilfe!

Und in dieser Zeit erschien in der Lokalzeitung meiner Wahlheimat ein Artikel über die aktuelle Missbrauchsbeauftragte hier vor Ort. Ich ging davon aus, dass ich meinen Antrag hier stellen könnte und das Bistum für mich zuständig sei. Später erst begriff ich, dass dem so nicht ist nach den geltenden Leitlinien der Deutschen Bischofskonferenz. Daher habe ich das heimatnahe Bistum das „nicht zuständige Bistum" genannt.

Ich nahm den Zeitungsartikel als Zeichen, weil ich mich schon länger mit dem Gedanken herumtrug, den Missbrauch anzuzeigen. Freunde warnten mich. Sie waren davon überzeugt, dass „man" mir nicht glauben würde, dass es zu Retraumatisierungen kommen würde. Das war auch einer der Gründe, warum ich so lange gezögert hatte.

Aber auch mein eigenes System war noch sehr labil und voller Selbstzweifel. Was, wenn die Bilder nicht stimmten? Wie sollte ich das beweisen? Wie kann ein Missbrauch nach so vielen Jahren überhaupt bewiesen werden? Natürlich gab es keine Sperma- oder DNA-Spuren mehr von ihm an mir – dem Himmel sei Dank!

Wie würde es mir gehen, wenn mir wieder nicht geglaubt würde? Wäre ich stabil genug? Konnte ich meiner Familie abverlangen, dass ich den Prozess der Offenlegung gehen würde? Was würde das mit uns machen? Und doch war mir klar, dass es mich unendlich entlasten würde, wenn mein Leid anerkannt würde. Und vor allem, wenn ich sicher wäre, dass der Beschuldigte – inzwischen wieder Pfarrer einer eigenen Gemeinde – nicht weiter sein Unwesen treiben könnte.

Als ich damals den Artikel in der Lokalzeitung las, war es plötzlich ganz klar, dass ich auch eine Verantwortung hatte und habe, all den anderen Mädchen und Frauen – nach eigenen Angaben des Täters, waren bei ihm keine Jungen betroffen – gegenüber. Und so rief ich bei der Missbrauchsbeauftragten des eben leider nicht zuständigen Bistums an und bat um einen Termin.

Alles ging ganz schnell und unkompliziert. Die vom Bistum beauftragte Rechtsanwältin Frau N. hatte zeitnah im Juli 2014 einen Termin frei. Ich nahm meine Texte und meine Bilder mit. Ich hatte keine Ahnung, was mich erwarten würde, ich hatte keine Idee, was dieser Schritt auslösen würde, wie lang der Weg werden und wie viel Schmerz er dabei erneut auslösen würde. Im Nachhinein würde ich es genauso wieder tun: alles mitnehmen, was ich habe, und mich offen und verletzlich zeigen!

Die zuständige Rechtsanwältin hatte ihre Kanzlei in einer alten Villa. Die Holzfußböden knarrten, der Warteraum war der große Flur vor den verschiedenen Räumen der Anwältinnen. Mir war beklommen zumute, ich hatte – und habe auch jetzt beim Schreiben dieser Zeilen – einen Kloß im Hals: ungeweinte Tränen, zusammengebissene Wut und eine riesengroße Angst.

Ich war froh, meine Geschichte mit einer Frau besprechen zu können. Frau N. war klein, zierlich, lebenserfahren und strahlte Güte aus. Das machte es mir auf der einen Seite leichter, weil sich das kleine Mädchen in mir nicht bedroht fühlte und etwas entspannte. Das vorherrschende Grundgefühl, „falsch zu sein", wurde auf der anderen Seite jedoch enorm angetriggert. Zu groß, zu präsent, zu wenig Frau – so saß ich da. Zu wütend, zu ängstlich und zu gefangen in meinen Bildern und Erlebnissen – ich fühlte mich abgespalten und gleichzeitig mittendrin – ein Chaos und eine Sturmflut in mir. „Nur nicht zu viel zeigen, nur nicht weinen." – „Aber, wie soll sie mir dann glauben?" So ging es hin und her zwischen Kopf und Herz.

Frau N. strukturierte das Gespräch, es gab ein Formular auszufüllen, Fragen zu beantworten, Daten und Orte aufzunehmen – ein Segen für diese emotional aufgeladene Situation. Gemeinsam arbeiteten wir uns durch den vorgegebenen Rahmen. Ich wurde ruhiger. Die inneren Bilder kamen, es gelang mir meistens, mich davon zu distanzieren. Nur ein paarmal drohte es, mich wegzuspülen. Die Rechtsanwältin holte mich mit klarer Stimme zurück.

Ich zeigte ihr die gemalten Bilder, wir sprachen über den Zeitraum, über die manchmal vagen, verschwommenen und fragmentierten Erinnerungen und die krassen körperlichen Reaktionen. Ich berichtete von der laufenden Therapie. Von der Scham, der unglaublichen Scham, warum alles so lange ging. Warum ich mich nicht gewehrt hatte. Wie sollte das erklärt und verstanden werden? Über die Auslöser „kratzende Decken", über die Auswirkungen von tiefem Lachen in bestimmten Situationen.

Sie glaubte mir. Sofort! Sie hatte keine Zweifel und sprach das auch offen und deutlich aus. Was für ein wichtiger Moment! Mein ganzes System entspannte sich und konnte es gleichzeitig nicht glauben. Die Tränen rollten endlich, und ich fühlte mich geborgen und schutzlos zugleich. Eine Erlösung. Das ist es, warum Anerkennung des Leids so wichtig ist. Genau das!

Das eigene System, verwirrt seit Jahrzehnten durch all die Übergriffe, die Verharmlosung, durch das Mir-nicht-Glauben, durch das grundsätzliche Gefühl, falsch zu sein, kommt am Tiefpunkt im Auge des Zyklons im nahezu windstillen Zentrum des Sturmes für den Bruchteil einer Sekunde zur Ruhe.

Ich werde erkannt.
Ich werde gesehen.
Mir wird geglaubt.
Ich bin!
Und: Ich bin richtig!

Das zu verweigern ist Missbrauch mit den Missbrauchten!

Diesen Moment zu verweigern durch Wartenlassen, durch künstlich gesäte Zweifel, durch Angst vor der Wahrheit, aber auch durch geistliche Überheblichkeit und Arroganz, durch Schutz der eigenen Männer, ist das, was ich mit „Missbrauch mit uns Missbrauchten" meine.

Diesen Moment des inneren Ankommens zu verweigern ist für die bereits verwirrte Seele eine weitere Katastrophe, ein weiterer Strudel, der nach unten zieht, der schwächt und krank macht.

Frau N. erklärte mir, dass sie eine Plausibilitätsprüfung durchführen müsse, sie würde überprüfen müssen, ob ich damals dort gelebt habe und der Täter wirklich zeitgleich dort war. Weiter wurde ich darüber informiert, dass es als Anerkennung des Leids in der Regel 5.000 Euro geben würde. Es sei eine „Anerkennungszahlung" und keine Entschädigung. Den genauen Unterschied konnte ich damals nicht wirklich erfassen. Er war mir auch ziemlich egal, denn auch die Anerkennungszahlung war mir nicht bekannt! Auch, dass von mir getragene Therapiekosten übernommen werden könnten, wusste ich nicht. Ich hatte keinen Antrag auf finanzielle Unterstützung gestellt, ich hatte einen Antrag auf Anerkennung des Leids gestellt. Das zu betonen ist mir wichtig, weil das zuständige Bistum später den

Verdacht in den Raum stellte, ich sei eine Trittbrettfahrerin und wolle mich durch den Antrag bereichern!

Wie nebenbei erwähnte die Rechtsanwältin, dass für den weiteren Verlauf allerdings das Bistum verantwortlich sei, in dem der Täter zu Hause ist, ich nenne es „das zuständige Bistum". Ich wurde zum ersten Mal unruhig, denn ich wollte auf keinen Fall mit jemand anderem erneut über die Geschichte sprechen müssen. Würde ich im schlimmsten Fall von einem Gremium aus fremden Männern aussagen müssen? Das fragte ich schon fast verzweifelt, das Eis war dünn zu der Zeit. Doch Frau N. blieb ruhig und zuverlässig. Es gäbe keinen Zweifel an meiner Geschichte und dem Trauma. Sie würde eine entsprechende Stellungnahme zu dem Antrag schreiben, und das zuständige Bistum würde sicher ähnlich verfahren wie das nicht zuständige Bistum.

Das Gespräch endete somit für mich mit sehr gemischten Gefühlen. Es hatte mich unendlich viel Mut und Kraft gekostet, diesen Termin anzustreben und wahrzunehmen. Ich hatte keine Kraft in diesen Tagen, mir vorzustellen, dass es schwierig und kompliziert werden könnte.

Das war auch gut so!

„Schon in der vergangenen Woche nannte er [Bischof Burger; Anm. d. Autorin] die Taten ‚Verbrechen‘, die ‚die Botschaft Jesu verdunkelt haben‘, und bat die Opfer um Verzeihung. Burger rechnete zudem mit seinen Vorgängern ab. Akten seien ‚gesäubert‘ worden, Hinweise auf Taten und Täter verschwunden. Es bedürfe einer ‚ehrlichen Aufarbeitung‘, die Kirche müsse auch ihre Strukturen prüfen.“

Aus: STERN, 41/2018 vom 04.10.2018, S. 56–57;
von Ingrid Eißele

Die Ernüchterung

oder

Der Erstkontakt mit dem zuständigen Bistum

Wochen nach dem Gespräch mit Frau N., der Rechtsanwältin des nicht zuständigen Bistums, wurde ich von ihr per E-Mail darüber informiert, dass der Fall nun im Beraterstab des zuständigen Bistums besprochen worden sei. Da der Beschuldigte konfrontiert werden solle und das nur in Absprache mit mir erfolgen könne, würde sich von dort ein Mann telefonisch bei mir melden. Alles in mir schrie *NEIN*! Bitte nicht! Ich bat Frau N. darum, die Kommunikation weiter über sie laufen zu lassen. Und obwohl sie zustimmte, fühlte ich mich ab dem Moment nicht mehr gehört.

Herr Eins

Ich erhielt im September 2014, also 3 Monate nach dem Gespräch mit Frau N., eine E-Mail von Herrn Eins – er stellte sich als pensionierter Kriminalbeamter vor, der im zuständigen Bistum ehrenamtlich in der Kommission für Fälle sexuellen Missbrauchs mitarbeitete. Meine Frage, ob er für den Umgang mit traumatisierten Frauen ausgebildet sei und damit Erfahrung habe, habe ich bis heute für mich nicht zufriedenstellend beantwortet bekommen.

Herr Eins schrieb in seiner ersten E-Mail am 10.09.2014:

„Ich möchte Ihnen erläutern, wie das zuständige Bistum mit dem von Ihnen erlittenen Missbrauch umgehen möchte."

Er schien mir zu glauben! Er schien davon auszugehen, dass der Missbrauch stattgefunden hatte.

*„[Frau N.] hat bereits zum Ausdruck gebracht, dass Ihre Angaben glaubwürdig sind, und daran haben auch wir keinen Grund zu zweifeln (...) Die Aussagen des Beschuldigten haben **keinen** absoluten Einfluss auf Ihren Antrag (...) Sofern der*

Beschuldigte den Missbrauch bestreitet, bedeutet das nicht, dass Ihnen nicht geglaubt wird (...)." [Hervorhebung d. Autorin]

Dieser Satz stand und steht im krassen Widerspruch zu der Aussage des zuständigen Bischofs, der später mehrfach schrieb, solange Aussage gegen Aussage stünde, würde halt im Zweifel „für den Angeklagten" gelten. Herr Eins schrieb weiter:

„Grundsätzlich hören wir beim zuständigen Bistum Opfer, Zeugen und Beschuldigte selbst an. Wenn Sie dies aber nicht möchten, sondern zu weiteren Angaben gegenüber [Frau N.] bereit sind, respektieren wir Ihren Wunsch gern."

Auch dieser Satz stand und steht leider im krassen Widerspruch zum weiteren Handeln des zuständigen Bistums, dessen Mitarbeiter mich über Monate dazu nötigen wollten, ein Gespräch mit zahlreichen Männern – Gesprächsführer, Protokollant, Zeuge und so weiter – zu führen. Als der Termin stand und die Rahmenbedingungen auch für mich zwar nicht optimal, aber tragbar erschienen, sagte das zuständige Bistum ihn ab, mit der Begründung, ich würde mich weigern, mich von Herrn Eins befragen zu lassen. Ausgerechnet nachdem mir der Mann geschrieben hatte, sie würden es respektieren, wenn ich weitere Angaben nur gegenüber Frau N. machen wolle. Herr Eins schrieb weiter:

„Das zuständige Bistum möchte aber gegen [Pfarrer Täter] ein förmliches Verfahren durchführen (...)."

Auch dieser Satz stand und steht im Widerspruch zum anschließenden Handeln des zuständigen Bistums. Besonders verwirrend wurde das Schreiben für mich am Ende:

„Ich möchte Sie bitten, uns noch Ihre Zielsetzung und Bedürfnisse in diesem Verfahren mitzuteilen. Sie haben zunächst nur einen Antrag auf Anerkennung des Leids gestellt. Wäre Ihnen neben der Anerkennung als Opfer, verbunden mit der Anerkennung Ihrer Glaubwürdigkeit und dem Erhalt einer Entschädigung auch wichtig, dass seitens des Bistums gegenüber [Pfarrer Täter] Konsequenzen gezogen werden?"

Ich verstand und verstehe diese Frage nicht, vor allem vor dem Hintergrund der oben genannten Zeilen, in denen es hieß, das zuständige Bistum wolle ein Verfahren durchführen.

Ich habe im Antrag kein Kästchen zum Ankreuzen gefunden, in dem ich extra beantragen musste, dass es Konsequenzen für den Täter geben sollte. Mir war auch nicht klar, ob Herr Eins meinte, es wäre mir egal, wenn der Täter einfach weiter agieren würde. Wie kam und kommt eine solche Frage in den Erstkontakt mit einem Opfer?

Die Doppelzüngigkeit der Kirche wird ja allein an dieser Frage schon mehr als deutlich. Für mich klang diese Frage im Erstkontakt zwischen den Zeilen so: Wir wären sehr viel leichter dazu bereit, dein Leid anzuerkennen, wenn du darauf verzichten würdest, dass der Täter Verantwortung übernimmt. Wenn er nicht zur Rechenschaft gezogen werden muss – vor allem nicht von uns. Denn er ist ja einer von uns! Wir könnten ihn versetzen oder in den Ruhestand schicken, und er muss ein paar Exerzitien machen.

Außerdem ist die Aussage, ich hätte einen Antrag auf Entschädigung gestellt, sachlich falsch, wie ich heute weiß. Es gibt von der römisch-katholischen Kirche bis Juli 2019 keine finanzielle *Entschädigung*. Die Zahlung von in der Regel 5.000 Euro ist als *Anerkennungsgeld* gedacht und gemeint. Der Unterschied ist unter anderem, dass 5.000 Euro niemals das Leid entschädigen können, das durch den Missbrauch entstanden ist. Sehr genau ist Pfarrer Mertes ja in seinem Vorwort darauf eingegangen. Sollte das ein Mitglied der zuständigen Kommission nicht nur richtig wissen, sondern auch richtig zum Ausdruck bringen? Es entstehen durch diese kleinen Ungenauigkeiten nur weitere verwirrende Missverständnisse, die sich vermeiden ließen.

Das war das erste Schreiben an mich aus dem zuständigen Bistum. Im Ton noch freundlich und zugewandt, im Inhalt bereits in sich nicht schlüssig und verwirrend.

Und Herr Eins war im zuständigen Bistum zu der Zeit noch sicher einer der „Guten", einer, der sich echt bemüht hat. Und er hat mir ganz sicher geglaubt. Das muss auch dem zuständigen Bischof deutlich geworden sein, denn ich hörte lange Zeit nichts mehr von Herrn Eins. Nach dem Fragenbogen, den er Frau N. wenig später schickte, war mir das auch sehr recht.

„Nicht der persönliche Glaube
an den barmherzigen Gott Jesus Christi
ist in die Krise gekommen.
Nein: Die Menschen glauben *uns* nicht mehr"
[Hervorhebung d. Autorin].

Zitat des Limburger Bischofs Georg Bätzing aus seinem Hirtenbrief
zur Fastenzeit 2019

Der Fragenkatalog

Am Anfang schien also das zuständige Bistum meine Bitte, nur mit Frau N. im nicht zuständigen Bistum über den Missbrauch reden zu wollen, zu respektieren. Frau N. sollte mit mir einen vorgegebenen Fragenkatalog durchgehen. Am 24.09.2014 verfasste Herr Eins unter anderem folgende Fragen und schickte sie an Frau N.:

- *Weitere Angaben zu ihrer Familie.*

- *Wer sind ihre (...) Geschwister und wo sind diese heute wohnhaft? Kommen diese evtl. als Zeugen in Betracht, entweder zum direkten Tatgeschehen oder auch zur Gesamtsituation oder etwa der Tatvorbereitung durch den Beschuldigten. Sind diese eventuell auch selbst Opfer geworden?*

- *Kommen ihre Eltern als Zeugen zur Umfeldsituation während der Tatzeit in Betracht?*

- *Kann Frau Born nähere Einzelheiten zu dem Ferienaufenthalt in der Missionsstation mit der Familie sagen? Waren alle Familienmitglieder dabei?*

- *Zum konkret geschilderten Missbrauch wären noch ergänzende Angaben erforderlich, wie eine nähere Eingrenzung der Tatzeit (...)*

- *Wie ist sie an diesem Tag auf den Pfarrer getroffen? Wie kam der Kontakt zustande? War es das erste Kennenlernen, oder kannte sie ihn schon aus der Familie?*

- *Kann sie sich an das Haus oder an das Zimmer noch mit weiteren Einzelheiten erinnern?*

- *Hat der Pfarrer sein Verhalten erklärt? Welche Kommunikation hat es gegeben? Wurde sie eingeschüchtert, nichts zu sagen? Wen hat sie nach dem Missbrauch als Ersten getroffen?*

- *Hat sie unmittelbar oder später nach dem Missbrauch mit jemandem darüber gesprochen? Wem hat sie sich während des Zeitraums der wiederholten Missbrauchshandlungen anvertraut?*

- *Wann hat sie mit den Eltern erstmals darüber gesprochen, und wie haben diese sich konkret dazu gestellt? Hat sie, wie im ersten Protokoll niedergelegt, nur versucht, es ihren Eltern zu sagen, oder hat sie den gesamten Missbrauch erzählt? Warum glaubten ihre Eltern ihrem Kind nicht?*

- *Was sind ihre Anknüpfungspunkte dafür, dass sie sicher ist, dass es vor diesem schon andere Übergriffe auf ihre Person gegeben hat, aber nicht im Einzelnen daran erinnern kann? Erinnert sie sich evtl. bruchstückhaft an einzelne Umstände früheren Missbrauchs?*

- *Für die Gesamtbeurteilung wäre es auch wichtig, dass Frau Born die erwähnten Übergriffe in ähnlicher Weise (...) hinsichtlich Tatzeit und Handlung des Täters näher ausführt.*

- *Dazu gehören auch die Übergriffe bis in das Erwachsenenalter, bei denen sich das Opfer noch ausgeliefert und schutz- und wehrlos empfand. Welcher Art waren die Übergriffe auch nach dem 18. Lebensjahr?*

- *Wo fanden diese Übergriffe statt, und wo hat Frau Born nach ihrer Rückkehr nach Deutschland gelebt?*

- *Welcher Art waren die Kontakte zwischen ihrer Familie und dem Beschuldigten nach der Rückkehr (...) und bei welchen Gelegenheiten bestand direkter Kontakt, sodass es zur Fortsetzung des Missbrauchs kommen konnte?*

- *Wie hat der Beschuldigte es geschafft, über die Dauer das Opfer für sich verfügbar zu machen, um seine Missbrauchshandlungen durchführen zu können?*

- *Wann, wie und wo fand die Konfrontation des Beschuldigten mit der Situation statt? Was hat er konkret gesagt? Hat er sich gerechtfertigt? Gibt es dazu Aufzeichnungen? Für das Verfahren wären die Briefe oder der Briefwechsel zwischen ihr und dem Beschuldigten sicher von großer Bedeutung. Ist sie bereit, diese zur Verfügung zu stellen?*

Zur besseren Vorbereitung schickte Frau N. mir den Fragenbogen zu. Die Männer des zuständigen Bistums kritisierten dieses Vorgehen später scharf. Der Fragebogen sei nicht für mich bestimmt gewesen, er hätte Frau N. nur als Leitlinie dienen sollen.

Auch heute, Jahre später und mit viel Abstand, frage ich mich, was Frau N. mit vielen dieser Fragen hätte machen sollen oder wie sie sie mir hätte vortragen können, damit ich sie nicht als retraumatisierend erlebt hätte. Selbst wenn sie die Fragen gesungen, vorgetanzt oder in rosarote Watte gepackt hätte, wäre eine Frage wie *„Hat der Pfarrer sein Verhalten erklärt?"* oder *„zum konkret geschilderten Missbrauch wären noch ergänzende Angaben erforderlich"* oder noch arger *„Warum haben die Eltern ihrem Kind nicht geglaubt?"* für mich als Opfer mitten in der Aufarbeitung schockierend und traumatisierend geblieben.

War der Vorwurf an Frau N. nicht eher die Möglichkeit und die Chance, bei den anschließenden „Vernehmungen", wie es dann hieß, ohne Frau N. weitermachen zu können?

Noch mehr Futter, um mich dazu zu drängen, mich von den im Anschluss auftauchenden Männern des zuständigen Bistums befragen zu lassen? War es nicht eine willkommene Kritik an Frau N., um davon abzulenken, sich mit der Qualität der eigenen Fragen oder der von mir geäußerten Kritik auseinandersetzen zu müssen und dafür Verantwortung zu übernehmen? Im weiteren Verlauf habe ich mich immer wieder mit diesen Überlegungen auseinandergesetzt.

Meine Frage an Herrn Eins, ob er im Umgang mit traumatisierten Frauen ausgebildet sei, hatte sich mit diesem Fragenkatalog für mich eigentlich schon beantwortet. Wie Recht der oben zitierte Limburger Bischof hat, ich fing an, *„Ihnen"* nicht mehr zu glauben oder besser zu trauen.

Fünf Punkte möchte ich mir genauer anschauen und beschreiben, was sie in mir ausgelöst haben, wie ich sie aufgenommen habe und wie ich sie erlebe:

1.) Wer sind ihre (...) Geschwister und wo sind diese heute wohnhaft? Kommen diese evtl. als Zeugen in Betracht, entweder zum direkten Tatgeschehen oder auch zur Gesamtsituation oder etwa der Tatvorbereitung durch den Beschuldigten. Sind diese eventuell auch selbst Opfer geworden?

Als ich diese Fragen zum ersten Mal gelesen habe, fing mein Herz an zu rasen, ich bekam Schweißausbrüche, und mir wurde schlecht. Mir wurde plötzlich bewusst, wie wenig mir wirklich geglaubt wurde und dass ich den Missbrauch definitiv nicht beweisen konnte und kann. Wie kann ein solcher Übergriff bewiesen werden, der so perfide und schleichend und so verwirrend über Jahre verlief? Und ich fühlte mich unglaublich verantwortlich für meine Geschwister und auch für meine Eltern. Ich habe im Traum nicht daran gedacht, dass meine Ursprungsfamilie dort mit hineingezogen werden würde.

Ich hatte damals kein gutes Verhältnis zu meiner Familie, und das hat sicher viele Gründe, aber eins war und ist mir klar: Wenn eines meiner Geschwister selbst betroffen gewesen sein sollte oder vielleicht etwas mitbekommen hatte, stand und steht es mir und besonders den Männern des zuständigen Bistums *Nicht* zu, sie dazu zu nötigen, ihre Geschichte und ihre Erlebnisse ins Bewusstsein zu holen und dann auch noch zu veröffentlichen. Wenn es mir mit der Auf-arbeitung schon so schlecht ging und ich so viel Mut gebraucht hatte, um den Missbrauch anzuzeigen, dann empfand und empfinde ich es heute noch als wirk-lich gefährlich, andere – eventuell Mitbetroffene – mit hineinzuziehen, ohne dass sie es in dem Moment vielleicht wollen. Ich habe mich wie in einer Falle gefühlt: Wenn ich für mich und meinen Antrag weitergehen wollte, wurde von mir erwar-tet, dass ich meine Ursprungsfamilie mitbelaste – es fühlte sich an wie Verrat.

Jetzt beim Schreiben eröffnet sich mir plötzlich der direkte Zusammenhang zu meinen Erlebnissen während des eigentlichen Missbrauchs: Als ich mich damals entschied zu versuchen, mein Leid zu erzählen und offenzulegen, riskierte ich, dass meine Mutter traurig wurde, dass ich sie zusätzlich belastete, weil wir nicht mehr in die Missionsstation gefahren wären, die sie so geliebt hat, wenn sie mir hätte glauben können.

Mir ist heute natürlich sehr bewusst, dass ich, als ich den Antrag stellte, den offenen Handschuh der Traumatisierung hingehalten habe, das Lag und das Vakuum. Wenn die Mitarbeiter des zuständigen Bistums aber so ausgebildet gewesen wären und so einfühlsam, wie es für den Umgang mit traumatisierten Menschen unabdingbar ist, dann hätten sie das in ihren Fragen berücksichtigen müssen.

Dass sie das nicht getan haben, erlebe ich noch heute meiner Ursprungsfami-lie gegenüber als übergriffig und mir gegenüber als retraumatisierend. Und tat-sächlich soll 2019 im wieder aufgenommenen Verfahren mein Vater als Zeuge aussagen – müssen. Er könne es verweigern, ließ Herr 14 mich wissen, das hätte aber natürlich Auswirkungen auf das Verfahren. Was hat sich zu 2014 und 2015 eigentlich geändert?

Doch zurück zu den Fragen von Herrn Eins:

2.) Hat der Pfarrer sein Verhalten erklärt? Welche Kommunikation hat es gege-ben? Wurde sie eingeschüchtert, nichts zu sagen? Wen hat sie nach dem Miss-brauch als Ersten getroffen?

Noch heute überkommt mich eine Gänsehaut, wenn ich diese Fragen lese. Es kom-men sofort „Bilder" in Form des Lachens, seines Lachens, und körperliche Reaktionen wie Beinezittern, Übelkeit, Bauchschmerzen und innere Kontraktio-nen. Ich halte wie automatisch die Luft an.

Mir ist wirklich nicht klar – bis heute, mit Abstand –, was das so formuliert bei der Befragung eines Opfers soll. Ich habe auch bei meiner Literaturrecherche zu dem Thema nichts darüber gefunden, dass Täter ihr Verhalten während der

Tat erklären. Es gab immer eine „ganz gewöhnliche" Kommunikation, er hat so getan, als sei das alles in Ordnung und ganz normal. Als ich ein Kind war und später auch, im See oder während der Reisen. Und dann gab es dieses tiefe Lachen. Das stand allerdings auch schon in meinem Antrag und dem Protokoll, das Frau N. mitgeschickt hatte.

Auch die letzte Frage, wen ich getroffen hatte, irritiert mich. Ich hatte geschrieben, dass der Missbrauch schleichend und verwirrend begann. Zu Hause bei meinen Eltern oder auf der Missionsstation, bei ihm auf dem Schoß sitzend, in den „Spielen" und so weiter. Wen soll ich da als Erstes getroffen haben? Es waren ja viele dabei. Vielleicht bezieht sich die Frage auf eine der sehr konkreten Erinnerungen, als ich die Familie mit dem Baby besuchte, die mit dem Täter weiter oben in den Bergen in einer Nebenstelle der Missionsstation wohnte. Aber wenn sie das meinten, dann verstehe ich die folgende Frage nicht:

3.) Wie kam der Kontakt zustande? War es das erste Kennenlernen, oder kannte sie ihn schon aus der Familie?

Ganz ehrlich, auch jetzt, wenn ich diese Frage abtippe, schüttle ich automatisch verständnislos den Kopf. Hatte sich Herr Eins meinen Antrag nicht durchgelesen? Und das Protokoll? Oder sind das Standardfragen, die jedem Opfer mal gestellt werden, egal was in den Anträgen steht? Heute schüttle ich den Kopf, und damals habe ich mich so in meiner Ohnmacht bestätigt gefühlt, in diesem Doppeltrauma, dass ich nicht gehört wurde, dass mein Antrag scheinbar nicht aufmerksam genug gelesen wurde, dass mir nur der Weg blieb, mich in meine Wut zu retten, um nicht zu kollabieren und zu dissoziieren.

Entsprechend wütend und fast zynisch waren auch meine Antworten. Später hat mir einer der Männer des zuständigen Bistums vorgehalten, die Antworten wären „zu wütend" gewesen, um sie als „Beweise" nutzen zu können. Daher wäre die Beweislage so dünn gewesen, deswegen wäre mein Antrag in Rom abgewiesen worden.

Auch hier passiert das, was ich im Laufe der Erlebnisse immer wieder wahrgenommen habe: die Umkehr der Schuldfrage. Meine Antworten waren „zu wütend", daher haben die Beweise nicht ausgereicht! Ja, meine Antworten waren wütend, das kann ich heute auch sehen. Aber auch hilflos und verletzt und unglaublich ohnmächtig - auch das kann ich alles daraus lesen.

Meine Wut war die Rettung! Und ich habe die Männer des zuständigen Bistums in meinen Antworten ja auch mehrfach darauf hingewiesen, dass ich bei den Fragen fast wegkippte, dissoziierte, und habe dabei auf die Fachliteratur verwiesen.

Auch jetzt noch, wenn ich diesen Teil der Geschichte schreibe, wird mir schlecht. Die Fragen verursachen immer noch Übelkeit und lösen das Gefühl von „Falschsein" in derartigem Ausmaß aus, dass es kaum aushaltbar ist.

4.) Wie hat der Beschuldigte es geschafft, über die Dauer das Opfer für sich verfügbar zu machen, um seine Missbrauchshandlungen durchführen zu können?

Diese Frage treibt mir den kalten Schweiß aus allen Poren, mein Blick wird vernebelt, ich bin für meine Tochter akut nicht ansprechbar, mein Herz rast, mir ist übel, ich würde am liebsten weglaufen und nie wieder an dieses Buch und die schwierige Zeit denken … Und wenn ich das alles zulasse und dranbleibe, nass geschwitzt, mit zitternden Beinen und verschwommenem Blick, dann kommt das Gefühl: die reine Scham! Ja, genau das ist die Frage: Wie hat er es geschafft? Wieso habe ich das zugelassen? Wie falsch war ich eigentlich, dass ich das zuließ? Über so viele Jahre!

Scham und Schuldgefühle! Bis heute! Bis jetzt, wenn ich es zulasse und nicht flüchte in Abwehr, in Trotz, in Depression und in Wut.

Und das haben sich die Herren des zuständigen Bistums nicht denken können? Hatten sie ihre Hausaufgaben nicht gemacht? Hatten sie sich nicht belesen? Ich habe im Anschluss an dieses Kapitel eine kleine medizinische Abhandlung zusammengefasst über die Verarbeitung von Traumata. Bewusst habe ich vor allem einfache Texte aus Wikipedia genommen und sie mit entsprechender Fachliteratur abgesichert.

Es ist einfach und geht schnell, sich einen Überblick über die Schutzmechanismen des Gehirns zu verschaffen, die traumatisierte Menschen zum Überleben ausbauen und nutzen. Wenn die Herren des zuständigen Bistums das gewusst hätten, hätten sich einige der Fragen bereits im Vorfeld erledigt. Sollten sie es doch gewusst haben, haben sie meiner Meinung nach fahrlässig eine Retraumatisierung in Kauf genommen.

5.) Warum glaubten ihre Eltern ihrem Kind nicht?

Das ist für mich immer noch die Hammerfrage des Katalogs.

Zur Erinnerung und um es ganz deutlich zu machen: Es waren nicht die Fragen, die sich Herr Eins aufschrieb, um für sich einen roten Faden in die Geschichte zu bekommen. Es handelt sich bei dem Katalog nicht um ein Brainstorming, um mehr Klarheit zu bekommen. *NEIN*, es handelt sich um einen Fragebogen zur „Anhörung des Opfers XYZ". Diese Frage sollte von mir beantwortet werden.

Diese Frage sollte – wie auch immer – Frau N. mir stellen. Ja, warum haben mir meine Eltern nicht geglaubt? Was war so falsch an mir, dass sie mir nicht glaubten?

Haben sich die Herren des zuständigen Bistums einmal gefragt, wie das ist, wenn einem als Kind nicht geglaubt wird? Eine Sekunde lang darüber nachgedacht, welchen Schmerz diese Frage in mir auslösen könnte, egal wie Frau N. versuchen würde, sie zu verpacken, oder ob ich sie so nackt und unverblümt lesen würde, wie sie geschrieben und ja auch gemeint war?

Und noch jetzt und heute gehe ich lieber innerlich weg und lenke mich ab mit meiner Wut auf diesen Fragebogen, als mich diesem Schmerz zu stellen. Obwohl dieser Albtraum ja vorbei ist. Obwohl meine Eltern heute voll hinter mir stehen. Und mir laufen schon wieder die Tränen, wenn ich das hier so festhalte und schreibe.

Ich hatte ja versprochen, dass mein Buch ein Glücksbuch wird und eine Liebeserklärung an das Leben. Und hier kommt ein wesentlicher Anteil am Happy End: *„KleineWunder"*!

Aus meinem Tagebuch:
„KleineWunder"

Das Besondere an *KleinenWundern* ist, dass sie einfach passieren. Irgendwann und irgendwo, dann, wenn am wenigsten damit gerechnet wird. Ich war innerlich im Frieden mit mir, dem Leben, meinen Kindern, die keine Kinder mehr sind und voller Vorfreude auf unser erstes Wohnzimmerkonzert, als das Wunder plötzlich den äußeren und meinen inneren Raum durchströmte. Wie ein Engel, für viele unsichtbar, für manche – vor allem für Kinder – sichtbar, für mich mit dem sanften Rauschen der beschützenden Flügel hörbar, aber vor allem in meinem Herzen wahrnehmbar, durch eine durchströmende Wärme, den Verstand überflutend, der damit mal die Klappe hielt mit all den Betonsätzen wie „Das geht ja nicht, das brauchst du nicht zu erwarten, und sei zufrieden, mit dem, was du hast …" Mein Herz wird groß, ich kann den – manchmal unregelmäßigen – Schlag ruhig zulassen, die Kraft des Lebens durchströmt mich, wenn ich das Wunder der Wunder einfach genieße. Der Verstand meldet sich wieder mit Unglauben und Warnungen – nun, durch die Kraft des Wunders, folge ich einfach meinem Herzen, der Verstand muss das ja nicht unbedingt wissen.

Wunder scheinen den Weg durch unsere Beton- und Glaubenssätze zu finden, an denen wir sonst oft gerne festhalten, weil sie uns sicher in der Komfortzone warmhalten. Wunder scheinen wie die Luft und der Atem die kleinen Zwischenräume und Risse im Beton zu finden, um zu uns zu gelangen. Es ist ein wirkliches Wunder mit den *KleinenWundern*.

Mich erreichte eines – ein großes *KleinesWunder* – am Vorabend unseres Wohnzimmerkonzerts –, als ich mit meiner Tochter und meinen extra angereisten Eltern beim Abendessen saß. Mich berührte die Tatsache, dass die Eltern extra zum Konzert angereist waren, den weiten Weg und die Unzuverlässigkeit der Bahn auf sich genommen hatten. Ich hatte mir vorgenommen, meinem Vater kleine Auszeiten für seine Bedürfnisse zu schaffen, und war gespannt, wie ich das mit meiner eigenen Nervosität und Aufgeregtheit, meinem Wunsch, es für mich und die Gäste richtig schön sein zu lassen, so hinbekommen würde. Der Zauber der *KleinenWunder* hatte mich noch nicht erreicht.

So saß ich etwas angespannt, vielleicht auch, weil ich gerne erzählen wollte von meinem Buch und meinen Erfahrungen damit, und doch den Glaubenssatz hörte: „Sie werden und können dich nicht verstehen, für sie sind es nur Einzelfälle, bleib

lieber in Deckung und zeig dich nur wenig, dann tut es nicht wieder so weh ..."
Doch das Wunder findet eben die Risse im Beton. Und so hörten meine Ohren
den Vater plötzlich sagen: „Ich habe mich schon gefragt und bin noch auf der
Suche, welches Gericht in Deutschland dafür zuständig ist, damit ich die Bischöfe
dort verklagen kann ..." So ähnlich waren seine ersten Worte zu meinen Erzäh-
lungen über das Buch, ganz genau habe ich mir es nicht merken können, denn
der Verstand wird weich, wenn Betonsätze sich auflösen und uns den Halt der
vermeintlichen Sicherheit nehmen. Und da traf mich der Zauber des Wunders –
lass den Verstand doch weich werden, hurra! Das Herz wird weit und wendet sich
dem Vater zu. Was für ein Wunder – dieses große *KleineWunder* –, was auch
immer es war, was auch immer seinen Verstand hat weich werden lassen, er scheint
mir zu glauben, er scheint am gleichen Strang zu ziehen wie ich, wie ist das möglich, nach all den Jahren, nach all den vielen Sätzen der Rechtfertigung, der Erklärungen und des Kleinredens?

„Wie nun damit umgehen, was tun und nicht-sagen, um das nicht wieder kaputt
zu machen?", fragt der weich gewordene Verstand in der Sehnsucht nach Stabi-
lität und Sicherheit. „Nix hier", sagt das Herz, „das ist stabil und du – der Verstand – hast ja sogar die Antwort auf seine – des Vaters – Frage. Sicherheit war
gestern, Sicherheit gemischt mit Zufriedenheit und Betonsätzen. *Jetzt* ist das
KleineWunder, kannst du denn die Engelsflügel nicht hören?"

So begann für mich das große *KleineWunder*. Und als einmal der Weg durch
den Beton gefunden war, war so viel möglich, da gab es so viele Worte, die ewig
unausgesprochen gewesen waren, so viel Anerkennung und Respekt vor dem
Leben und dem Schicksal.

Mein Vater sagte an dem Abend noch: „Ich kenn dich ja gar nicht, ich lern dich
jetzt erst kennen." Und meine Tochter meinte am nächsten Morgen: „Mama, sie
sind viel mehr deine Eltern geworden!"

Was für ein Segen und was für ein Frieden, wenn die *KleinenWunder* ihren
Weg finden, entgegen jeder Überzeugung und jedem Betonsatz.

„Super", sagt der Verstand beim Abräumen „war ja ganz nett, aber jetzt ist
genug mit Weich und So!" „Ne", sagt das Herz, „wir fangen gerade erst an, du
und ich und die *KleinenWunder*!"

Der Eng

„Ich nehme Euch als ganzes System
nicht ab, dass ihr eine echte Betroffenheit habt.“

Claudia Mönius, Betroffene, aus: sueddeutsche.de vom 27.09.2018[10]

Hintergrundwissen:
Kleine medizinische Abhandlung

oder

Wie mein Hirn tickt

Ich wies schon darauf hin, dass es mir in diesem Kapitel nicht um fundierte medizinische Wissensvermittlung geht, sondern auf der einen Seite um das Verständlichmachen von Schutzmechanismen im menschlichem Gehirn bei und nach erlebten Traumata und auf der anderen Seite um den Hinweis, wie einfach es ist, sich dieses Wissen anzueignen. Daher habe ich einige Wikipedia-Zitate herausgesucht und dann ergänzend kommentiert.

Definition und Entstehungstheorien von Traumafolgestörungen

„Gemäß der Definition der AWMF, die auch Behandlungsrichtlinien für die PTBS erstellt hat, ist die „Posttraumatische Belastungsstörung (…) eine mögliche Folgereaktion (…) eines oder mehrerer traumatischer Ereignisse (wie z.B. das Erleben von körperlicher und sexualisierter Gewalt, auch in der Kindheit (so genannter sexueller Missbrauch) (…), die an der eigenen Person, aber auch an fremden Personen erlebt werden können."[11]

Im aktuell wichtigsten international anerkannten Klassifikationssystem für medizinische Diagnosen, dem sog. ICD 10 (International Statistical Classification of Diseases and Related Health Problems) wird nach *„Akuter Belastungsreaktion"* und *„Posttraumatischer Belastungsreaktion"* unterschieden.[12] Dort heißt es zu der PTBS: *„Diese entsteht als eine verzögerte oder protrahierte Reaktion auf ein belastendes Ereignis oder eine Situation kürzerer oder längerer Dauer, mit außergewöhnlicher Bedrohung oder katastrophenartigem Ausmaß, die bei fast jedem eine tiefe Verzweiflung hervorrufen würde".*[13]

Die Definition der Posttraumatischen Belastungsstörung bezieht sich sowohl in der freien Enzyklopädie als auch in der weltweit genutzten Klassifikation für medizinische Diagnosen auf die länger anhaltende Verarbeitungsmöglichkeit nach einer *„außergewöhnlichen Bedrohung"*, eines oder mehrerer Traumata. *„Eine Posttraumatische Belastungsstörung entsteht* weder *aufgrund einer erhöhten psy-*

chischen Labilität, noch ist sie Ausdruck einer (psychischen) Erkrankung – auch psychisch gesunde und gefestigte Menschen können eine PTBS entwickeln. Es gibt jedoch bestimmte Risikofaktoren, die es wahrscheinlicher machen, dass eine Person das Vollbild der PTBS entwickelt.[14] Das finde ich als Hinweis besonders wichtig, da deutlich wird, dass jeder Mensch von dieser Belastungsstörung betroffen sein kann und sie an sich kein Ausdruck für eine vorher bestehende „Schwäche" darstellt.

Das wird auch im ICD 10 bestätigt: Demnach können bestimmte prädisponierende Faktoren zwar die Schwelle für die Entwicklung einer PTBS senken und den Verlauf erschweren, aber sie sind weder notwendig noch ausreichend, um das Auftreten der Störung zu erklären. *„Die PTBS stellt einen Versuch des Organismus dar, eine traumatische, mitunter lebensbedrohliche Situation zu überstehen. Daher handelt es sich ursächlich bei den PTB-Reaktionen nicht um eine Störung (Fehlfunktion), sondern um eine „gesunde", d.h. normale und zweckdienliche Reaktion, um den Menschen vor einer bedrohlichen Gefahrensituation besser zu schützen. (...)"*[15]

In dem *„Handbuch psychiatrisches Grundwissen für die Seelsorge"*[16] heißt es: *„Dissoziation und Vermeidung sind wahrscheinlich Schutzmechanismen, die u.a. die psychophysischen Reaktionen (z.B. Herzreaktionen) während einer Exposition reduzieren und verhindern, dass der Patient aus der neuen Erfahrung die schwierige Situation im Gedächtnis nacherlebt und lernt, diese in der Gegenwart zu bewältigen. Eine Vielzahl von Hirnarealen, Funktionskreisen und Neurotransmittern (...) sind an der Verarbeitung traumatischer Erfahrung beteiligt."*[17]

Bei Wikipedia wird es so erklärt: *„Pierre Janet betrachtete die Trauma-Antwort grundsätzlich als eine Störung des Gedächtnisses, die die Integration der traumatischen Erinnerungen in bestehende kognitive Strukturen verhindere, was zu deren Abspaltung von Bewusstsein und Willenskontrolle und zu Dissoziation und Amnesie führe und die psychischen und somatoformen Trauma-Symptome verursache."*[18]

Für mich sind diese Erklärungen so wichtig, weil sie deutlich machen, dass die Verarbeitungsmuster ein Segen und die Rettung in den jeweiligen Situationen sind. Wir überleben die traumatischen Ereignisse, weil unser Gehirn in der Lage ist, durch massive Ausschüttung von Neurohormonen, den Hippocampus, das Hirnareal mit der Aufgabe, Sinneseindrücke in den richtigen Kontext abzuspeichern, zu einer „Fehlfunktion" zu verleiten, sodass sowohl die räumliche als auch die zeitliche Einbettung des Erlebten gestört ist. So kann auch die fragmentierte Erinnerung gut erklärt werden, da einzelne Erinnerungsfragmente fehlgeleitet abgespeichert bleiben und auch bei bestimmten Triggern, bei mir zum Beispiel der kratzenden Decke, als Einzelstücke des Gesamtbildes sich als körperliche Reaktionen zeigen.

Laut dem ICD 10 müssen folgende Kriterien für die sichere Diagnose einer PTBS vorliegen:

A.) Die Betroffenen sind einem kurz- oder langhaltenden Ereignis oder Geschehen von außergewöhnlicher Bedrohung oder mit katastrophalem Ausmaß ausgesetzt, das nahezu bei jedem tiefgreifende Verzweiflung auslösen würde [das sogenannte Alpha-Kriterium; Anmerkung d. Autorin].

B.) Anhaltende Erinnerungen oder Wiedererleben der Belastung durch aufdringliche Nachhallerinnerungen (Flashbacks) (...).

C.) Umstände, die der Belastung ähneln oder mit ihr im Zusammenhang stehen, werden tatsächlich oder möglichst vermieden. Dieses Verhalten bestand nicht vor dem belastenden Erlebnis.

D.) Entweder 1. oder 2.

1. Teilweise oder vollständige Unfähigkeit, einige wichtige Aspekte der Belastung zu erinnern.
2. Anhaltende Symptome einer erhöhten psychischen Sensitivität und Erregung (nicht vorhanden vor der Belastung) mit zwei der folgenden Merkmale:

a) Ein- und Durchschlafstörungen
b) Reizbarkeit oder Wutausbrüche
c) Konzentrationsschwierigkeiten
d) Hypervigilanz
e) erhöhte Schreckhaftigkeit.

E.) Die Kriterien B., C. und D. treten innerhalb von sechs Monaten nach dem Belastungsereignis oder nach Ende einer Belastungsperiode auf.[19]

Sicher nicht so wissenschaftlich, aber leichter zu verstehen sind die Kriterien für die Diagnose auf Wikipedia nachzulesen, die Auszüge sind hier verkürzt wiedergegeben:

„A. Traumatisches Ereignis: [das Alpha-Kriterium, Anmerkung d. Autorin]

1. Direkt ausgesetzt
2. Als Augenzeuge
3. Indirekt;
4. Konfrontation mit Details von traumatischen Ereignissen (… zum Beispiel als Polizist.)

B. Wiedererleben
Das traumatische Ereignis wird wiederkehrend wiedererlebt und zwar in einer der nachfolgenden Weisen (mindestens eine):

1. Wiederkehrende, unfreiwillige und eindringliche belastende Erinnerungen
2. Traumatische Albträume
3. Dissoziative Reaktionen (z.B. Flashbacks), in Dauer variierend von einer kurzen Episode bis zum Verlust des Bewusstseins
4. Intensiver oder langanhaltender Stress, nachdem die Person an das traumatische Erlebnis erinnert wurde (unabhängig von der Ursache für die Erinnerung).

Markante physiologische Reaktion, nachdem die Personen einem Reiz ausgesetzt war, der einen Bezug zum traumatischen Erlebnis hat.

C. Vermeiden
Anhaltendes starkes Vermeidungsverhalten von traumaassoziierten Reizen nach dem traumatischen Erlebnis

D. Negative Veränderungen von Gedanken und Stimmung
Die negativen Veränderungen von Gedanken und Stimmung begannen oder verschlechterten sich nach dem traumatischen Erlebnis (mindestens zwei):

1. Unfähigkeit, sich an wichtige Merkmale des traumatischen Erlebnisses zu erinnern
2. Andauernde (und oft verzerrte) negative Annahmen von sich selbst oder der Welt
Andauernde verzerrte Vorwürfe gegen sich selbst oder gegen andere, am traumatischen Erlebnis oder seinen negativen Folgen schuld zu sein
3. Andauernde negative traumaassoziierte Emotionen (z.B. Angst, Wut, Schuld oder Scham)
4. Markant vermindertes Interesse an wichtigen Tätigkeiten
5. Das Gefühl, anderen fremd zu sein (z.B. Distanziertheit oder Entfremdung)

6. Eingeschränkter Affekt: andauernde Unfähigkeit, positive Emotionen zu empfinden

E. Veränderung in Erregung und Reaktionsfähigkeit"[20]

Bereits in den aufgegliederten Kriterien für die Diagnosestellung einer PTBS werden die Symptome des Krankheitsbildes beschrieben. In seinem Bericht im Hessischen Ärzteblatt 5/2016 weist Harald Dreßing darauf hin, dass alle Symptome völlig unspezifisch sind, also nur in Verbindung mit dem Alpha-Kriterium sich das typische Syndrom ergibt.[21]

Es werden drei Gruppen von Symptomen unterschieden:

- Intrusionen, wie Alpträume, zwanghaftes ungewolltes Festhalten an fragmentierten Erinnerungen oder Flashbacks.
- Konstriktionen wie Abspaltung und Dissoziation.
- Übererregung wie vegetative Überreaktionen, also Hyperarousals, Kampf- oder-Flucht-Reaktionen, Herzrasen oder Schlafstörungen.[22]

Einfach und verständlich nachzulesen auf Wikipedia. Dort heißt es: *„Je nach Art und Dauer des Traumas kann es vorkommen, dass sich diese Symptome einige Zeit nach dem traumatisierenden Ereignis von selbst zurückbilden (Spontan-Remission) und das traumatische Erlebnis normal in den Lebenslauf integriert werden kann. In den meisten Fällen, vor allem bei schweren Traumata, Traumata in der Kindheit oder bei Menschen mit wenig Resilienz (Psychologie), kann eine Integration des Traumas durch Selbstheilungskräfte allein auch nach langer Zeit nicht wiederhergestellt werden und es kommt zur Herausbildung von traumabedingten Folgestörungen. Diese können sich auch erst Monate oder Jahre nach dem traumatisierenden Ereignis bemerkbar machen und unter Umständen mit veränderten Hirnaktivitäten und neuroanatomischen Veränderungen einhergehen.*"[23]

Neben den medizinischen Aspekten wollte ich verdeutlichen, dass uns allen mit wenigen Klicks im Internet das Basiswissen kostenfrei zur Verfügung steht. In meine eigenen Worte gefasst heißt es in etwa: Aufgrund von traumatisch Erlebtem – Erlebnisse, die in hohem Maß an Hilflosigkeit und Angst gekoppelt sind – schüttet mein Hirn ungewöhnlich viele Hormone aus. Diese wiederum führen dazu, dass ich Eindrücke, wie zum Beispiel das tiefe Lachen oder die kratzende Decke, an einem „falschen" Ort, nämlich im sogenannten Mandelkern – der Amygdala – abspeichere. Hierbei handelt es sich um eine mandelförmige Ansammlung von Nerven, die im Gehirn wesentlich an der Verarbeitung und der Speicherung von Gefühlen beteiligt ist. Der Sinn dabei ist, dass die Erinnerungen im Mandelkern nicht willentlich von unserem Bewusstsein abgerufen werden können; das Gehirn verpackt, verschließt oder versteckt sozusagen die überfordernden Erinnerungen – eine weise und vernünftige Maßnahme, um die Situationen erst mal zu überleben, eine neurologische Überlebensstrategie sozusagen. Der Nachteil dabei ist, dass die konkrete Erinnerung an die Erlebnisse im eigentlichen Sinn in großen Teilen auch verloren geht, zumindest für den willentlichen Akt der Erinnerung.

Das erklärt auch, warum es so schwierig ist, einen Missbrauch im Nachhinein zu beweisen. Oft kommen die Erinnerungen in fragmentierten Einzelstücken wieder hoch, nicht selten getriggert durch äußere Faktoren wie das tiefe Lachen oder das Kratzen einer Decke. Da auch diese Erinnerungsfragmente nicht wirklich dem bewussten Willen unterliegen, fühlt es sich an wie ein Aufdrängen von nicht einzuordnenden Bildern. Daneben spult der Mandelkern gerne auch immer wieder die gleichen Abwehr- und Überlebensmuster ab, ohne Einfluss meines bewussten Willens, weil sie als „erfolgreiche" Überlebensstrategie abgespeichert sind.

Nur so kann ich mir zum Beispiel mein häufiges „Kampf-Ums-Überleben"-Muster erklären.

Erst jetzt, beim Schreiben des Buches, wurde mir diese Strategie in manchen – nicht wirklich lebensbedrohlichen – Situationen deutlich, und ich konnte meine Reaktion immerhin wie von außen beobachten.

Allein mit diesem Basiswissen über Traumatisierungen hätten die Mitarbeiter im zuständigen Bistum gewusst, dass sie die eine oder andere Frage aus dem Fragenkatalog hätten ganz weglassen oder anders formulieren müssen. Allein mit diesem einfachen Basiswissen hätten sie erkennen können, dass die eine oder andere Frage unweigerlich zu den klassischen Symptomen wie Flashbacks oder Übererregung oder auch zu emotionalem Erstarren führen würde. Und das hat Herr Eins nicht gewusst? Oder hat er es gewusst und wissentlich eine Retraumatisierung in Kauf genommen? Ich kann nicht sicher sagen, was ich furchtbarer fände. Er würde sicher sagen, der Fehler lag ja bei Frau N., die den Fragebogen an mich weitergeleitet hatte, und nicht bei seinen Fragen.

Im Rahmen meiner Literaturrecherche für dieses Kapitel bin ich auf das „*Handbuch psychiatrisches Grundwissen für die Seelsorge*"[24] gestoßen. Es ist 2018 erschienen und damit hoch aktuell. Voller Neugier las ich vor allem das Kapitel „*Traumatisierung und Missbrauch*" von Ulrich Frommberger und Britta Menne. Unter 2.1.1 „*Was ist ein Trauma?*" werden Gottfried Fischer und Peter Riedesser zitiert. Sie definieren ein Trauma als „*ein vitales Diskrepanzerlebnis zwischen bedrohli-*

chen Situationsfaktoren und den individuellen Bewältigungsmöglichkeiten, das mit Gefühlen von Hilflosigkeit und schutzloser Preisgabe einhergeht und so eine dauerhafte Erschütterung des Selbst- und Werteverständnisses bewirkt." Später heißt es unter 2.4.1 *"Biologische Grundlagen": "Charakteristisch für Erinnerungen an Traumata ist ihre Fragmentierung, d.h. es werden oft nur Bruchstücke erinnert, die aber nicht in einem Kontext, sondern isoliert erlebt werden. Auch lange zurückliegende Traumata können daher immer noch erlebt werden, als würden sie gerade hier und jetzt wieder passieren."*[25] Weiter habe ich das Kapitel 3. *"Perspektiven für die (seelsorgerische) Praxis"*[26] aufmerksam gelesen, denn ich war mir sicher, dort Hinweise für den Umgang mit Betroffenen von sexuellen Übergriffen durch Seelsorger zu finden. Ein Buch, das 2018 erschienen ist und sich *"Handbuch psychiatrisches Grundwissen für die Seelsorge"* nennt, wird sich doch mit sehr hoher Wahrscheinlichkeit dieser besonderen Herausforderung stellen und auch stellen müssen.

Seit Jahren gibt es unzählige Anzeigen innerhalb der Kirche. Wenn der Missbrauch in einem Kloster oder in einer Klosterschule stattgefunden hat, werden es Seelsorger sein, die mit den Opfern sprechen, ebenso wie es Pfarrer, Bischöfe oder andere Seelsorger sind, die als offizielle oder inoffizielle Ansprechpartnerinnen oder Ansprechpartner die Betroffenen anhören. So habe ich selbst vor vielen Jahren den Kollegen des Täters, der damals ebenfalls mit in die Missionsstation als Priester entsandt worden war, angesprochen, um mit ihm über meine Erlebnisse zu sprechen.

Zu meiner großen Verwunderung finde ich in diesem Kapitel jedoch keinen einzigen Hinweis über den Umgang mit Traumaopfern der römisch-katholischen Kirche. Als gäbe es das Thema nicht. Als gäbe es diese ganz besondere Herausforderung für die Seelsorger nicht. Dabei hatte mir Pater Mertes in einem unserer Gespräche gesagt, es sei eine besondere Rolle, die er habe, als Teil des Systems, als Teil *"der anderen Seite"*, die er auch vertreten würde und vertreten müsse.

Schade, dass das so aktuelle Buch diese Herausforderung mit keinem Wort erwähnt. Eine offensichtlich verpasste Chance oder ein weiterer Hinweis darauf, dass die tatsächliche Problematik und die Schwere des Themas von den Verantwortlichen der römisch-katholischen Kirche noch nicht wirklich erfasst zu sein scheint. Oder, wie die Erfurter Kirchenrechtlerin Myriam Wijlens, die sich wissenschaftlich mit der Thematik Missbrauch in der Kirche auseinandersetzt, am 23.08.2018 meinte: *" Ich glaube in der Tat, dass in der Kirche – weltweit betrachtet – der Mechanismus, den Schutz der Kinder an die erste Stelle zu setzen, noch in einer Entwicklungsphase ist. Das ist noch nicht in die DNA der Kirche übergegangen."*[27]

Bunt oder nicht

„Seit 2013 schreibt die Bischofskonferenz vor,
dass bei Verdacht auf sexuellen Missbrauch grundsätzlich
Anzeige erstattet werden muss,
es sei denn, das Opfer ist dagegen."

Aus: STERN, 41/2018 vom 04.10.2018; S. 56–57;
von Ingrid Eißele

Wie es im zuständigen Bistum weiterging

oder

Die verschiedenen Männer des zuständigen Bistums

Herr Zwei

Bereits in ihrer E-Mail von Ende Juli 2014 erwähnte Frau N., die Missbrauchsbeauftragte des nicht zuständigen Bistums, den Namen des Herrn Zwei des
zuständigen Bistums, an den sie meinen Antrag und ihre Stellungnahme weiter-
gereicht hatte. Sie bat mich kurz nach der gemeinsamen Bearbeitung des Fragenkatalogs, mich dazu bereit zu erklären, mit Herrn Zwei zu telefonieren. Sie habe
schon mit ihm gesprochen, er sei nett und freundlich, und es würde den Verlauf
sicher günstig beeinflussen, wenn er mein Ansprechpartner würde. Zähne-
knirschend stimmte ich zu. Besser, als weiter mit Herrn Eins kommunizieren zu
müssen.

Während des ersten Kontaktes ging es mir nur darum: „Ihr müsst vorsichtiger mit mir umgehen!" Herr Zwei schien es zu verstehen, er bot mir an, die Kommunikation über sich laufen zu lassen. Er habe meinen Antrag und auch meine
E-Mails an Herrn Eins bezüglich des Fragenkatalogs und meine Antworten gelesen. Er sicherte mir mehrfach zu, dass er keine Zweifel an meinen Aussagen habe.
Er selbst sei Kirchenrechtler und arbeite in einer Familien- und Eheberatungs-
stelle. Inwieweit er therapeutisch für diese Aufgabe und als Ansprechpartner für
die Opfer und Betroffenen ausgebildet ist, war und ist mir nicht genau bekannt.
Über einen langen Zeitraum sollte Herr Zwei der Mensch bleiben, dem ich im
zuständigen Bistum am meisten vertraute. In den Telefongesprächen mit ihm
wagte ich gelegentlich, mein Igelkleid abzulegen, mich verletzlich oder auch
wütend zu zeigen.

Später bezeichnete Herr Zwei sich selbst einmal als *„zwielichtig"*, und das trifft
es für mich im Nachhinein sehr gut. Herr Zwei meinte *„zwielichtig"* unter anderem in dem Zusammenhang, dass er die Missstände in der Kirche sehe und auch
die schwierigen Umstände im zuständigen Bistum, dass er aber in dem „Verein"
– immerhin sein Arbeitgeber – in seiner Komfortzone hocken bliebe.

Das ist für mich – gerade auch nach den Gesprächen mit Pater Mertes – nicht unbedingt zwielichtig. Solange er nicht aus der Kirche geworfen wird, könnte er dort Mitglied sein und sich trotzdem klarer positionieren. Ein umwerfendes Beispiel dafür ist für mich auch Doris Wagner, Autorin des Buches „Nicht mehr ich"[28], die als Betroffene offensichtlich aktiv in der Kirche bleibt und sich mehr als klar positioniert.

Für mich hat sich Herr Zwei im Laufe des Verfahrens insofern als zwielichtig gezeigt, da er auf der einen Seite Ende November 2014 meinen Antrag in Eigenverantwortung nach Bonn an die zentrale Koordinationsstelle schickte, und das offensichtlich an den höheren Stellen vorbei. Auf der anderen Seite ausgerechnet er im Mai 2015 den Termin für die entscheidende Befragung an meinem Wohnort sehr kurzfristig absagte, aus für mich bis heute nicht wirklich nachvollziehbaren Gründen. Ich hatte im Vorfeld mehrfach darum gebeten, nach meinen Erfahrungen mit dem Fragenkatalog nicht direkt von Herrn Eins befragt zu werden. Es schien mir sicherer, von Herrn Zwei die Fragen zu hören, weil ich immerhin seine Stimme bereits kannte. Persönlich lernte ich keinen der Herren jemals kennen!

Herr Eins und Herr Zwei gehörten beide der Untersuchungskommission an, und es hatte längere Zeit den Anschein, als würden sie wirklich versuchen, mir so weit wie möglich gerecht zu werden. Herr Zwei schrieb noch am 18.04.2015 – kurz vor seiner Absage – an Frau N.:

> „Ich deute das Vorgehen [im zuständigen Bistum, Ergänzung d. Autorin] so, dass endlich das ‚Heft des Handelns‘ bei [Herrn Eins] und bei mir liegt und dass WIR – Frau Born, Sie und wir beide [Herr Eins und Herr Zwei, Ergänzung d. Autorin] – klären können, wie ein Gespräch (…) möglich ist und dann auch so geführt wird, dass es Frau Born wirklich zumutbar ist."

Meine einzige Bitte in diesem Zusammenhang, nämlich die, dass Herr Zwei – meine damalige Vertrauensperson im zuständigen Bistum – die Fragen mit mir durchgeht, konnte von ihm dann plötzlich doch nicht berücksichtigt werden, denn in seinem Schreiben vom 08.05.2015 heißt es, er würde mit mir das Gespräch nicht führen, weil er keine Rollenvermischung wolle. Ich hatte der Anwesenheit von Herrn Eins bei der weiteren Befragung zugestimmt – für mich schon ein großes Zugeständnis! Aber das schien plötzlich nicht auszureichen. Und daher wurde dieses wichtige Gespräch vom zuständigen Bistum aus abgesagt. Die Absage der Befragung führte im Nachhinein zu der Aussage aus Rom, die Beweislage sei zu dünn, um den Täter rechtssicher überführen zu können. Zumindest war dies die

Begründung des zuständigen Bischofs im November 2015. Heute liegen noch andere Begründungen vor; diese für mich unvorhersehbare Entwicklung habe ich während des Schreibens sehr spontan im Kapitel „Der aktuelle Stand" festgehalten.

Doch zurück zu Herrn Zwei und seiner Zwielichtigkeit. Bischof Geoffrey Robinson beschreibt dieses Dilemma in seinem Buch „*Macht, Sexualität und die katholische Kirche*" für sich selbst so: „*Unter manchen Umständen jedoch verläuft nur ein ganz schmaler Grat zwischen der Anerkennung der Tatsache, dass ich in einer unvollkommenen Kirche tätig sein muss, und meiner Mitschuld an dem Schaden, den diese Unvollkommenheit den Menschen zufügt.*"[29]

Leider haken „zwielichtige" Menschen oft in meine Öse der inneren Verwirrung durch den Missbrauch ein. Die Verwirrung wird getriggert, die Frage, was richtig und was falsch ist, läuft parallel zu dem Kontakt ab. Das Schwierigste für mich war und ist dabei das Gefühl, mich nicht mehr auf meine innere Stimme verlassen zu können, oder, wie eine Etage tiefer und noch subtiler, mir nicht mehr sicher sein zu können, ob ich mich auf meine innere Stimme verlassen konnte und kann oder nicht. Das heißt, selbst wenn ich etwas fühle, und es fühlt sich richtig an, frage ich mich unbewusst sofort, ob ich dem Gefühl trauen kann oder nicht. Wenn Herr Zwei also sein Igelkleid ablegte und ich das Gefühl hatte, er höre mir zu und ich könnte ihm vertrauen, konnte ich mich nicht entspannen, sondern sofort war die Unsicherheit da, ob diese innere Stimme recht hat oder nicht. Das ist irgendwie doppelt schlimm: wenn ich sicher bin, dass ich mich nicht auf mich und meine innere Stimme verlassen kann, dann ist wenigstens das klar. Aber wenn ich es eben nicht weiß, dann ist es so, als ob das Schiff in zwei unterschiedlichen Richtungen schwankt.

Doch bis zu seiner für mich überraschenden Absage des Gesprächs wurde Herr Zwei vom zuständigen Bischof von dem „Fall" Born abgezogen – vermutlich, weil er mehrfach versichert hatte, meine Aussagen für absolut glaubwürdig zu halten. Er wurde wieder eingesetzt, wieder schachmatt gesetzt und unter Druck auch vom zuständigen Sonderbeauftragten und durch die Zeitungsartikel über meinen Fall wieder rehabilitiert, was er unter anderem mit dem Ausspruch in seiner E-Mail vom 18.04.2015 an Frau N., dass „*das Heft des Handels*" wieder in seiner und Herr Eins Hand läge, zum Ausdruck brachte.

Zu guter Letzt hat er sich dann mit der Absage des Termins selbst aus der Verantwortung gezogen – zwielichtig halt! Schade!

Herr Drei

Sowohl in meinen Antworten auf die Katalogfragen als auch in direkten E-Mails an Herrn Zwei und Herrn Eins hatte ich mehrfach auf die Gefahr der Retraumatisierung hingewiesen.

So habe ich zum Beispiel auf die Frage: *„Kann sie sich an das Haus oder an das Zimmer noch mit weiteren Einzelheiten erinnern?"* schriftlich geantwortet: „Möchten Sie weitere Flashbacks provozieren? Können Sie garantieren, dass ich nicht dabei dissoziiere, sind Sie überhaupt psychologisch ausgebildet, um zu erahnen, was Sie mit so einer Frage auslösen können?" Oder auf die Frage *„Dazu gehören auch die Übergriffe bis in das Erwachsenenalter, bei denen sich das Opfer immer noch ausgeliefert und schutz- und wehrlos empfand",* lautete meine Antwort: „Nach heutiger Rücksprache mit meinem Therapeuten verweisen wir gerne auf die ausführliche Fachliteratur. Bei der Frage kommt mir fast das Kotzen." Oder auf die Frage *„Wie hat der Beschuldigte es geschafft, über die Dauer das Opfer für sich verfügbar zu machen?",* habe ich geantwortet: „Diese Frage hat mich fast in die Klinik gebracht!"

Offensichtlich wurden diese Hinweise insofern gehört und ernst genommen, da plötzlich ein Psychotherapeut aus dem zuständigen Bistum – Herr Drei – ins „Rennen" geschickt wurde. Auf der anderen Seite wurde meine Not natürlich nicht gehört, weil es schon wieder einen neuen – mir völlig unbekannten – Mann gab, mit dem ich am Telefon über den Missbrauch reden sollte und das auf Anraten von Frau N. auch wieder tat. Zweimal habe ich mit dem Therapeuten fernmündlich gesprochen, er war vorsichtig, freundlich und professionell. Das Ergebnis: Laut der E-Mail von Frau N. aus dem nicht zuständigen Bistum an Herrn Vier! des zuständigen Bistums – den ich gleich im Anschluss vorstellen werde – vom 18.12.2014 wurde meine Glaubwürdigkeit von dem Therapeuten uneingeschränkt bestätigt. Außerdem vermittelte Herr Drei die Idee, den „Fall Born" doch an das nicht zuständige Bistum abzugeben, um weitere Retraumatisierungen zu vermeiden.

Es verwundert mich im Nachhinein nicht wirklich, dass ich nach den beiden Telefonaten nie wieder etwas von Herrn Drei hörte. Er wurde wohl umgehend aus dem Verfahren abgezogen.

In all der Zeit war er übrigens der einzige Fachmann, mit dem ich es zu tun hatte! Und er kennt meine Geschichte, mein Trauma und meine Not, doch wir könnten uns auf der Straße umrennen und würden uns nicht erkennen. So viel zur persönlichen und individuellen Begleitung der Opfer durch die römisch-katholische Kirche.

Tatsächlich hatte ich nach den Gesprächen mit Herrn Drei so etwas wie Hoffnung. So viele Menschen, die mir glaubten – alle, mit denen ich bis jetzt persönlich, und wenn auch nur am Telefon, gesprochen hatte, glaubten mir sofort. Ich war ihm dankbar für die Idee, den Fall abzugeben, und hoffte, dass das nicht zuständige Bistum ihn auch annehmen würde. Die Belastung war zu hoch gewesen mit den verschiedenen Männern und den übergriffigen Fragen, aber es schien sich gelohnt zu haben. Die Sache würde sich endlich für mich zum Guten wenden.

Zu früh gefreut!

Herr Vier!

Am 11.11.2014 – pünktlich zum Faschingsanfang – bekam ich das erste Schreiben von einem Herrn Vier!. Er bekommt ein Ausrufezeichen, denn der Kontakt mit ihm hat mich das Fürchten gelehrt.

„Sehr geehrte Frau Born,

der Bischof des zuständigen Bistums hat mich beauftragt, die Bischöfliche Kommission für Fälle sexuellen Missbrauch an Minderjährigen im zuständigen Bistum zu leiten. Für die Wahrnehmung dieser Aufgabe hat die Kommission die Leitlinien der Deutschen Bischofskonferenz zu beachten, deren Inhalt im Internet unter www.dbk.de dokumentiert ist.

Nachdem die Kommission auf der Grundlage Ihrer Angaben dem Bischof den Sachverhalt zur Kenntnis gebracht hatte, durch den Herr [Pfarrer Täter] beschuldigt wird, Sie im Kindesalter und bis in Ihr Erwachsenenalter missbraucht zu haben, hat mir der Bischof mit Dekret vom 05.09.2014 den Auftrag erteilt, gemäß der Vorschrift 1717 des kirchlichen Gesetzbuches ein Voruntersuchungsverfahren gegen [Pfarrer Täter] einzuleiten.

Am Beginn eines solchen Verfahrens stellt sich in der Regel zunächst die Frage, ob dem mutmaßlichen Opfer zu Erstattung einer Strafanzeige geraten werden muss. Ein behördliches Ermittlungsverfahren nach der Strafprozessordnung muss Vorrang vor dem kirchlichen Voruntersuchungsverfahren haben, das dann bis zum Abschluss der polizeilichen Ermittlungen ruht.

Weil ich aus Ihren Angaben erkennen konnte, dass die Staatsanwaltschaft im Falle einer Strafanzeige aus Gründen der Verjährung keine Ermittlung aufnehmen wird, habe ich davon abgesehen, Ihnen zu diesem Schritt zu raten. Zwar gibt es auch im kirchlichem Recht Verjährungsvorschriften, die Kommission kann aber dem Bischof empfehlen, bei der Glaubenskongregation in Rom für die Anwendung der Vorschrift zu votieren, nach der die Rechtswirkung einer eingetretenen Verjährung aufgehoben werden kann.

Weil angesichts der Schwere Ihres Tatvorwurfs eine solche Anregung durchaus in Betracht kommt, hat die Kommission Herrn [Pfarrer Täter] zu einer Vernehmung geladen, die [Herr Eins] geleitet hat.

[Pfarrer Täter] hat sich nach Belehrung über sein Recht, die Aussage zu verweigern, ausführlich geäußert. Der Inhalt seiner Aussagen macht weitere Ermittlungen erforderlich, zu denen grundsätzlich auch Ihre **Vernehmung** *gehört, zumal Sie die wohl einzige Tatzeugin sind.*

Es zeichnet sich ab, dass es für den Ausgang des Voruntersuchungsverfahrens entscheidend auf das Ergebnis Ihrer **Vernehmung** *ankommen dürfte. [Hervorhebung d. Autorin]*

Die Sprache allein des ersten Schreibens ist kalt, unpersönlich und formaljuristisch. Herr Vier! ist Rechtsanwalt, und das ist in seiner Sprache nicht zu überlesen. Er sei vom zuständigen Bischof damit beauftragt, die Bischöfliche Kommission für Fälle sexuellen Missbrauchs an Minderjährigen im zuständigen Bistum zu leiten. Er sehe aus Gründen der Verjährung davon ab, mir zu einer Strafanzeige zu raten. Wie im Nebensatz wird mir in dem Schreiben mitgeteilt, der Täter habe sich nun „*ausführlich*" geäußert. Der Inhalt seiner Aussage mache weitere Ermittlungen erforderlich, zu denen grundsätzlich auch meine *Vernehmung* gehören würde. Es würde sich abzeichnen, dass es für den Ausgang des Voruntersuchungsverfahrens entscheidend auf das Ergebnis meiner weiteren *Vernehmung* ankommen dürfe.

Bis heute wird mir schlecht, wenn ich dieses Schreiben lese. Eine krasse Wendung des Verlaufs, eine krasse Abwendung von der Betroffenen zum Täter hin. Ich war wie vor den Kopf geschlagen. Beim ersten Lesen habe ich den Brief gar nicht richtig verstanden. Hatten Herr Eins und Herr Zwei nicht mehrfach geschrieben, es hätte keinen Einfluss, was der Täter sagen würde? Wie kommt der Voruntersuchungsführer dazu, mich vernehmen zu wollen? Es war die erneute bittere Erfahrung der Schuldumkehr, der Verdrehung von Opfer und Täter, und es hakte in meine Öse ein, selbst für die Übergriffe verantwortlich sein zu sollen. Der Täter hatte sich bei der Konfrontation ja auch in die Richtung geäußert, die von mir getragene süße rote Hose sei schuld. Schockierend für mich als Betroffene, durch den ganzen Prozess getriggert und durch die Traumafolgestörungen mit meiner Gesundheit spielend und meiner Kraft fast am Ende. Ich rettete mich wie so oft damals in meine Wut. Weiter schrieb Herr Vier! wörtlich:

> *„Der Grundsatz verbietet es, Aussagen über eine Person zu machen, die zum Inhalt haben, dass die betreffende Person eine Straftat verwirklicht hat, bevor eine schuldhafte Begehung der Straftat dieser Person – im staatlichen Bereich durch ein Gericht, im vorliegenden Fall als Ergebnis eines ordnungsgemäß durchgeführten Verfahrens der Kommission – festgestellt worden ist (Pflicht zu Wahrung des Grundsatzes der Unschuldsvermutung)."*

Allein wenn ich das jetzt abschreibe und erneut lese, wird mir bei diesem Satz schwindelig, auch wenn ich den Inhalt irgendwie verstehe. Doch zurück zu Herrn Vier!, der es in seinem ersten Schreiben an mich auch nicht versäumte, mich zu ermahnen. Er schrieb, es sei von mir nicht angezeigt gewesen, beim zuständigen Bistum anzuregen, meinen Antrag endlich nach Bonn zu schicken – was Herr Zwei im November ja dann in Eigenverantwortung machte –, weil die Ermittlungen der Kommission noch nicht abgeschlossen gewesen seien. Ich hatte im Juni 2014 den Antrag gestellt und werde als Betroffene von dem Leiter der zuständigen Kommission fünf Monate später angeschrieben mit dem Hinweis, ich müsse erneut vernommen werden, und es sei nicht angezeigt, dass ich das Bistum dazu anrege, den Antrag – endlich – weiterzureichen?

Dieses Schreiben hat mich immens destabilisiert. Ich war und bin auch heute noch, wenn ich die Sprache und den Inhalt lese, wie vor den Kopf gestoßen, und meine Verwirrung, die in diesem Zusammenhang immer wieder deutlich zu spüren ist, schlug und schlägt zu. Das ist der Umgang mit Betroffenen? Was soll damit erreicht werden?

Je mehr ich das Gefühl hatte, ich sollte dazu genötigt werden, den Antrag zurückzunehmen, oder mich weigern, weiter auszusagen, umso größer wurde meine Wut. Ich konnte in der Zeit zwar nicht immer frei denken, aber ich habe mithilfe der Wut nicht aufgegeben.

Die Hampelfrau

„Papst Franziskus hat den Rücktritt des Erzbischofs von Lyon,
der in Frankreich wegen Vertuschung von Missbrauch zu sechs Monaten
Gefängnis auf Bewährung verurteilt wurde, abgelehnt. (…)
Der Papst habe aufgrund der Unschuldsvermutung den Rücktritt
nicht annehmen wollen."

U.a. nachzulesen in der Badischen Zeitung vom 20.03.2019, S. 8

Hintergrundwissen:
Paralleljustiz, Richterorganisation =
Täterorganisation

„Der Grundsatz verbietet es, Aussagen über eine Person zu machen, die zum Inhalt haben, dass die betreffende Person eine Straftat verwirklicht hat, bevor eine schuldhafte Begehung der Straftat dieser Person – im staatlichen Bereich durch ein Gericht, im vorliegenden Fall als Ergebnis eines ordnungsgemäß durchgeführten Verfahrens der Kommission – festgestellt worden ist (Pflicht zu Wahrung des Grundsatzes der Unschuldsvermutung)."

Der Abschnitt aus dem Brief von Herrn Vier! des zuständigen Bistums ist für mich so wichtig, weil sich sehr schön ein wesentliches strukturelles Problem der Kirche aufzeigen lässt: die Paralleljustiz.

Im Grunde gilt im deutschen Recht: Im Zweifel für den Angeklagten. Damit soll unbedingt verhindert werden, dass ein Unschuldiger zu Unrecht verurteilt wird. Ob genug Beweise vorliegen oder ob weitere Beweise herangezogen werden können und müssen, ob die Sachlage für ein sicheres Urteil ausreicht, wenn kein Geständnis vorliegt, entscheidet im staatlichen Bereich immer ein *unabhängiges* Gremium oder ein unabhängiger Richter oder eine unabhängige Richterin. Wenn es nur den Hauch eines Zweifels gibt, dass einer der Menschen, die für diese Entscheidung mitverantwortlich sind, nicht unabhängig sein könnte, also als befangen angesehen werden müsste, muss und wird dafür Sorge getragen, dass dieser Missstand geändert wird. Konkret führt das im staatlichen Recht oft zu Verzögerungen und scheint Prozesse zu verhindern. Das ist sicher lästig und doch unabdingbar wichtig.

Herr Vier! schreibt in seinem Brief unter anderem, dass die Verurteilung des Täters von der Entscheidung des durchgeführten Verfahrens der Kommission abhänge. Es wird wie selbstverständlich vorausgesetzt, dass diese Kommission unabhängig ist. Im Grunde wird die Kommission einem Richter oder einer Richterin gleichgestellt, zumindest aber einem neutralen Gutachter oder einer neutralen Gutachterin. Wenn nicht direkt die Kommission dem Richter gleichgestellt wird, dann spätestens der Bischof, der seine Informationen von der Kommission erhält.

In demselben Brief schreibt Herr Vier!, er sei vom Bischof dazu eingesetzt worden, diese Kommission zu leiten. Auch die anderen Mitglieder wurden vom Bischof eingesetzt. Und der Täter gehört auch zum zuständigen Bistum des zuständigen Bischofs und ist ihm unterstellt.

Was an dieser Konstellation ist frei und unabhängig? Es ist die reine Inzucht! Der Richter des Verfahrens – der Bischof – besetzt die Kommission mit Männern aus den eigenen Reihen, die wiederum die Täter aus den eigenen Reihen überführen sollen – oder doch schützen?

Und dieser Tatbestand wird in einem Satz mit den staatlichen Verfahren gleichgesetzt. Als wäre das identisch! Als dürften deutsche Richter und Richterinnen einen Beratungsstab oder eine Gutachtergruppe mit den eigenen abhängig Angestellten, Freundinnen oder Freunden besetzen und dann deren Ergebnisse als Grundlage für eine gültige Entscheidung verwenden.

Allein das ist ein Schlag ins Gesicht für unser Rechtssystem! Dass das gesetzlich geduldet wird, wirft viele Fragen auf, die auch das staatliche Rechtssystem betreffen. Wieso ist das in Deutschland überhaupt möglich? So eine Paralleljustiz, die völlig konträr zum Grundsatz der zu vermeidenden Befangenheit praktiziert wird. Noch genauer gehe ich im zweiten Teil des Buches darauf ein.

Der Vorgesetzte – hier der Bischof – ist Mitbruder der Kommissionsmitarbeiter und auch Mitbruder des Täters, vielleicht ist er auch sein bester Freund, sein Buddy! Schön auch zu lesen in einem späteren Schreiben von Frau Vier – Sekretärin des Sonderbeauftragten –, dass Herr Sieben, zu ihm komme ich noch, ausrichten ließ, er sei seinen Mitbrüdern ja nicht weisungsbefugt. Und wenn man das ohnehin kaum zu verstehende Schreiben des Herrn Vier! weiterliest, wird es noch absurder:

*„Was die Aufgabe des Büros anbetrifft, das die Deutsche Bischofskonferenz für Fragen des sexuellen Missbrauchs an Kindern in Bonn eingerichtet hat, ist zunächst der Hinweis erforderlich, dass dort **Keine Entscheidung** über Ihren Antrag getroffen werden kann (...) Der für die Bescheidung Ihres Antrags **allein** zuständige Bischof erhält von dem Bonner Büro einen Vorschlag, an dem er sich orientieren kann" [Hervorhebungen d. Autorin].*

Im Klartext heißt das doch, wenn es dumm läuft – und das ist mir halt passiert –, hat der zuständige Bischof die alleinige Entscheidungsfreiheit über den Ausgang meines Antrags. Als Vorgesetzter, Mitbruder und vielleicht sogar Freund des Beschuldigten – sicher völlig unabhängig und nicht befangen! Wenn das kein Strukturproblem ist, dann weiß ich auch nicht! Für mich stellt das eines der wesentlichen Muster dar, mit denen Unrecht uns Betroffenen gegenüber häufig über-haupt erst möglich wird. Es ermöglicht außerdem jedem weiteren Mitbruder, weg-zuschauen und Verantwortung abzulehnen. So, wie mir Herr Sieben, der Sonderbeauftragte, später ausrichten ließ, er sei nicht zuständig, er habe lediglich eine Koordinationsaufgabe. Oder wie die meisten Bischöfe aus Deutschland, die von mir über den Missstand informiert wurden und einfach nicht geantwortet haben.

Bisher hat sich das Verhalten nicht wesentlich geändert: Ich habe nach der Bekanntgabe, dass einer der Männer der Glaubenskongregation in Rom befan-gen gewesen sein muss, da er selbst aktuell unter dem hochgradigen Verdacht steht, sexuell übergriffig geworden zu sein, im März 2019 einen Antrag gestellt, mein Fall müsse wegen Befangenheit neu aufgerollt werden. Ich habe bis heute – Juni 2019 – weder vom Sonderbeauftragten noch vom Leiter der Deutschen Bischofskonferenz noch aus Rom eine Antwort auf den aktuellen Antrag erhal-ten. Der zuständige Bischof hat sich mein Anliegen dann zu seinem gemacht und den neuen Antrag nach Rom geschickt. Im Juni 2019 erhielt ich eine Antwort von Herrn Vierzehn aus dem zuständigen Bistum – ein völlig neuer Mann. Das innerkirchliche Verfahren gegen den Täter soll nun nach vier Jahren doch geführt werden. Dabei bleibt das Strukturproblem der Paralleljustiz weiter bestehen: Der „Richter" gehört zum zuständigen Bistum, der „Staatsanwalt" wurde vom zustän-digen Bischof ernannt. Eine wesentliche Änderung in dem Strukturproblem „Täterorganisation = Richterorganisation" kann ich noch nicht erkennen. Trotz-dem ist es natürlich eine für mich unerwartete Wendung nach vielen Jahren, die im Kapitel „Der aktuelle Stand" ausführlicher zu lesen ist.

„Man kann aber auch sehen, dass das, was kirchenintern
als ein Fortschritt, ja als radikal gilt,
für die Kirchenbasis mittlerweile das Minimum ist."

Aus: DIE ZEIT, 12/2019 vom 14.03.2019, S. 52,
von Evelyn Finger

Zurück zum zuständigen Bistum

oder
Was zu viel ist, ist zu viel

Frau Finger fasst das in Ihrem Beitrag in der Zeit sehr gut zusammen. Immer wieder ist zu hören und zu lesen, was die Kirche bereit ist, alles für die Opfer zu tun, aber ist nicht vieles von dem eine Selbstverständlichkeit? Anerkennung, Übernahme von Therapiekosten, das ist doch das Mindeste, was die Täterorganisation umgehend umsetzten sollte. Aber selbst eine angemessene finanzielle Entschädigung, Rentenausgleichszahlungen und Täterverurteilungen wären für mich immer noch eher selbstverständlich, als besonders großzügig oder sogar radikal. Ich machte meine sehr persönlichen Erfahrungen zum Beispiel mit der angeblichen Übernahme von Therapiekosten:

Herr Fünf und die 1.000 Euro Therapiekosten

Am 28.11.2014, kurz nachdem Herr Zwei meinen Antrag in Eigenregie an die zentrale Koordinationsstelle in Bonn weitergeleitet hatte, erhielt ich die Nachricht, das zuständige Bistum wolle 1.000 Euro für die nachgewiesenen selbst bezahlten Therapiekosten überweisen. Das Schreiben kam von Herrn Fünf – schon wieder ein neuer Name, und schon wieder ein neuer Mann. Der fünfte mir völlig unbekannte Herr! Dabei hatte Herr Eins mir die Tatsache, dass das Geld angewiesen werden sollte, bereits am 05.11.2014 mitgeteilt. Völlig unerklärlich für mich, warum ein neuer Mann, ein neuer Name mir eine Nachricht überbringen musste, die mir schon seit drei Wochen bekannt war. Warum brauchte das zuständige Bistum über drei Wochen, um das Geld anzuweisen? Es dauerte dann weiterhin fünf Tage, bis ich das Geld auf dem Konto hatte. Zu der Zeit konnte ich aus gesundheitlichen Gründen nur sehr eingeschränkt arbeiten. Die finanzielle Lage war entsprechend eng, und das war im zuständigen Bistum auch bekannt. Und dann brauchte es ein zweites Schreiben von einem fünften Fremden, um in dieser Situation die Therapiekosten anweisen zu lassen?

Herr Fünf schrieb wörtlich:

„Dieses Geld ist keinesfalls eine Anerkennung der von Ihnen vorgetragenen Beschuldigung gegen [Pfarrer Täter]. Solange der Nachweis einer Schuld nicht erbracht wird, gilt für [Pfarrer Täter] die Unschuldsvermutung."

Warum schrieb Herr Fünf das? Ich hatte den gleichen Inhalt wenige Tage vorher bereits von Herrn Vier! geschickt bekommen. Auch da müssen sich Herr Fünf und die anderen Herren die Frage gefallen lassen, ob sie ansatzweise im Bewusstsein hatten, was dieser dauernde Hinweis für mich als traumatisierte Person bedeutete und bedeutet. Bei mir kam an: „Du hast keine Chance, wenn „er" nicht aussagt. Und wir entscheiden, wem wir nun glauben, unserem Mitbruder oder dir als der vermeintlichen Trittbrettfahrerin".

Immerhin gab es ja offensichtlich keine Zweifel an der Notwendigkeit der therapeutischen Unterstützung. Ich frage mich, ob das zuständige Bistum die Kosten für die Behandlung der Traumafolgestörungen gezahlt hätte, wenn die dortigen Entscheidungsträger nicht irgendwie einen Zusammenhang zwischen meiner gesundheitlichen Situation und der Anzeige gesehen hätten. Wären die Männer sich sicher gewesen, dass es damals zum Beispiel der Postbote oder der Bademeister gewesen wäre, dann hätten sie sicherlich auch diese Zahlung abgelehnt.

Und es kam noch dreister im Zusammenhang mit diesen 1.000 Euro: Aus einer E-Mail von Frau N. – zur Erinnerung: Missbrauchsbeauftragte des nicht zuständigen Bistums – vom 18.12.2014 an Herrn Vier! des zuständigen Bistums, die mir Anfang 2015 vorlag, musste ich entnehmen, dass Herr Vier! Frau N. gegenüber geäußert hatte, ich müsse jetzt aber auch den Therapeuten wechseln, weil das zuständige Bistum die Kosten übernehmen würde und er – Herr Vier! – den Therapeuten, bei dem ich in Behandlung war, für nicht kompetent genug halte. Trotz meiner miserablen finanziellen Situation überwies ich die 1.000 Euro wenig später zurück, denn: Das ging gar nicht, das ging definitiv zu weit!

In derselben E-Mail konnte ich übrigens lesen, dass sowohl Herr Vier! als auch Frau N. im Rahmen einer Tagung gemeinsam mit dem zuständigen Sonderbeauftragten – Herrn Sieben – den „Fall Born" angesprochen hatten. Herr Sieben hatte in diesem Zusammenhang verlauten lassen, er sehe sich nicht dazu in der Lage, sich bei der inzwischen umfangreichen Korrespondenz in die Angelegenheit einzuarbeiten.

Als „Sonderbeauftragter der Deutschen Bischofskonferenz für Fragen des sexuellen Missbrauchs Minderjähriger im kirchlichen Bereich" ist Herr Sieben aufgrund der umfangreichen Korrespondenz nicht dazu in der Lage, sich in einen Fall einzuarbeiten? Ganz ehrlich, mir wären weniger Schriftverkehr, weniger verschiedene Ansprechpartner und weniger formaljuristische Schreiben auch wesentlich lieber gewesen. Ich hatte damals schon Herzrasen, wenn ich meinen E-Mail-Account nur öffnete, und Briefe aus dem zuständigen Bistum konnte ich nicht mehr aufmachen, ohne körperlich zu reagieren.

Am 03.12.2014 schrieb mich Herr Vier! erneut an. Meine inständigen Bitten, mir nur noch über Herrn Zwei und Frau N. Nachrichten zukommen zu lassen, schienen den Rechtsanwalt nicht ansatzweise zu interessieren. Er schrieb, der Beschuldigte sei erneut *angehört* worden, eine weitere *Vernehmung* meiner Person sei unabdingbar. Die Voruntersuchung könne ohne meine Mitwirkung nicht fortgesetzt werden. *„Die Kommission hat deshalb entschieden, das Voruntersuchungsverfahren bis zum Ende des Jahres zunächst ruhen zu lassen."* Ich solle bis dahin mitteilen, ob ich für eine weitere Vernehmung zur Verfügung stehen würde.

Mir ist nicht klar, wie oft die Männer des zuständigen Bistums noch eine Zusage von mir erwarteten. Ich hatte bis dahin jedes Mal zugestimmt, mich erneut befragen zu lassen und als Zeugin zur Verfügung zu stehen, wenn die Grundvoraussetzungen so gestaltet werden würden, dass die Retraumatisierungsmomente so gering wie möglich gehalten würden. Hatte Herr Vier! meine Zusagen nicht gelesen? Immerhin schrieb er:

> *„Die* **Vernehmung** *könnte [im nichtzuständigen Bistum, Anmerkung d. Autorin] erfolgen. Ich bin im Gespräch mit zwei Frauen, die in Voruntersuchungen der Vergangenheit die* **Vernehmung** *psychisch belasteter Zeuginnen durchgeführt haben"* [Hervorhebungen d. Autorin].

Vor inzwischen sechs Monaten hatte ich den Antrag gestellt, und seit er im zuständigen Bistum bearbeitet wurde, war es das erste Mal, dass *„zwei Frauen"* als Vernehmerinnen ins Gespräch kamen. Offensichtlich gab es also auch im zuständigen Bistum weibliche Ansprechpartnerinnen. Warum waren die nicht von Anfang an mit einbezogen worden? Warum wurden mir ihre Namen und ihre Qualifikationen nicht genannt? Ich habe übrigens nie wieder von diesen Frauen gehört.

Herr Vier! bot in der E-Mail *„zusätzlich eine fachlich qualifizierte psychotherapeutische Unterstützung"* an; aus seiner wenig später an Frau N. geschickten E-Mail wurde dann ja deutlich, dass er den Therapeuten meines Vertrauens damals für nicht qualifiziert genug hielt. Ein tragbares therapeutisches Verhältnis lässt sich sicher nicht in ein bis zwei Sitzungen aufbauen, und wenn es dann besteht, ist es wenig sinnvoll, es nach der *„Vernehmung"* einfach wieder einzustellen. Herr Vier! als Rechtsanwalt war meiner Meinung nach nicht qualifiziert genug, um diese Zusammenhänge wirklich zu sehen, um sie zu berücksichtigen.

Das dicke Ende des Schreibens:

„Lassen Sie mich abschließend noch kurz berichten, dass ich aus dem Gespräch, das auf einer Tagung der Deutschen Bischofskonferenz in Trier mit dem für Fragen des sexuellen Missbrauchs beauftragten Bischof [Herrn Sieben; Anm. d. Autorin] stattgefunden hat, Folgendes festgehalten habe: Die Bearbeitung eines Antrags, mit dem vom Ordinarius begehrt wird, anzuerkennen, dass der vom Antragssteller beschuldigte Kleriker diesen sexuell missbraucht hat, setzt voraus, dass das gemäß can 1717 CIC eingeleitete Voruntersuchungsverfahren mit einem vom zuständigem Ordinarius gebilligten Schlussbericht abgeschlossen worden ist."

Ein kleines Beispiel der Sprache, die mich in einer Zeit erreichte, in der ich im Rahmen der laufenden Ermittlungen maximal belastet und verwirrt war. Im Grunde wollte er mir sagen: „Ich habe es vom Beauftragten absegnen lassen, hier geht nichts, wenn die Kommission keinen Abschlussbericht geschrieben hat, und ich bestimme den Inhalt des Schreibens!" Das war die gleiche Tagung, in der der Sonderbeauftragte – Herr Sieben – Frau N. gegenüber verlauten ließ, er könne sich aufgrund der zahlreichen Korrespondenz nicht in den Fall einarbeiten.

Wenn ich es auf der Metaebene betrachte, stellt sich der Sachverhalt für mich so dar: Das Amt des Sonderbeauftragten wird verdreht, wie es gerade passt. Herr Vier! beruft sich auf das Gespräch mit dem Sonderbeauftragten als Rechtfertigung und Unterstützung seiner Machtspiele, als wäre Herr Sieben eine höhere Instanz. Wenn Herr Sieben in seiner Funktion als Sonderbeauftrager von mir als Betroffene in Not um Unterstützung gebeten wird und er daraufhin Verantwortung in diesem Amt übernehmen müsste, lässt er dagegen ausrichten, er sei nur für die Koordination zuständig. Wenn dem so wäre, dann hätte Herr Vier! auch den Bademeister fragen und zitieren können, denn dann hat die Aussage des Koordinators genauso wenig Relevanz zur Stärkung des eigenen Handelns oder der eigenen Argumente wie eine Stellungnahme zum Beispiel des Bademeisters. Wenn die Aussage des Sonderbeauftragten jedoch als Rechtfertigung für das eigene Handeln dient, dann ist Herr Sieben weisungsbefugt und auch verantwortlich und kann sich nicht so einfach aus allem heraushalten. Die Herren sollten sich über ihre Rollen einmal im Klaren werden!

Abschließend heißt es in dem Schreiben von Herrn Vier!:

„Eine stattgebende Entscheidung kann nur ergehen, wenn der Schlussbericht als Ergebnis des Voruntersuchungsverfahrens die Feststellung enthält, dass der Antragsteller von dem beschuldigten Kleriker sexuell missbraucht worden ist."

Was für eine Dreistigkeit. Was für eine Überheblichkeit. Neben der Tatsache, dass es sich in diesem Fall um eine Antragsteller*in* gehandelt hat, erhebt sich der Leiter des Voruntersuchungsverfahrens zum endgültigen Entscheider. Ein schönes weiteres Beispiel für das Strukturproblem der Paralleljustiz. Ein im juristischen Sinne als befangen geltender Mann – Genaueres dazu in meinem kleinen Kapitel zur Paralleljustiz – erhebt sich zum Alleinentscheider! Richtig gruselig wird das unter dem Aspekt, dass es sich dabei um einen Juristen handelt, der es doch eigentlich wissen müsste.

Am 12.01.2015 erhielt ich von Herrn Zwei die Mitteilung, Bonn hätte eine Empfehlung auch zu meinem Fall geschickt. Er schreibt:

„Inzwischen liegt – zusammen mit anderen Empfehlungen der Zentralen Koordinierungsstelle in Bonn – auch eine Empfehlung zu Ihrem Antrag hier vor. Ich habe wie üblich alle Empfehlungen an den stellvertretenden Generalvikar [Herrn Fünf] weitergeleitet. Zwei andere Personen des Generalvikariats und er treffen gemeinsam die Entscheidung darüber, wie mit den Empfehlungen umgegangen wird. Es dauert erfahrungsgemäß ca. drei Wochen, bis dieses Kollegium die Entscheidungen trifft, wobei sie unter Einbeziehung der jeweiligen ‚Beweislage' gefällt werden. Es ist also nicht die Kommission, die über die Empfehlungen entscheidet, sondern getrennt von ihr das erwähnte Dreierkollegium im Generalvikariat."

Telefonisch konnte ich erfahren, dass Bonn eine Anerkennung empfohlen hatte und das sogar als einen *„besonders schweren Fall."* Mir wurde zugesichert, dass die Bistümer sich in der Regel an die Empfehlung halten würden. Ich konnte nicht wirklich verstehen, warum jetzt wieder andere Männer als meine Kontaktpersonen über das weitere Vorgehen entscheiden sollten, aber ich war voller Hoffnung, dass das Spießrutenlaufen mit der Empfehlung auf Anerkennung endlich ein Ende haben würde.

Zu früh gefreut! Es kam noch dicker! Im Laufe des Februars fragte ich drei Mal nach dem aktuellen Stand. Ich schaltete erneut in meiner Hilflosigkeit Frau N. aus dem nicht zuständigen Bistum ein. Auch sie bat schriftlich um Informationen zum weiteren Vorgehen.

Am 17.02.2015 erhielt ich über Herrn Zwei die Nachricht, dass das zuständige Bistum sich *nicht* an die Empfehlung halten würde. Eine Entscheidung könne erst nach Abschluss des laufenden Ermittlungsverfahrens erfolgen. *„Der Bischof bittet Sie dringend um Ihre weitere Mitwirkung. Er ersucht Sie, die Fragen der Kommission so gut es geht zu beantworten."*

Ein weiterer Schlag direkt in den Unterleib, so kam es mir vor, als ich den Brief las, und auch heute zieht sich in mir alles zusammen. Und wieder wurde aus dem kirchlichen *VOR*untersuchungsverfahren ein Ermittlungsverfahren.

Was für eine Frechheit! Der Bischof bat mich dringend um meine Mitarbeit. Seit Monaten hatte ich nichts anderes getan! Jede Anfrage hatte ich artig beantwortet, jeden Wechsel von Ansprechpartnern hingenommen. Und dann bat mich der Bischof dringend um meine weitere Mitwirkung? Mir ging es in der Zeit gesundheitlich so schlecht, dass ich nicht arbeiten konnte, mit Mühe meine Kinder versorgte, psychosomatische Beschwerden bekam, sobald ein neues Schreiben aus dem zuständigen Bistum – in welcher Form auch immer – bei mir eintraf.

Alle Menschen, die direkt mit mir Kontakt hatten, glaubten mir, die zentrale Koordinationsstelle in Bonn hielt meinen Antrag für offensichtlich glaubwürdig, und das sogar für einen besonders schweren Fall, und der zuständige Bischof meinte immer noch, er müsse mich dringend um meine Mitwirkung bitten und mich ersuchen, die Fragen der Kommission so gut es gehe zu beantworten.

Erneut gab es für mich nur zwei Möglichkeiten: untergehen oder wütend werden. Dem Himmel sei Dank bin ich mit einer unglaublichen Resilienz ausgestattet! Ich ging nicht unter, ich gab nicht auf. Ich schützte mich mit meiner Wut, ich wurde so wütend, dass ich heute, mit Abstand, lächeln kann und mich freue über diese Kraftmobilisation.

Mit meiner Geduld und meiner Freundlichkeit war es nach der Entscheidung, der Empfehlung aus Bonn nicht zu folgen, vorbei. Ich fing an, mich zu wehren, ich fing an, E-Mails und Briefe zu schreiben, ich fing an, darüber nachzudenken, an die Öffentlichkeit zu gehen. Mein Schreiben an Herrn Zwei vom 17.02.2015:

„Guten Tag [Herr Zwei],

das Schreiben nehme ich zur Kenntnis.

Ich habe nach den Erfahrungen der letzten Monate mit [dem zuständigen Bistum] nichts anderes erwartet.

Bitte teilen Sie mir noch mit, wie oft ich in welchem Zeitraum bestätigen muss, dass ich zur weiteren Anhörung – oder doch zum Verhör – zur Verfügung stehe und unter welchen Voraussetzungen, damit das zuständige Bistum weitermacht? Oder soll ich so oft gefragt werden, bis ich endlich Nein sage, damit das zuständige Bistum einen Grund hat, das Verfahren gegen den Täter einzustellen? Das würde doch gut passen, da wäre der Täter weiter geschützt und das Opfer daran schuld, dass das Verfahren nicht weitergeführt werden kann, oder?

Und was ist mit den Aussagen – auch schriftlich –, dass die Anerkennung absolut unabhängig von der Aussage des Täters ist? Und dass meine Aussagen absolut glaubwürdig sind? Weitere Lügen der katholischen Kirche.

Das Verfahren wird wie ein offizielles juristisches Verfahren abgewickelt, mit dem Unterschied, dass es keinen unparteiischen Richter oder sogar eine Richterin gibt, die die Entscheidung trifft; nein, der zuständige Bischof und das Komitee und alle anderen auch – wie sie auch heißen mögen – sind befangen, da Teil der Organisation und des Systems. Ist es der gleiche Bischof, der vor Jahren den Täter im Haus eines anderen Priesters leben ließ, um diesen zu überwachen, da die Gemeinde gemeldet hatte, dass es zu sexuellen Übergriffen gekommen war? Zu der Zeit hatte [Pfarrer Täter] (...) keine eigene Gemeinde. Wenn jetzt genau dieser Bischof entscheiden soll, dass [Pfarrer Täter] selbst Kinder, Jugendliche und junge Frauen sexuell missbraucht hat, dann müsste er sich eingestehen, damals den Bock zum Gärtner gemacht zu haben. Und das soll neutral und im klassisch juristischen Sinne nicht befangen sein? Das ist ein Witz! Die wirklich unabhängige Kommission hat offensichtlich ja eine Empfehlung zur Anerkennung ausgesprochen; dass das zuständige Bistum sich nicht an die Empfehlung hält, ist nur unter dem Aspekt der Vetternwirtschaft des Bistums zu verstehen. Ihre persönlichen Argumente in dem Schreiben überzeugen mich nicht.

Mir ist bekannt, dass [Pfarrer Täter] ein hohes Ansehen hat, sonst hätte er ja nicht diesen wichtigen Job der Überwachung bekommen (...), er ist einer von Ihnen, und daher muss er noch mehr geschützt werden als die anderen alle, nicht wahr, weil es an die eigenen Reihen geht. Und plötzlich taucht dann die Frage auf, wer ist noch daran beteiligt und wem wird es noch nachgewiesen werden. Und doch schreibt sich die katholische Kirche auf die Fahne, dass sie alles aufklären wolle und es den Opfern leicht machen wolle.

Nein, das tut sie nicht. Und da ich keine Lust habe, auch nur einen Zentimeter dazu beizutragen, dass dieses Gerücht weiter gestreut wird, werde ich die 1.000 Euro zurücküberweisen. Teilen Sie mir umgehend die Bankverbindung mit, es ist eine Lüge, dass Sie mich in diesem Prozess unterstützen. Das Geld ist Schweigegeld und ein falsches Zeichen, um sich zu schmücken, ich verzichte drauf!

Nur aussagen werde ich weiter, die Voraussetzungen habe ich mehrfach beschrieben. Ich werde dem zuständigen Bistum nicht den Gefallen tun, das Verfahren einstellen zu können, weil ich nicht mitarbeite. So leicht ist es selbst mit mir nicht. Wenn Sie den Antrag irgendwann ablehnen, damit der Täter weiter geschützt bleibt, dann liegt die Verantwortung den weiteren Opfern gegenüber bei Ihnen. Im Grunde habe ich meinen Job schon getan, Sie Ihren noch nicht ganz. Es wird nie im zuständigen Bistum einer sagen können, ach, das haben wir nicht gewusst …

Und dann ist noch festzuhalten, dass ich – trotz meiner Geschichte mit der katholischen Kirche – an eine göttliche Kraft glaube, vor der sich jede und jeder von uns verantworten wird. Wie gut ist das denn.

Am Ende bleibt mir noch, Ihnen zu danken für das Misstrauen, das Sie mir entgegenbringen und das Verfahren, das Sie führen und wie Sie es führen, wahrscheinlich hätte nichts mir so geholfen wie die Erfahrung, die ich in den letzten Monaten machen musste, konnte oder durfte. Denn eins ist mir klar geworden und habe ich mir erarbeitet: Es ist egal, ob die katholische Kirche den Missbrauch anerkennt oder nicht, es ist sogar egal, ob meine Eltern es glauben oder geglaubt haben, da ich mir selber glaube. Und ich weiß, dass es genauso passiert ist. Was für ein Geschenk.

Ich sammle weiter und werde durch die Veröffentlichung der Erfahrung den Menschen helfen, die auch den Mut haben, den steinigen Weg zu gehen, und bin mal gespannt, wie lange es diesmal dauert, bis das zuständige Bistum reagiert.

Vielleicht sollte ich noch mal erwähnen, dass ich bereit bin, auszusagen?

Luna Born"

Das war mein erstes Schreiben dieser Art. Ich finde es immer noch gut, auch wenn ich heute den einen oder anderen Satz anders formulieren oder manchmal ein anderes Wort wählen würde, und ich bin stolz darauf, nicht aufgegeben zu haben. Ich merkte beim Schreiben, wie gut es mir tat, meine Wut rauszuschreien und meine Kraft deutlich zu machen, daher habe ich den Brief auch wirklich wörtlich hier übernommen. Drei Tage später, am 20.02.2015, schrieb ich erneut. Natürlich hatte ich keine Antwort erhalten, das wurde zur neuen Strategie, aber ich ließ nicht locker:

„Guten Tag [Herr Zwei],

ich gehe davon aus, dass Sie meine E-Mail vom Dienstag erhalten haben. Wie erwartet, habe ich keine Antwort von Ihnen erhalten, auch keine Bankdaten. Da ich gerade eine Unterhaltsnachzahlung für meine Kinder erhalten habe und beide sofort verstanden haben, warum ich das Geld ans zuständige Bistum zurückzahlen möchte und damit einverstanden waren, habe ich soeben 1.000 Euro auf das Konto überwiesen, von dem das Geld am 27.11.2014 auf mein Konto überwiesen worden war, und bin damit frei.

Weiterhin weise ich darauf hin, dass ich zu weiteren Verhören des [zuständigen Bistums] bereit bin, auch wenn ich mich frage, was der Bischof und die Kommission sich davon versprechen:

Jetzt steht Aussage gegen Aussage, und jede und jeder, die und der mich gehört hat, auch aus Ihrem Bistum, hat umgehend bestätigt, dass er bzw. sie mir glaubt, der Kriminalbeamte sogar schriftlich, [Frau N.], die in ihren Augen natürlich nicht zählt, der Psychologe, der plötzlich mit mir reden sollte – übrigens auch schriftlich –, und jetzt soll ich weiter verhört werden, mit welchem Ziel? Ich werde meinen Antrag nicht zurückziehen, der Täter wird sich nicht plötzlich reuevoll an alles erinnern, und jede und jeder, die und der mit mir spricht, glaubt mir ... Ganz schön schwierig, denn das Bistum wird nach dem nächsten Verhör genau die gleiche Situation haben: Aussage gegen Aussage, meine bestätigt durch völlig fremde und ‚geschulte‘ Leute, wie der Kriminalbeamte, eine Juristin, ein Psychologe, und der Täter, bestätigt durch seine Kollegen und Vorgesetzten und Freunde ... Was will der Bischof denn dann machen?

Also, mir ist das egal, ich sage aus, ich lasse mich verhören, wie Sie das auch immer nennen mögen, und habe jede Verantwortung für weiteres Leid durch den Täter abgegeben an das [zuständige Bistum]. Ich bin und war nicht die Einzige, das weiß ich sogar vom Täter selbst ...

Ich könnte ja mal nach der Größe seines Geschlechtsteils gefragt werden oder so, das wäre doch mal eine objektive Aussage, auch wenn ich das als Kind sicher noch gewaltiger erlebt habe ... Fragt sich nur, wer die Aussage objektiv überprüfen würde, der Bischof?

Nun, Ihnen wird sicher etwas einfallen, um den Prozess einzustellen, um den Täter zu schützen ...

Ich vermute mal, dass es weitere Monate dauern wird, bis sich etwas tut, gerne weise ich darauf hin, dass mir im Dezember – kurz vor Weihnachten – eine Frist bis Ende Januar gesetzt wurde, wie christlich ist das denn?! Und wissen Sie, was auch auffällt, dass sich niemand vom zuständigen Bistum für die Unverschämtheiten entschuldigt, die ich mir als Opfer in den letzten Monaten so gefallen lassen musste.

Heute beim Essen sagte mein Sohn: ‚Genau, Mama, die unterstützen Opfer, die es nach ihren Entscheidungen dann gar nicht gibt' ... Ja, so scheint es zu sein. Sie brauchen nicht zu antworten oder den Eingang der E-Mail oder des Geldes zu bestätigen, das wäre das Mindeste, was im juristischen Verfahren zu erwarten wäre ... Aber das zählt für [das zuständige Bistum] ja nicht ...

Luna Born"

Diese E-Mail ist im Nachhinein für mich sehr wichtig, denn ich bot dem Bistum darin erneut an, etwas neutral überprüfen zu können. Ich hatte sowohl in meinem Antrag als auch in der Beantwortung des Fragenkatalogs Hinweise darauf gegeben, dass ich Aussagen zum Beispiel zur Größe des Geschlechtsteils des Täters machen könnte. Im juristischen Sinne wäre es sicherlich die Pflicht des Bistums gewesen, diesem Hinweis nachzugehen. Das hat aber, soweit ich informiert bin, bis heute niemand getan. Ich lasse aktuell gerade überprüfen, ob die Tatsache, dass offensichtlich Zeugenaussagen nicht überprüft wurden und nicht weiter ernst genommen wurden, juristisch nicht gegen das zuständige Bistum verwendet werden könnte.

Am 23.02.2015, also wenige Tage später, erhielt ich eine E-Mail von Herrn Zwei, in der er mir mitteilte, er hätte die beiden oben genannten Schreiben direkt an den Bischof weitergeleitet. Er schrieb: *„Für Ihre offene, unverblümte Art empfinde ich Respekt, auch wenn Ihnen das möglicherweise zynisch vorkommt. Es gibt da gewisse Parallelen zu Lk 18,1–8 (Einheitsübersetzung)."*

Ich habe mich über seine E-Mail und seine Worte gefreut und fand die Idee super, die Schreiben direkt an den zuständigen Bischof zu schicken. Der Vergleich mit Texten aus der Bibel löste damals allerdings viel Widerstand in mir aus. Der Bibeltext lautet:

Das Gleichnis vom Richter und der Witwe: Lukas 18,1–8

1 Jesus sagte ihnen durch ein Gleichnis, dass sie allezeit beten und darin nicht nachlassen sollten: 2 In einer Stadt lebte ein Richter, der Gott nicht fürchtete und auf keinen Menschen Rücksicht nahm. 3 In der gleichen Stadt lebte auch eine

Witwe, die immer wieder zu ihm kam und sagte: Verschaff mir Recht gegen meinen Widersacher! 4 Und er wollte lange Zeit nicht. Dann aber sagte er sich: Ich fürchte zwar Gott nicht und nehme auch auf keinen Menschen Rücksicht; 5 weil mich diese Witwe aber nicht in Ruhe lässt, will ich ihr Recht verschaffen. Sonst kommt sie am Ende noch und schlägt mich ins Gesicht. 6 Der Herr aber sprach: Hört, was der ungerechte Richter sagt! 7 Sollte Gott seinen Auserwählten, die Tag und Nacht zu ihm schreien, nicht zu ihrem Recht verhelfen, sondern bei ihnen zögern? 8 Ich sage euch: Er wird ihnen unverzüglich ihr Recht verschaffen. Wird jedoch der Menschensohn, wenn er kommt, den Glauben auf der Erde finden?

Am 25.02.2015 erhielt ich folgende E-Mail von Herrn Vier!:

> *„Sehr geehrte Frau Born,*
>
> *den anhängenden Dokumenten werden Sie entnehmen können, dass es im Umgang mit Ihrem Antrag vom 23.07.2014 zu einer Fehlentwicklung innerhalb der Bischöflichen Kommission und bei dem Büro der Deutschen Bischofskonferenz in Bonn gekommen ist. (...)*
>
> *Das hat zu Verzögerungen im Voruntersuchungsverfahren geführt, für die ich Sie und Herrn [Pfarrer Täter] um Entschuldigung bitten muss."*

Vielleicht ist die Brisanz allein dieser Zeilen nicht sofort erkennbar. Ich musste mich wirklich fast übergeben, als ich allein diesen Teil des Schreibens las. Herr Vier! erhob sich erneut zum Richter sogar über das Handeln der Bischöflichen Kommission und des Büros der Deutschen Bischofskonferenz in Bonn.

Für mich als Opfer aber extrem belastend war und ist immer noch die Tatsache, dass er sich in einer E-Mail an mich beim Täter entschuldigt. Allein die Tatsache, „in einem Atemzug" mit dem Mann genannt zu werden, löst bei mir noch heute Unwohlsein aus. Ich kann bis heute nicht sicher sagen, ob es wirklich richtig schlechter Stil ist oder ob ich aufgrund meiner Folgestörungen so auf diese Tatsache auch körperlich reagierte und reagiere. Wahrscheinlich beides, nein, sicher beides: Es ist richtig schlechter Stil im Umgang, und ich reagierte aus den Folgestörungen heraus. Ich fühlte mich sofort in die Zeit zurückversetzt, in der dieser Mann so oft so präsent und übermächtig in meinem Leben war. Selbst wenn es „nur" die dicke fette Öse wäre, in die dieser Satz einhakte, sehe ich die Tatsache, das wahrscheinliche Opfer mit dem vermeintlichen Täter in einem Satz gemeinsam zu erwähnen, als ein Zeichen einer sehr schlechten Ausbildung. Für mich erscheint es vollkommen unverantwortlich, wenn ein Leiter der Kommission für den Umgang mit sexuell traumatisierten Menschen diesen Zusammenhang nicht wahrnimmt und nicht in der Lage ist, die Gefahr einer Retraumatisierung zu sehen und zu vermeiden.

Wenn er wirklich der Meinung ist, er müsse sich bei dem Vorgehen auch noch beim Täter entschuldigen, dann braucht er mir das nicht zu schreiben und schon gar nicht alles in einem Satz zu verpacken. Ich muss davon ausgehen, dass Herr Vier! weder ausreichend dafür ausgebildet wurde noch über das nötige Maß an Einfühlungsvermögen verfügte, um schonend und vorsichtig genug mit Opfern umzugehen, um Retraumatisierungsmomente so gering wie möglich zu halten.

Und, wie so oft, wenn ich es mit Herrn Vier! zu tun hatte, kam es noch dicker.

In einem der Anhänge an die E-Mail erklärt Herr Vier!, Herr Zwei habe ohne sein Wissen meinen Antrag nach Bonn weitergeleitet. Das sei fehlerhaft gewesen, und dieser Umstand sei dafür verantwortlich, dass ich jetzt wütend und verbittert sei. Der arme Herr Zwei wurde nun verantwortlich dafür gemacht, dass ich nach über sechs Monaten wütend wurde. So leicht kann man es sich auch machen! Weiter schrieb Herr Vier!:

„Ich hoffe sehr, dass es Ihnen so trotz der Enttäuschung, die Sie empfinden, möglich ist, anzuerkennen, dass im kirchenrechtlichem Voruntersuchungsverfahren die Pflichten, deren Beachtung der Bischof angemahnt hat, gewahrt werden müssen, und dass Sie auf seinen Appell eingehen werden."

Er meinte den „Appell" des Bischofs, ich möge mitarbeiten. Diese Sprache haut mich noch heute um. Laut Herrn Vier! musste ich verhört werden, Appellen folgen und war verbittert. Wenig später hat er der Lokalzeitung des zuständigen Bistums gegenüber geäußert: *„Sie muss zur Aufklärung beitragen!"* Und schuld an der verfahrenen Situation war nun Herr Zwei, weil er ungehorsam seinem Herzen gefolgt war und Herrn Vier! nicht gefragt hatte. Die Strafe folgte umgehend:

„Gleichzeitig teile ich Ihnen mit, dass der Bischof nunmehr anstelle von [Herrn Zwei] [Frau Drei] zur Mitwirkung im kirchenrechtlichen Voruntersuchungsverfahren beauftragt hat. Sie hat mich gebeten, Ihnen mitzuteilen, dass sie ihre Einarbeitung noch in dieser Woche abschließen und sich zu Beginn der kommenden Woche mit Ihnen in Verbindung setzen möchte."

Herr Zwei, der einzige Mann, dem ich aus dem zuständigen Bistum ein wenig vertraute, wurde abgesetzt. Zu unbequem, zu selbständig, und er glaubte mir ja auch! Und ich stand wieder da, mit der großen Frage, wie es weitergehen würde. Und als wäre das alles nicht schon genug, setzte er noch eins drauf: Der zweite Anhang der E-Mail erhielt ein Schreiben vom 12.02.2015 eines Mannes, den ich mal wieder nicht kannte, an die Kommission. Darin steht, der zuständige Bischof würde mich bitten, *„anzuerkennen, dass bei einem derart schwerwiegenden Tatvorwurf auch die Pflicht besteht, sein Erinnerungswissen zur Verfügung zu stellen".*

Herr Sechs, der Gutachter für das Glaubwürdigkeitsgutachten

Ich habe es nicht gezählt, wie oft ich darauf hingewiesen wurde, ich müsse, solle und hätte mitzuarbeiten. Wenn ich nicht anerkannt hätte, dass mein Erinnerungswissen natürlich zur Verfügung stünde, um das Verfahren zu unterstützen und den Täter in seinen Übergriffen zu stoppen, hätte ich keinen Antrag gestellt. Als ich mein Erinnerungswissen in Bezug auf sehr handfeste Details, zum Beispiel über das Geschlechtsteil des Täters, zur Verfügung stellen wollte, hat das im zuständigen Bistum leider keiner weiterverfolgt.

Außerdem ist an dieser Stelle erneut auf die kleine medizinische Abhandlung zu verweisen. Dem zuständigen Bischof war und ist vielleicht nicht bekannt, dass das Gehirn „nur" fragmentierte Erinnerungsstücke zulässt, um das Opfer überleben zu lassen. Ein lebensrettender Schutz.

Und tatsächlich kam es noch schlimmer: Bei den letzten beiden Absätzen ist mir fast das Herz stehen geblieben:

*„Zum Vorgehen bei nicht aufgeklärten Fällen sehen die Leitlinien der Deutschen Bischofskonferenz eine Entscheidung des Bischofs über die Frage vor, ob zur Abschätzung des Risikos einer Gefährdung Jugendlicher ein forensisch psychiatrisches Gutachten über den Beschuldigten und ein **Glaubhaftigkeitsgutachten zur Aussage des mutmaßlichen Opfers** eingeholt werden sollen [Hervorhebung d. Autorin].*

Um ggf. eine solche Entscheidung vorbereiten zu können, wird die Kommission gebeten, bis zum Ende des Monats mitzuteilen, ob das Voruntersuchungsverfahren wieder aufgenommen werden kann. Damit sodann zügig entschieden werden kann, sollte sich die Kommission vorsorglich bei [Herrn Sechs] nach dessen Bereitschaft zur Erstellung forensischer Gutachten erkundigen."

Um ganz sicher zu sein, dass ich das nicht falsch verstanden hatte, erkundigte ich mich telefonisch, ob wirklich angedacht wurde, ein Glaubwürdigkeitsgutachten von mir erstellen zu lassen. Die Vermutung wurde insofern bestätigt, als ein Persönlichkeitsgutachten von mir erstellt werden sollte. Meine Frage, ob von dem Täter auch ein Gutachten erstellt werden sollte, wurde verneint, das sei so nicht geplant. Was zu viel ist, ist zu viel! Und wieder rettete mich meine Resilienz, meine Kraft und vor allem meine Wut!

Laut meiner Internetrecherche war der Gutachter – Herr Sechs – schon mehrfach wegen opferfeindlicher Aussagen aufgefallen. Er wurde gerne von der Kirche beauftragt. Wieder ein schönes Beispiel für die Paralleljustiz. Das angedachte Gutachten wäre im juristischen Sinne ein Parteigutachten gewesen, denn es sollte von der Täterorganisation in Auftrag gegeben werden. Gleichzeitig wäre es ein vom Richter in Auftrag gegebenes unabhängiges Gutachten gewesen, weil der Bischof ja zeitgleich der Richter war. Was für eine Verwirrung und was für eine Ungerechtigkeit im eigentlichen Sinne des Wortes: nicht gerecht! Natürlich konnte ich mir als Betroffene kein eigenes Parteigutachten leisten, ich hatte aber auch noch keinen Menschen getroffen, der mit mir persönlich und sachlich über die Tatsachen gesprochen hatte und mir nicht glaubte.

Ich lehnte es ab, mich von Herrn Sechs begutachten zu lassen.
Das erste Mal lehnte ich das von mir Erwartete ab.
Und ich fing an, mich zu wehren.
Was für ein wichtiger Schritt in die erlösende Richtung:
Raus aus dem Opferstatus und rein in die Betroffenheit!!

Am 01.03.2015 schrieb ich an Herrn Zwei, den abgesetzten Ansprechpartner, in der Sicherheit, er würde das Schreiben weiterreichen:

„Guten Tag [Herr Zwei],

am 25.02.2015 erreichte mich per E-Mail ein Schreiben von [Herrn Vier!], obwohl ich in den letzten Monaten mehrfach darum gebeten hatte, von diesem Mann keine Post mehr bekommen zu müssen.

1.) [Herr Vier!] ist nicht in der Lage, sich so auszudrücken, dass ich es verstehe; alle anderen, denen ich die Schreiben vorgelegt habe, verstehen die Inhalte auch nicht.

2.) [Herr Vier!] ist nicht in der Lage, seine Schreiben unter meinem korrekten Namen abzuspeichern, ich heiße nicht LIna Born sondern LUna Born, wahrscheinlich ist ihm das auch egal, ich scheine nur ein Fall für ihn zu sein, kein Mensch, keine Frau, schon gar nicht eine durch einen Mitarbeiter der katholischen Kirche traumatisierte Frau.

3.) Die Art und Weise des [Herrn Vier!] ist unverschämt, grenzüberschreitend und erniedrigend. Er entschuldigt sich (wofür eigentlich?) bei mir und dem Täter gemeinsam, in einem Satz, als wären wir Freunde oder gute Bekannte, frei nach dem Motto, wir hätten ja auch schon gemeinsam in einem Bett gelegen ... Stimmt, damals, in den frühen Erinnerungen, da hat er oft auf mir gelegen, und unter mir die kratzige Decke, und sich an mir gerieben, bis er fertig war ... Jaja, ich weiß, das wollen Sie alle nicht so genau wissen, aber irgendwie ja doch ...

4.) Ich lehne einen weiteren Wechsel des Ansprechpartners ab, [Frau Drei] wäre der fünfte oder sechste für mich, das ist nicht zumutbar und nicht erwünscht und auch nicht zielführend. Eher ist davon auszugehen, dass es im [zuständigen Bistum] zum System der Verunsicherung der Opfer gehört, immer wieder mal eben einen neuen Ansprechpartner in die Arena zu bringen: NEIN, nicht mit mir. Ich werde keinerlei Kontakt mit [Frau Drei] zulassen und dulden, wenn Sie deswegen das Verfahren bereits einstellen wollen: Bitte, dann teilen Sie mir das schriftlich mit, eben genau mit der Begründung.

5.) Ein Persönlichkeitsgutachten ist hier nicht angebracht und zielführend und nicht notwendig. Eine einfache Internetrecherche bringt sofort ans Licht, dass [Herr Sechs] bereits für die katholische Kirche und zwar im Sinne des Täterschutzes gearbeitet hat. Ein Parteigutachten bei so einem Gutachter ist nur weiteres Wasser auf die Mühlen, dass hier unsachlich und parteiisch das Opfer gezwungen werden soll, aufzugeben.

6.) Überraschenderweise hat [Herr Vier!] mich jetzt schriftlich wissen lassen, dass die unabhängige Kommission aus Bonn dem [zuständigen Bistum] vorgeschlagen hat, mein Leiden anzuerkennen ... Es ist gut für mich, diese Information schriftlich vorliegen zu haben.

Fazit:

- *Ich bin bereit, unter den bereits genannten Voraussetzungen weiterhin auszusagen.*

- *Weiterhin verbitte ich mir jedes Schreiben dieses Mannes, [Herrn Vier!], der in meinen Augen ein großes Problem mit dem Thema Missbrauch zu haben scheint. Ich habe soeben meinen E-Mail-Account für Schreiben vom ihm sperren lassen. Sollte er erneut per Post schreiben, werden die Schreiben kostenpflichtig an das [zuständige Bistum] zurückgehen.*

- *[Herr Zwei] im [zuständigen Bistum] und [Frau N.] hier im [nicht zuständigen Bistum] sind und bleiben meine Ansprechpartner, weitere Wechsel akzeptiere ich nicht.*

- *Ich habe mich sowohl bei dem Sonderbeauftragten [Herrn Sieben] als auch bei der Bischofskonferenz über die Art und Weise, wie im [zuständigen Bistum] mit mir umgegangen wird, beschwert.*

- *Ich beantrage umgehend volle Akteneinsicht in die über mich geführte Akte.*

- *Ist der [zuständige Bischof] wirklich über das Ausmaß der Unverschämtheiten des [Herrn Vier!] informiert, und deckt er diesen? Das wäre bitter für die katholische Kirche und würde tief in die Abgründe der Vetternwirtschaft blicken lassen.*

Ich gehe davon aus, dass diese E-Mail wieder weitergegeben wird – an wen auch immer –, da Sie – [Herr Zwei] – ja mehrfach geschrieben haben, Sie hätten keine Entscheidungsmöglichkeit.

Es scheinen alles nur Opfer in der katholischen Kirche zu arbeiten.

Wie traurig ist das denn.

Ich bleibe dabei: Der Täter und ich, wir wissen, dass es stimmt, was ich sage, auch wenn Schuld und Angst vor der Wahrheit das Verdrängen der Tatsache verursachen kann. Der von mir genannte Täter scheint in dem Prozess nicht der Einzige zu sein, der verdrängt, projiziert und Angst davor hat, dass Licht ins Dunkel kommt, warum sonst müsste [Herr Vier!] so vehement versuchen, alles unter den Tisch zu kehren und mich zum Schweigen zu bringen.

Teilen Sie mir zeitnah mit, ob Sie an einer weiteren Anhörung unter den genannten Voraussetzungen interessiert sind oder den Täter ohne Angaben von Gründen weiter decken und schützen wollen.

Luna Born

Klare, verzweifelte Worte!

Die Schlange im Kopf

„Das System schreibt dem einzelnen Bischof
so viel Macht zu, dass er im Letzten
nicht kompromissfähig sein muss."

Zitat von Johanna Rahner, aus: DIE ZEIT, 12/2019 vom 14.03.2019,
„Was in Deutschland jetzt passieren muss" unter „Schluss mit der Selbstblockade"
von Christian Weisner, Matthias Katsch, Klaus Mertes und Johanna Rahner

Hintergrundwissen:
Trauma/REtrauma

oder

„Mein Bischof = mein Schicksal"

Die Aussage von Frau Rahner im Motto-Zitat trifft es perfekt. Durch das bestehende System haben die einzelnen Bischöfe so viel Macht, dass sie sich letztendlich wenig bewegen müssen.

Ich vermute, dass viele Menschen zum Beispiel den Fragenkatalog des zuständigen Bistums oder Teile der E-Mails und der Briefe als „nicht so schlimm" erleben, wie sie es für mich waren und auch noch zum Teil sind. Vielleicht ist meine Wut oder sind weitere Reaktionen meinerseits auch nur teilweise nachvollziehbar. Das wiederum kann ich absolut verstehen.

Ich kann mich selbst „nur" beobachten und feststellen, dass selbst heute, während des Schreibens der verschiedenen Kapitel über den Umgang der Kommission des zuständigen Bistums mit mir als Betroffene, mein Körper und auch meine Seele immer wieder und von mir fast nicht kontrollierbar reagieren: Schweißausbrüche, verschwommenes Sehen, Beinezittern, Herzrasen, Zähneknirschen oder Kieferpressen, Bauchschmerzen, Übelkeit oder auch angespannte Abwehrhaltung bei Ansprache, innere Unruhe, Konzentrationsschwierigkeiten, Wortfindungsstörungen. Manchmal überkommt mich auch eine Verletzlichkeit und innere Weichheit, oft in Kombination mit Tränen, die einfach fließen – scheinbar ohne Grund.

Heute, mit Abstand, kann ich diese REaktionen besser zulassen und muss sie nicht abwehren mit Wut, Depression und Essattacken. Ich habe in der Zeit der Antragstellung einige Kilo zugenommen – definitiv Zuviel. Mein Verhalten und diese Symptome erklären sich für mich sehr gut mit dem Bild, das meine Tochter mir geschenkt hat: der offene Handschuh.

Ich bin mir sicher, dass ich die meisten der Fragen des Katalogs ohne meine Vorgeschichte zwar als etwas übergriffig empfunden hätte und auch ihren wirklichen Wert und die Notwendigkeit für die weitere Bearbeitung des Antrags schulterzuckend infrage gestellt hätte, aber vielleicht mit Humor und Leichtigkeit hätte beantworten können. Oder ich hätte sie von mir gewiesen und ohne Emotionen und ohne Wut auf die Fachliteratur verwiesen.

Diese Fragen trafen mich aber leider mit meiner Geschichte im Hintergrund. Das meint in dem Bild meiner Tochter: Ich hielt damals – und den körperlichen Reaktionen zufolge auch offensichtlich gelegentlich noch heute – einen riesengroßen offenen Handschuh hin, in den die Fragen des Katalogs, die vielen Ansprechpartnerwechsel und das Unverständnis des zuständigen Bischofs hineinfielen.

Das heißt: Die Fragen an sich müssen nicht traumatisierend sein. Der häufige Wechsel von männlichen Ansprechpartnern an sich auch nicht. Ich rede im „normalen" Leben viel und gerne mit Männern, ohne dass ich immer diese körperlichen Reaktionen habe.

Im Zusammenhang mit meiner Geschichte, also mit dem hingehaltenen offenen Handschuh, treffen die Fragen auf Ösen und haken dort ein: Scham und Fassungslosigkeit bei der Frage, wie sich der Täter das Opfer verfügbar gemacht hat – über die lange Zeit.

Verantwortungsgefühl, wenn meine Ursprungsfamilie mit hineingezogen werden soll; das Gefühl von Ohnmacht und das tiefe Gefühl von Einsamkeit, wenn mir vermittelt wird, dass mir nicht geglaubt wird oder der Antrag nicht aufmerksam genug gelesen wurde.

Das unterscheidet ein *RE*trauma von einem Trauma für mich: Ein scheinbar banaler Auslöser – wie eine Frage oder ein tiefes Lachen oder eine kratzende Decke oder, oder, oder – hakt in die geschichtlich bedingte Öse ein, schlüpft in den offenen Handschuh, den ich hinhalte, und löst eine Welle aus, die oft willentlich nicht zu stoppen ist.

Das *Retrauma*!

Wenn mein Gegenüber von meinen Ösen, meinem Lag und dem Handschuh nichts weiß und vor lauter Freude sein Lachen lacht – zum Beispiel –, kann und wird ihm oder ihr niemand einen Vorwurf machen oder ihn oder sie zur Verantwortung ziehen.

Im Umgang mit Betroffenen oder – einen Schritt zurückgehend – im Umgang mit Menschen, die einen Antrag auf Anerkennung gestellt haben, ist von Ösen, Lags und offenen Handschuhen auszugehen. Sonst würden diese Menschen keinen Antrag stellen! Das bedeutet für mich, dass ich als Antragstellerin davon ausgehe, dass die Menschen, die dafür bezahlt werden, meinen Antrag weiter zu bearbeiten, wissen und allein durch meinen Antrag darüber informiert sind, dass ich einen – vermutlich – riesengroßen Handschuh hinhalte. Ich bin naiverweise davon ausgegangen, dass die Menschen dafür ausgebildet wurden, mit offen hingehaltenen Handschuhen umzugehen. Naiverweise habe ich geglaubt, dass alles dafür getan worden war – im Vorfeld –, um die hohe Wahrscheinlichkeit der Retraumatisierung so gering wie möglich zu halten.

Gerade die römisch-katholische Kirche, die sicher genug Geld dafür hat, Menschen zu bezahlen, die entsprechend dafür ausgebildet sind, sollte insofern Verantwortung übernehmen, damit Retraumatisierungen so wenig und so selten wie möglich geschehen müssen. Dazu gehört für mich auch das Einfühlungsvermögen, dass für alle Betroffenen – Männer und Frauen – oder vielleicht auch heute noch Mädchen und Jungen – der Kontakt vor allem zu Frauen sehr viel leichter sein wird, weil die Täter doch zum allergrößten Teil Männer waren oder vielleicht noch sind. Das ist ja sogar in den Leitlinien für den Umgang mit sexuellem Missbrauch Minderjähriger und erwachsener Schutzbefohlener durch Kleriker, Ordensangehörige und andere Mitarbeiterinnen und Mitarbeiter im Bereich der Deutschen Bischofskonferenz unter B., 4. im Ansatz berücksichtigt, wenn es dort heißt: *„Es empfiehlt sich, darauf zu achten, dass sowohl eine Frau als auch ein Mann benannt werden.“*[30]

Diese Tatsache wurde von Pater Mertes berücksichtigt, als er Frau RÄ Raue aus Berlin vor vielen Jahren als Ansprechpartnerin vorschlug, und auch der nicht zuständige Bischof hat das offensichtlich mit Frau N. als externer Ansprechpartnerin bedacht. Der zuständige Bischof hat das damals in keiner Weise berücksichtigt! Und auch heute, im Juli 2019, sind der aktuelle „Richter“, der Staatsanwalt und auch der neue Präventionsbeauftragte im zuständigen Bistum Männer. Wirklich verstanden fühle ich mich in diesem Punkt immer noch nicht.

An diesem Beispiel lässt sich ein Strukturproblem bereits schön aufzeigen. Ich nenne es gerne: „Mein Bischof, mein Schicksal.“ Was ich damit meine, ist die Entscheidung, dass die Anträge jeweils in den Bistümern der Täter bearbeitet werden. Der Hintergedanke dabei soll wohl sein, dass das jeweilige Bistum die finanziellen Konsequenzen, die durch das Fehlverhalten der eigenen Männer entstanden sind, tragen soll. Bischof Stephan Ackermann hat bei „Anne Will“ am 24.02.2019 gesagt, die Priester selbst würden finanziell in die Verantwortung genommen.[31] Wenn das stimmt, dann wäre die Begründung der Zuordnung nach Täterbistümern längst hinfällig.

Aber das spielt zurzeit keine Rolle, denn noch gilt dieses Prinzip. Das bedeutet für mich als Antragstellerin, dass ich dem zuständigen Bischof und seiner Entscheidung, wie er mit dem Thema, mit dem potenziellen Täter und mit mir als Opfer umgeht, ausgeliefert bin. Berücksichtigt er die Leitlinien? Ist er dazu bereit, Verantwortung zu übernehmen? Ist er selbst vielleicht sogar involviert und damit per se noch befangen?

Es gibt keine außerkirchliche oder auch innerkirchliche Instanz, die das Tun und Lassen der einzelnen Bischöfe überprüft. Die Bischöfe sind direkt dem Papst unterstellt. Niemand ist sonst überprüfungs- und/oder weisungsbefugt. Das ließ mir ja auch Herr Sieben über Frau Vier ausrichten, als ich ihn um Hilfe und Unterstützung bat. Im Schreiben vom 02.03.2015, auf das ich gleich noch ausführlicher eingehen werde, heißt es:

> „Ich [Frau Vier] möchte Sie darauf aufmerksam machen, dass [Herr Sieben] nicht für ‚alle Fälle [sexuellen Missbrauchs] in Deutschland' zuständig ist (...). [Herr Sieben] ist der Beauftrage der Deutschen Bischofskonferenz für Fragen des sexuellen Missbrauchs Minderjähriger im kirchlichen Bereich und damit in einer Funktion tätig, die alle Fragen, die in diesem Zusammenhang innerhalb der Deutschen Bischofskonferenz auftreten, **koordiniert**. Er verfügt jedoch über keine Weisungsbefugnis gegenüber Mitbrüdern, denen jeweils die Bearbeitung und der Umgang mit Fällen sexuellen Missbrauchs in ihren Diözesen obliegt. Insofern kann [Herr Sieben] – auch in besonderen Fällen – keine Schiedsinstanz sein" [Hervorhebung und Einfügungen d. Autorin].

Es gibt also – trotz der sogenannten Leitlinien, über die noch zu reden sein wird – kein einheitliches Vorgehen allein hier in Deutschland und sicher noch weniger weltweit.

„Mein Bischof, mein Schicksal" ist eine der strukturellen Schwierigkeiten, die Missbrauch in der römisch-katholischen Kirche in diesem Umfang möglich machen und seit Jahren eine klare und transparente Bearbeitung verhindern. Außerdem ist das die Basis für die Möglichkeit einer opferfeindlichen Haltung in vielen Bistümern.

Allein die Notwendigkeit des „Doppelantrags", wie ich es erleben musste, ist eine Zumutung.

Ich hatte das „seltene Glück", beide Extremvarianten am eigenen Leib zu erfahren:

Auf der einen Seite das nicht zuständige Bistum, das nach qualvoll erlebten Monaten ohne Zuständigkeit anerkennt, und auf der anderen Seite das zuständige Bistum, das den Täter bis Juni 2019 agieren lässt und eine weitere Beweisaufnahme verweigerte.

Retraumatisierungen sind in dieser Konstellation, die die römisch-katholische Kirche geschaffen hat, eigentlich unvermeidlich.

„Heute mit 80 Jahren sei er aber ‚nur noch Gott und meinem Gewissen verpflichtet‘."

Hintergrundwissen:
Energetisches Schulterzucken

oder

Die Möglichkeit, Verantwortung zu verschieben

Natürlich, so kann man es auch betrachten, wie der ehemalige Erzbischof aus Freiburg. Und die Aussage, er sei nur noch sich selbst und Gott gegenüber verpflichtet beschreibt das Phänomen des „energetisches Schulterzucken" für mich sehr gut, denn ich als Opfer oder heute als Betroffene komme gar nicht vor. In meiner E-Mail vom 01.03.2015 an Herrn Zwei heißt es:

> *„Ich gehe davon aus, dass diese E-Mail wieder weitergegeben wird – an wen auch immer –, da Sie – [Herr Zwei] – ja mehrfach geschrieben haben, Sie hätten keine Entscheidungsmöglichkeit. Es scheinen alles nur Opfer in der katholischen Kirche zu arbeiten. Wie traurig ist das denn."*

Herr Zwei hatte mich im Vorfeld mehrfach wissen lassen, dass er nichts tun könne, weil er nicht verantwortlich sei. Auch von der wirklich netten und fürsorglichen Frau N. des nicht zuständigen Bistums bekam ich mehrfach zu lesen, sie könne nichts mehr für mich tun, denn sie sei nicht zuständig. Beiden nehme ich vollumfänglich ab, dass sie auch unter dem Umstand litten und sich vielleicht hilflos fühlten. Und doch ist dieses „Nichtzuständigsein" ein schönes Bild für die Strukturen der Kirche, die ein energetisches Schulterzucken einfach machen:

• Frau Vier schrieb, sie sei nicht zuständig.
• Herr Sieben ließ durch Frau Vier ausrichten, er sei nicht für die Fälle zuständig, nur für die Koordination.
• Auf mein Schreiben an alle Bischöfe in Deutschland vom 07.03.2015 hat *kein* Bischof geantwortet, wahrscheinlich, weil keiner sich zuständig fühlte.

Auch der deutschsprachige Bischof aus Rom, der gerne Interviews in der Regenbogenpresse gibt, hat auf die E-Mail nicht geantwortet. Als ich die gleiche E-Mail an Herrn Dreizehn als zuständigen Ansprechpartner in Rom geschickt habe, mit der Bitte, sie an den Papst weiterzuleiten, hieß es in dem Antwortschreiben, das ich tatsächlich erhielt, ich solle mein Anliegen möglichst auf Italienisch verfassen.

Natürlich kann jetzt von Seiten der römisch-katholischen Kirche argumentiert werden, diese Art von Struktur oder Hierarchie gebe es auch in anderen Organisationen. Das stimmt. Oft kann das in Ämtern gefunden werden, oder, wenn es schiefläuft, auch in Schulen oder bei Gericht. Der beauftragte Gutachter kann energetisch mit den Schultern zucken, denn er trifft keine Entscheidung, und der Richter kann mit den Schultern zucken, denn er beruft sich auf das Gutachten. Und alle können nachts ruhig schlafen, denn keiner scheint in der Verantwortung zu stehen.

Ja, es stimmt, dieses Muster und diesen Hang, möglichst wenig Verantwortung zu tragen und tragen zu müssen und zu wollen, gibt es auch in anderen Organisationen. Und ja, es stimmt, was der Papst in seiner Schlussrede nach dem Krisengipfel im Februar 2019 in Rom gesagt hat, dass das Thema Kindesmissbrauch nicht nur in der Kirche zu beobachten, sondern auch ein gesellschaftliches Problem sei.

Ja, beides ist richtig!

Und: Diese Tatsache ist keinesfalls eine Rechtfertigung dafür, dass der Missbrauch in der römisch-katholischen Kirche in diesem Umfang passiert. Nach der aktuellen Statistik von Prof. Dr. Rössner – Rechtswissenschaftler und Kriminologe der Philipps Universität Marburg – ist die Gefahr, durch einen römisch-katholischen Priester missbraucht zu werden, 2,7 mal höher als anderswo.[32] Da kann die römisch-katholische Kirche sich nicht zurücklehnen und ihr Problem zum gesellschaftlichen Problem machen oder dem gleichstellen!

Denn auch das ist ein energetisches Schulterzucken: Ist ja nicht nur unser Problem, also nicht ganz so schlimm!

Es gibt also aufgrund von anderen Strukturproblemen, wie zum Beispiel dem hierarchischen System, die grundsätzliche Möglichkeit, sich rauszuhalten, nicht entscheiden zu müssen und damit auch wegzuschauen und zu schweigen, ohne ein Gefühl von Verantwortung übernehmen zu müssen.

Selbst Menschen, die wie Herr Vier! plötzlich aufgrund ihrer Stellung in die Versuchung der Macht kommen und vermeintlich Verantwortung übernehmen, können sich – so, wie es in der Kirche strukturiert ist – zum guten Schluss doch wieder hinter dem einzigen Entscheider und dem einzigen Verantwortlichen unter dem Papst – dem Bischof – verstecken.

Er allein ist verantwortlich für die letztendliche Entscheidung. Er allein trägt auch die Verantwortung, wenn der Umgang mit einer Missbrauchsanzeige so ausgelebt wird wie im zuständigen Bistum. Wenn die unabhängige Kommission in Bonn die Anerkennung empfiehlt und der Bischof sich nicht daran hält, dann trägt er allein die Verantwortung. Und doch kann auch er wieder energetisch mit den Schultern zucken, denn ihm sind ja auch die Hände gebunden, er hält sich an die Leitlinien – wenn er es mal täte – oder befolgt die Anweisungen aus Rom, kann er argumentieren.

In diesem System braucht es sicher ganz schön Rückgrat und innere Größe, um da aufrecht stehen zu können und mutig Entscheidungen zu treffen. Vielleicht meinte der Bischof aus Hildesheim auch das, als er in dem Interview im ZDFzoom-Film vom 20.02.2019 mit dem Titel „*Abschottung oder Aufbruch*" sagte, „*die Bistümer [sind] sehr verschieden (...) es ist auch eine Frage der Mentalitäten, wie die einzelnen Bistümer vorgehen.*"[33]

Hinter diesem Muster steckt das größere Problem der Hierarchie, der absoluten Machtstruktur, des monarchischen Systems der römische-katholischen Kirche. Wahrscheinlich kann und wird das strukturelle Problem der römisch-katholischen Kirche, das den Missbrauch in diesem Umfang möglich macht und die Vertuschung und Verschleierung der Taten vereinfacht, nur gelöst werden, wenn an dieser Struktur, der Monarchie, etwas verändert wird. Es wäre wünschenswert, aber es ist nicht sehr wahrscheinlich, dass Bischof Stephan Ackermann das meinte, als er in der Talkshow von Anne Will am 24.02.2019[34] meinte, konkrete Maßnahmen seien wichtig, aber diese müssten eingebettet werden in eine neue große Kultur. Wenig später meinte er wörtlich: „*Wahrscheinlich wird es immer Enttäuschungen geben, das (...) kenn ich ja nun aus der Erfahrung auch, (...) weil die Erwartungen, vielleicht (...) darf ich das sagen, das ist ein Stück auch das Schmerzliche, auch in meiner Aufgabe, immer wieder zu spüren, die Wahrnehmung und natürlich die, die Uhren, laufen anders. Der Herr Röhring hat vom langen Atem gesprochen. Ich verstehe, dass Betroffene sagen, das darf doch nicht wahr sein, jetzt geht das 30 Jahre schon oder das geht 10 Jahre, warum geht das nicht schneller? (...) Ja, ich verstehe das, nur diejenigen, die sozusagen versuchen, Kultur zu verändern, Maßnahmen zu implementieren, haben natürlich ein anderes sozusagen Empfinden, sozusagen, was schnell und was ist langsam. Und das gehört einfach auch zu dem schmerzlichen Dissens zwischen uns und den Betroffenen (...).*"[35]

Und dann meinte er etwas später noch wörtlich auf den Hinweis von Herrn Kratsch, dass der lange Atem der Kirche zu neuen Opfern führen würde: „*Der Papst hat (...) diesen Gipfel einberufen, faktisch vor einem halben Jahr, also das ist sozusagen, das ist also wirklich eine kurze Zeitspanne (...).*"[36]

Bischof Ackermann stellt die Betroffenen und die Täterorganisation auf eine Stufe, indem er vom „*schmerzlichem Dissens zwischen uns und den Betroffenen*"[37] spricht und dabei die unterschiedliche Wahrnehmung von schnell und langsam meint. Der wirklich schmerzliche Dissens ist der, dass die Betroffenen Opfer von sexueller Gewalt geworden sind und dass mit hoher Wahrscheinlichkeit ständig neue Menschen Opfer werden. Der wirklich schmerzliche Dissens ist doch, dass die Täterorganisation die Macht hat, wie schnell und wie langsam der Prozess läuft oder eben nicht. Der wirklich schmerzliche Dissens ist doch der, dass der Bischof ein halbes Jahr eine kurze Zeitspanne nennt, aber für jedes Opfer jede Sekunde und jede Minute während der Übergriffe und der sexuellen Gewalt definitiv zu lang ist.

Da gibt es auch kein Drum-Herum-Gerede. Schon wieder findet die römisch-katholische Kirche Worte und Wege, um alles in die Länge zu ziehen. Wenn ich ganz ehrlich bin, dann finde ich es richtig, die dringend notwendigen Veränderungen in eine weitreichend neue Kultur zu betten, aber das steht absolut an zweiter Stelle. Elementar wichtiger ist es, dass die sexuelle Gewalt durch die Mitarbeiterinnen und Mitarbeiter der römisch-katholischen Kirche sofort aufhört. *Jetzt! Heute!* Wie auch immer der Papst das anstellt, das ist das erste und wichtigste Ziel.

Und direkt danach kommt die uneingeschränkte Anerkennung all der Opfer aus der Vergangenheit, mit Anerkennungsgeld und auch Entschädigung, z.B. von Rentenausgleichszahlungen. Da wird mir ehrlich schlecht, wenn ich Bischof Ackermann bei „Anne Will" sagen höre, so ein Leid könne ja gar nicht entschädigt werden. Ja, das stimmt, aber das kann doch nun nicht wirklich von der römisch-katholischen Kirche als Ausrede dazu genutzt werden, gar nicht den Versuch zu machen zu entschädigen. Oder wenigstens einen Ausgleich zu schaffen für die finanziellen Einbußen, die wir Betroffenen tragen, weil wir zum Beispiel wegen der Traumafolgestörungen nur eingeschränkt beruflich belastbar sind.

Und erst dann, wenn das alles zeitnah und *jetzt* etabliert und gesichert ist, kann der Papst und muss er wahrscheinlich auch, die neue Kultur der Kirche sehr glaubwürdig und konsequent und rasch etablieren. Und das wird – meiner Meinung nach – sicher einen Machtverlust sowohl des Papstes in seiner monarchischen Stellung als auch der Bischöfe mit sich bringen.

Weiterhin wird es unabdingbar sein, dass die einzelnen Rädchen der großen Kirche sich nicht ständig hinter dem Satz verstecken können, er oder sie sei nicht zuständig.

Ich teile die Meinung des Bischofs Ackermann nicht, ich finde, ein halbes Jahr sexuelle Gewalt ertragen zu müssen, damit die Kirche Zeit hat und anfängt, über eine neue Kultur nachzudenken oder einen Krisengipfel einzuberufen, definitiv sieben Monate zu lang!

Abgesehen davon ist die Aussage des Bischofs ja verzerrt. Sie könnte so verstanden werden, als sei der Missbrauchsskandal erst ein halbes Jahr bekannt und der Papst hätte direkt nach der Offenlegung den Krisengipfel für sechs Monate später einberufen. Aber dem ist definitiv nicht so. In Deutschland wissen wir von dem Ausmaß seit 2010, und in anderen Ländern wie zum Beispiel Australien ist das Drama noch viel länger bekannt. Das heißt doch, der Papst hat sich Jahrzehnte Zeit gelassen, um einen Krisengipfel einzuberufen und nicht sechs Monate. Aber so wie Bischof Ackermann das im deutschen Fernsehen erwähnt, fallen die vielen Jahre vor der Information, dass es einen Gipfel geben wird, elegant unter den Tisch.

Allein das Wort „Kultur" in diesem Zusammenhang zu verwenden, finde ich nicht angemessen.

Aber, ich bin ja auch nicht zuständig!

„Es gab ein System von Mitwissern,
das mitverantwortlich für das
jahrzehntelange Schweigen war.“

Aus: DIE ZEIT, 14/2019 vom 28.03.2019, S. 12;
Interview: Stephan Lebert

Wie es dann weiterging

oder
Noch mehr Kontaktpersonen – alles Männer!

Auch in meinem Fall lässt sich ein System von Mitwissern aufzeigen, die weggeschaut haben, meine Mails nicht beantworteten oder sich nicht zuständig fühlten.

Herr Sieben, der Sonderbeauftragte der Deutschen Bischofskonferenz

Am 26.02.2015 wandte ich mich in meiner Not an Herrn Sieben, der laut meinen Informationen der Sonderbeauftragte der Deutschen Bischofskonferenz für Fragen des sexuellen Missbrauchs war und ist.

„Guten Tag [Herr Sieben],

mein Name ist Luna Born. Ich habe am 23.07.2014 einen Antrag auf Anerkennung als Missbrauchsopfer der katholischen Kirche gestellt.

[Frau N.] hat den Antrag hier im nicht zuständigen Bistum aufgenommen und mit einem Anschreiben an das zuständige Bistum weitergeleitet.

Der Fall ist Ihnen bekannt, da sowohl [Frau N.] als auch [Herr Vier!] aus dem zuständigen Bistum mit Ihnen im November 2014 während einer Tagung über meinen ‚Fall‘ gesprochen haben. Warum Sie sich des ‚Falles‘ nicht angenommen haben, obwohl er bereits im November völlig verfahren und opferfeindlich abgewickelt wurde, entzieht sich meiner genauen Kenntnis.

Die Zentrale Koordinierungsstelle für diese Fälle aus Bonn hat in ihrem Schreiben vom 17.12.2014 empfohlen, zugunsten der Antragstellerin in Anerkennung des erlittenen Leides eine Leistung in Höhe von [XXXX] Euro zu erbringen.

Das [zuständige Bistum] hält sich an diese Empfehlung nicht. Bis gestern Abend war mir bekannt, dass das [zuständige Bistum] mich als Opfer weiter ‚verhören‘ muss – wörtliches Zitat aus einem Schreiben aus dem [zuständigen Bistum]. Per E-Mail wurde mir gestern Abend mitgeteilt, dass auch meine zweite Aussage eventuell nicht ausreichen werde, sondern ein Glaubhaftigkeitsgutachten meiner Person in Auftrag gegeben werden solle.

Alle Fragen, warum in diesem speziellen Fall so anders und so opferfeindlich gehandelt wird, werden mit formaljuristischen Floskeln und Paragrafen beantwortet.

Wenn es sich hier um ein formaljuristisches Verfahren handelt, ist ein unabhängiger Richter der Entscheider, ob der unabhängigen zentralen Koordinationsstelle gefolgt werden soll oder nicht. In einem formaljuristischen Verfahren kann unmöglich der Vorgesetzte, der Protegé und vermutlich der Freund des Angeklagten, gleichzeitig der Richter sein. Dieser Richter ist befangen! Und alles, was an Schriftstücken aus dem [zuständigen Bistum] kommt, klingt genau danach: Vetternwirtschaft, Schutz der eigenen Männer, Angst vor dem Blick in die eigenen Reihen.

Daher stelle ich hiermit frist- und formgerecht den Antrag, den ‚Richter‘ in diesem Verfahren auszuwechseln gegen eine neutrale Person, denn der [zuständige Bischof] ist befangen.

Im Dezember war mir sehr nahegelegt worden, zuzustimmen, dass das Verfahren ins [nicht zuständige Bistum] verlegt wird; ich habe dem umgehend zugestimmt, nur um 24 Stunden später zu erfahren, man habe es sich im [zuständigen Bistum] wieder anders überlegt.

Zusätzlich stelle ich den Antrag, dass sowohl [Herr Zwei] und auch [Frau N.] weiterhin meine Ansprechpartner/In bis zum Verfahrensende bleiben. Es scheint Teil des Systems im [zuständigen Bistum] zu sein, dass ich inzwischen die fünfte oder sechste Ansprechpartnerin genannt bekommen habe und alle, die bis jetzt mit mir gesprochen haben und mir ihr volles Vertrauen ausgesprochen haben, plötzlich nicht mehr zuständig sein dürfen. Ich akzeptiere keinen weiteren willkürlichen Wechsel. Auch den gestern angekündigten nicht!

Hinzu kommt, dass, wenn es sich hier um ein formaljuristisches Verfahren handelt, mir ein Sachverständiger an der Seite zusteht. Daher beantrage ich hiermit Prozesskostenbeihilfe, um mir eine Anwältin meiner Wahl suchen zu können, die mich juristisch der katholischen Kirche gegenüber vertritt.

Bitte ersparen Sie mir weitere seitenlange Erklärungen, warum das alles richtig läuft (...) Wir beide wissen, dass das nicht stimmt, da können noch so viele Paragrafen zitiert werden, es kann nicht angehen, dass die katholische Kirche zulässt, dass in dieser wichtigen Angelegenheit der Anerkennung der Opfer frei nach dem Motto ,Mein zuständiges Bistum, mein Schicksal' gehandelt wird, vielmehr sollte eine Gleichbehandlung aller Opfer Grundvoraussetzung sein. Mir sind mehrere Bistümer bekannt, in denen mit mir als Opfer völlig anders umgegangen würde als im zuständigen Bistum.

Sie persönlich sind zuständig für alle Fälle in Deutschland, hiermit fordere ich Sie auf, für einen menschenwürdigen Umgang mit allen Opfern zu sorgen (...).

MfG

Luna Born"

Am 02.03.2015 erhielt ich die oben schon angesprochene und in Teilen zitierte Antwort aus Bonn von Frau Vier, die nach eigenen Angaben im Sekretariat der Deutschen Bischofskonferenz für die Koordination eingehender Anträge tätig sei. Ich hatte mich bereits im Oktober 2014 an sie gewandt mit der Bitte um Unterstützung, und sie schrieb damals zurück, sie könne weder Stellung nehmen noch in das Verfahren in den Diözesen eingreifen. Sie bat um mein Verständnis. Als Antwort auf mein Schreiben an den Sonderbeauftragten schrieb sie nun:

„Sehr geehrte Frau Born,

Ihre E-Mail vom 26. Februar 2015 an [Herrn Sieben] hat dieser erhalten und aufmerksam gelesen. Er hat mich gebeten, Ihnen auf Ihre E-Mail zu antworten, da es ihm aufgrund der Vielzahl der eingehenden Schreiben nicht immer möglich ist, selbst und zeitnah zu schreiben. Ich bitte hierfür um Ihr Verständnis.

Mittlerweile sind in Ihr Antragsverfahren viele verschiedene Personen involviert worden, was eine gute und lösungsorientierte Kommunikation erschwert. Sie baten in Ihrem Schreiben darum, dass weiterhin [Herr Zwei] und [Frau N.] Ihre Ansprechpartner für die direkte Kommunikation sein sollen. Nach Rücksprache mit [Herrn Zwei] und [Frau N.] kann ich Ihnen mitteilen, dass beide bereit sind, weiterhin als Ansprechpartner für Sie zur Verfügung zu stehen.

*Ich möchte Sie darauf aufmerksam machen, dass [Herr Sieben] nicht für ‚alle Fälle (sexuellen Missbrauchs) in Deutschland' zuständig ist, wie Sie in Ihrem Schreiben voraussetzen. [Herr Sieben] ist der Beauftragte der Deutschen Bischofskonferenz für Fragen des sexuellen Missbrauchs Minderjähriger im kirchlichen Bereich und damit in einer Funktion tätig, die alle Fragen, die in diesem Zusammenhang innerhalb der Deutschen Bischofskonferenz auftreten, **koordiniert**. Er verfügt jedoch über keine Weisungsbefugnis gegenüber seinen Mitbrüdern, denen jeweils die Bearbeitung und der Umgang mit Fällen sexuellen Missbrauchs in ihren Diözesen obliegt. Insofern kann [Herr Sieben] – auch in besonderen Einzelfällen – keine Schiedsinstanz sein.*

[Herr Sieben] hat mich jedoch ausdrücklich gebeten, Sie darüber zu informieren, dass er sich bei [Herrn Acht, zuständiger Bischof] für eine einvernehmliche Lösung einsetzen wird.

Er wäre schön, wenn dieser Ansatz ein wenig zur Beruhigung der Situation beitragen könnte.

Mit freundlichen Grüßen

[Frau Vier]

Mich persönlich hatte das Schreiben weder beruhigt noch zufriedengestellt. Ich war ja froh, dass Herr Sieben, der Sonderbeauftragte, meine E-Mail aufmerksam gelesen hatte, fand es aber ehrlich gesagt nicht ausreichend, sondern halte aufmerksames Lesen auch heute noch für eine Selbstverständlichkeit. Dieses Schreiben machte mir eindrücklich klar, dass tiefe Strukturen in der Kirche und in der Kirchenorganisation dazu beigetragen haben, dass der Missbrauch in dem Umfang möglich war und ist und sich die Aufarbeitung so schleppend gestaltet. Auch heute – Sommer 2019 – muss Frau Vier meine Schreiben an Herrn Sieben auf seine Anweisung hin beantworten. Und immer wieder weist sie in ihren Schreiben darauf hin, dass sie inhaltlich keine Stellung abgeben könne. Was für ein Kindergarten: Ich schreibe an Herrn Sieben, er delegiert die Antwort an Frau Vier und die kann dann inhaltlich nichts sagen! Auch daran hat sich seit 2014 und 2015 bis heute nichts geändert.

Der Hildesheimer Bischof Heiner Wilmer hat es in einem Interview mit dem Kölner Stadtanzeiger am 14.12.2018 so genannt: *„Ich glaube, der Missbrauch von Macht steckt in der DNA der Kirche.*"[38] Neben dem Strukturproblem „Mein Bischof, mein Schicksal" lässt sich an dem Schreiben von Frau Vier auch sehr schön das Strukturproblem des „energetischen Schulterzuckens" nachvollziehen. Nach der von Frau Vier erhaltenen Antwort schrieb ich Herrn Sieben am 07.03.2015 erneut an und verschickte das Schreiben zugleich auch an alle mir bekannten Bischöfe in Deutschland:

„Guten Tag [Herr Sieben],

ich freue mich sehr, dass Sie meine E-Mail vom 28.02.2015 erhalten und aufmerksam gelesen haben. Ich danke Ihnen, dass Sie eine Möglichkeit gefunden haben, mir über [Frau Vier] zeitnah eine Antwort zukommen zu lassen.

Ich bin sehr froh, dass wir beide der gleichen Meinung sind, dass in meinem Antragsverfahren inzwischen so viele verschiedene Personen involviert sind, dass eine gute und lösungsorientierte Kommunikation erschwert ist. Seien Sie sich ganz sicher, dass mir [Frau N.] als Ansprechpartnerin gereicht hätte. Warum das [zuständige Bistum] ständig neue Ansprechpartner involviert, kann ich nur vermuten, es scheint Strategie zu sein, um die Opfer möglichst mürbe zu machen und weiter zu verunsichern. Daher bin ich froh, dass die Frage bis zum Abschluss des Verfahrens nun endgültig geklärt ist, [Herr Zwei] aus dem [zuständigen Bistum] und [Frau N.] aus dem [nicht zuständigen Bistum] sind und bleiben meine Ansprechpartner, beide sind damit einverstanden.

Offensichtlich ist es zu einem Missverständnis gekommen: Mein Anliegen ist es nicht, eine einvernehmliche Lösung mit dem [zuständigen Bistum] zu erlangen. Hier geht es – immer noch nicht – um die Möglichkeit eines Vergleiches.

Mir geht es inzwischen ausschließlich darum, auf Missstände aufmerksam zu machen. Und eigentlich finde ich es ziemlich egal, ob Sie Ihren Mitbrüdern weisungsbefugt sind oder nicht, als Katholik, als Christ und als Mensch sind Sie – sind wir alle – aufgefordert, Missstände nicht hinzunehmen und alles zu tun, diese zu beheben. Ich gehe davon aus, dass Sie, wenn Sie auf der Straße sehen würden, wie ein Kind geschlagen wird, sofort eingreifen würden, um den Missstand zu beenden, und nicht wegschauen würden, auch wenn das oft viel einfacher erscheint. Und dann macht die Position als Bischof – ich nehme an, ohne Kinder, ich nehme an, ohne Frau –, einsam, in dem Bereich, dass es wenig Rückmeldung gibt, was das eigene Handeln betrifft. Da sind alle Mitbrüder in der Mitverantwortung, genau zu schauen und auch darauf hinzuweisen, wenn Missstände erkannt werden und vorliegen – wer soll es sonst noch tun? Und im [zuständigen Bistum] herrschen Missstände, die ich hier erneut aufzähle, mit dem Hinweis, dass niemand später und auch jetzt behaupten kann, er habe es nicht gewusst und sei deswegen nicht mitverantwortlich:

1.) Ich wurde als Kind und junge Frau von einem Pfarrer, der zum [zuständigen Bistum] gehört, sexuell missbraucht.

2.) Es gibt in Deutschland keinen einheitlichen Umgang mit den Opfern, die den Mut haben, stattgefundenen Missbrauch anzuzeigen.

3.) Im [zuständigen Bistum] wird mir von einzelnen Menschen an Entscheidungsstellen nicht geglaubt.

4.) Im [zuständigen Bistum] werden Täter geschützt.

5.) Im [zuständigen Bistum] wird mit Glaubwürdigkeitsgutachten gedroht, die von einem Mann erstellt werden sollen, der bereits mehrfach für die Kirche gearbeitet hat, dessen Äußerungen – im Netz zu lesen – täterfreundlich sind.

6.) Das [zuständige Bistum] hält sich nicht an die Empfehlung der unabhängigen Kommission, ohne Angaben von nachvollziehbaren Gründen.

7.) Im [zuständigen Bistum] werden wahllos Ansprechpartner für die Opfer ausgewechselt.

8.) Im [zuständigen Bistum] sitzen an den entscheidenden Stellen Menschen, die definitiv zu schlecht im Umgang mit Traumaopfern geschult und ausgebildet sind.

9.) Im [zuständigen Bistum] sitzen an den entscheidenden Stellen Menschen, die ein persönliches Problem mit dem Thema Missbrauch zu haben scheinen und in Projektion und Abwehr hängen geblieben sind.

10.) Der [zuständige Bischof – Herr Acht] ist entweder zu schlecht über den fatalen und opferfeindlichen Ablauf im eigenen Bistum informiert oder

11.) Der [zuständige Bischof] deckt die Missstände.

Ob es weitere Bistümer in Deutschland gibt, die so opferfeindlich arbeiten, entzieht sich meiner Kenntnis, ich bin allerdings darüber informiert, dass es zahlreiche Bistümer gibt, die opferorientierter und fairer handeln.

Ich schicke diese E-Mail an alle Bischöfe mir bekannter Bistümer, da ich der Ansicht bin, dass alle Mitbrüder in diesem schwierigen Thema mitverantwortlich sind, den Opfern gerecht zu werden, wie es in der Presse und in den Medien ja auch gerne von der katholischen Kirche dargestellt wird, unabhängig davon, wer wem offiziell weisungsbefugt ist, und ich leider keine Antwort von der deutschen Bischofskonferenz erhalten habe.

Ich grüße Sie freundlich und freue mich über Ihre zeitnahe Antwort

Luna Born."

Drei der Schreiben an die Bischöfe kamen zurück, vermutlich war die Anschrift nicht korrekt. Von allen anderen hörte ich auch nichts.
Nichts!
Ich dachte, es interessiert offensichtlich wirklich niemanden, was im zuständigen Bistum abläuft. Umso überraschter war ich, als ich mich im April telefonisch an einen Rechtsanwalt in Berlin wandte, von dem ich gelesen hatte, er sei seit 2011 Mitglied des ständigen Beraterstabs des Erzbischofs von Berlin zur Beratung in Fragen des Umgangs mit sexuellem Missbrauch Minderjähriger und erwachsener Schutzbefohlener. Als ich mich vorstellen und den Fall schildern wollte, meinte er, er wisse, wer ich sei, der Fall sei innerkirchlich bekannt.

Unfassbar! War und ist das ein gutes oder ein schlechtes Zeichen? Auf der einen Seite war es ja wirklich gut, wenn über den Fall so gesprochen wurde, dass der Anwalt in Berlin bereits davon Kenntnis hatte und allein durch den Namen über alles informiert war. Auf der anderen Seite fand ich es umso trauriger und auch peinlicher für die Bischöfe und die weiteren Ansprechpartner, dass sich niemand darum zu kümmern schien und niemand die innere Größe besaß, sich auch bei mir zu melden. Wahrscheinlich griff auch hier das Strukturproblem des energetischen Schulterzuckens. Es fühlte sich keiner der Herren zuständig.

Am 15.03.2015 schickte ich die E-Mail an den deutschsprachigen Bischof in Rom, der gelegentlich in der deutschen Regenbogenpresse zu sehen ist. Ich bat ihn um Unterstützung. Er hat sich bis heute nicht bei mir gemeldet.

Der zuständige Bischof, Herr Acht

Zwei Tage zuvor, am 13.03.2015, erhielt ich mein erstes Schreiben vom zuständigen Bischof, Herrn Acht, persönlich.

„Sehr geehrte Frau Born,

vielen Dank für Ihre E-Mails, die Sie an mich und auch an [Herrn Sieben] gesendet haben (...). Ich kann Ihr Unverständnis und auch Ihren Ärger darüber verstehen, dass Ihnen von der Beauftragten des [nicht zuständiges Bistum] vermittelt wird, dass sie Sie für glaubwürdig hält, die ZKS eine Empfehlung ausspricht und es dann im [zuständigen Bistum] zu für Sie nicht nachvollziehbaren Verzögerungen und kommunikativen Unklarheiten kommt. Dies bedaure ich sehr. Alle schriftliche Kommunikation hat die Situation aus Ihrer Sicht nur noch verunklart und den Eindruck aufkommen lassen, das [zuständige Bistum] würde Täter schützen und zu wenig Empathie für Betroffene besitzen.

Bevor noch weitere Missverständnisse entstehen und sich – erlauben Sie mir, das zu sagen – ein aus meiner Sicht so nicht zutreffender Blick auf die Praxis im [zuständigen Bistum] verhärtet, halte ich es für sinnvoll, direkt miteinander ins Gespräch zu kommen. In diesem Sinne möchte ich Ihnen folgenden Vorschlag unterbreiten.

Sie haben [Herrn Zwei] als zuverlässigen Ansprechpartner benannt und erlebt. Ich möchte ihn und meinen stellvertretenden Generalvikar [Herrn Fünf] zu einem gemeinsamen Gespräch mit [Frau N.] und Ihnen nach [nicht zuständiges Bistum] entsenden.

Mir ist dabei an einer Lösung gelegen, die Ihnen in Ihrer jetzigen Situation gerecht wird, die das Untersuchungsverfahren bzgl. der von Ihnen gegen [Pfarrer Täter] erhobenen Vorwürfen des sexuellen Missbrauchs voranbringt. Zugleich sind wir daran gebunden, auch hier so zu verfahren, wie es den Grundrechten eines jeden Menschen entspricht. Das heißt, solange eine Straftat nicht endgültig erwiesen ist, müssen wir von der rechtlichen Unschuld eines Beschuldigten ausgehen.

In Ihrer E-Mail an die anderen Bischöfe haben Sie zudem auf die sehr uneinheitliche Praxis in den deutschen Bistümern verwiesen. Dies nehme ich zum Anlass, dieser Frage nachzugehen.

Ich hoffe, dass wir auf dem von mir vorgeschlagenen Weg eine gute und gerechte Lösung finden. Über eine kurze Rückmeldung würde ich mich freuen.

Mit freundlichem Gruß

IHR *Bischof [Herr Acht] [Hervorhebung d. Autorin]*

Der zuständige Bischof sprach ein Grundrecht jedes Menschen an, die Unschuldsvermutung. Demgegenüber hatte er offenbar leider vergessen, dass es auf der anderen Seite auch ein Grundrecht einzuhalten galt: das Recht meiner Würde, das Recht auf körperliche und seelische Unversehrtheit.

Das ist ein wirkliches Dilemma, denn es ist rein juristisch nicht zu klären und nicht zu lösen!

Wenn der Vorwurf eines länger zurückliegenden Missbrauchs im Raum steht und juristisch aufzuklären ist, dann ist das Opfer auf das Geständnis des Täters angewiesen, um die Tat beweisen zu können. Sonst wird es irgendwann darum gehen, wem geglaubt wird. Dabei besteht unweigerlich die Gefahr, ein grundlegendes Recht eines Menschen zu verletzen.

Wenn der Richter gleichzeitig der Bischof ist, dann ist es – fast – unvermeidlich, dass es zu Rollenkonflikten kommt. Der zuständige Bischof vermischte hier die seelsorgerische und die juristische Ebene. Wie wollte er denn die Situation „Aussage gegen Aussage" vermeiden?

Zusätzlich fand ich es unpassend und auch übergriffig, sein Schreiben mit „*Ihr*" zu unterzeichnen. Er war und ist nicht „*mein*" Bischof, wir kannten uns nicht näher, und mir war diese sich anbiedernde Nähe unangenehm. Ich schrieb ihm am 20.03.2015:

„Sehr geehrter [Herr Acht],

ich bin froh, dass wenigstens die Frage des Ansprechpartners mithilfe von [Herrn Sieben] so eindeutig geklärt werden konnte und Sie [Herrn Zwei] wieder zurück ins Boot geholt haben. Unklare Situationen und dieses Hin und Her tun uns allen nicht gut.

Ihre persönliche Sicht auf die Praxis im [zuständigen Bistum], was den Täter-schutz anbelangt, nehme ich zur Kenntnis, überzeugt bin ich auch nach dem Schreiben nicht. Zu viele Beweise in Form von Schriftstücken der letzten Monate von dem Leiter der Kommission des [zuständigen Bistums], [Herrn Vier!], bele-gen das Gegenteil.

Wie bereits in den letzten Monaten mehrfach schriftlich zum Ausdruck gebracht, bin ich selbstverständlich bereit, kooperativ mitzuarbeiten, damit der Täter über-führt werden kann.

Gerade deswegen frage ich mich beim Lesen Ihres Schreibens: Was ist der Sinn des von Ihnen vorgeschlagenen Gespräches? Welches Ziel wird damit verfolgt? Sicher ist es immer gut, über alles zu reden, allerdings nur, wenn auch alles, wirklich alles gesagt werden kann und darf und sich anschließend daraus klare Konsequenzen ergeben. Ich habe bereits im Vorfeld mehrfach darauf hingewie-sen, dass Sie 100 weitere Gespräche durchführen lassen können, an der Situa-tion Aussage gegen Aussage wird das nichts ändern.

Bis zum Beweis des Gegenteils soll der Täter als unschuldig gelten, wie wollen Sie seine Schuld durch dieses Gespräch beweisen?

Und warum müssen zwei mir völlig fremde Männer bei dem Gespräch anwesend sein? Ein [Herr Zwei], mir zumindest als freundlicher und zuverlässiger Ansprech-partner bekannt – jetzt durch Sie ja wieder eingesetzt – würde doch völlig rei-chen? Oder trauen Sie Ihren eigenen Leuten nicht?

Weiterhin ergibt sich das Bild für mich, dass Ihnen nicht wirklich klar ist, was Sie mir als Mensch, als Frau zumuten mit weiteren Gesprächen, deren Sinn und Ziel sich mir nicht erschließen können aus Ihrem Schreiben ...

Ich bitte Sie daher um eine zeitnahe Beantwortung meiner Fragen:

Welches Ziel wird mit dem Gespräch verfolgt? Was ist der Sinn des Gespräches?

Warum müssen zwei mir völlig fremde Männer dabei anwesend sein?

Warum wurde [Frau N.] nicht vorab gefragt, ob sie überhaupt damit einver-standen ist?

Ich kann mich des Eindrucks nicht erwehren, dass wir – fast – alle nur Schachfiguren in einem perfiden Spiel um Macht geworden sind.

Schmerzlich vermisse ich in Ihrem Schreiben eine Entschuldigung von Ihnen als Vorgesetztem von [Herrn Vier!]. Sein Verhalten in den letzten Monaten ist grenzüberschreitend und verletzend. Im Laufe der Zeit hat er mein volles Mitgefühl gewonnen, er selbst ist ganz offensichtlich gefangen in seiner eigenen Geschichte (…) Hängen geblieben in Projektion und Vorwürfen in dem haltlosen Versuch, Priester und deren Ansehen zu schützen, koste es was es wolle. Von ihm selbst ist keine Einsicht und keine Entschuldigung zu erwarten, solange er sein Trauma nicht verarbeiten kann.

Die Fachliteratur ist voll mit nachvollziehbaren Beweisen dazu, ich bin sicher, Sie haben sich auch darüber gut belesen, bei dem wirklich wichtigen Thema. Franz Ruppert schreibt zum Beispiel in seinem Buch ‚Trauma, Angst und Liebe. Unterwegs zu gesunder Eigenständigkeit‘[39] im Abschnitt über ‚Soziale Rollen als Überlebensstrategien‘ sehr eindrücklich davon. Wenn Sie das Buch dazu noch nicht gelesen haben sollten, empfehle ich es Ihnen sehr.

Es ist für alle (…) fatal, wenn Menschen, die so persönlich von dem Thema betroffen zu sein scheinen, an Entscheidungsstellen sitzen. Und dann muss es zu diesen Situationen kommen, in die er uns alle hineinmanövriert hat. Ich gehe von personellen Konsequenzen aus, um weiteres Unheil an Opfern zu vermeiden.

Abschließend ist es mir wichtig, Sie erneut darauf hinzuweisen, dass ich nicht an einer ‚einvernehmlichen Lösung‘ mit dem [zuständigen Bistum] interessiert bin. Nachdem die unabhängige Kommission aus Bonn die Empfehlung ausgesprochen hat, mein Leid voll und ganz ohne Wenn und Aber mit [XXXX] Euro anzuerkennen, gibt es für mich keinen Kompromiss mehr.

Vor mir selbst, vor den Menschen, die mir wichtig sind, vor allen Menschen, die mich persönlich angehört haben, auch aus dem [zuständigen Bistum] – und das sind ja inzwischen ganz schön viele – und vor der unabhängigen Kommission der katholischen Kirche bin ich anerkannt.

Nach den Vorfällen der letzten Monate, nach dem Verhalten Ihres Mitarbeiters [Herrn Vier!], ist meine persönliche Anerkennung im [zuständigen Bistum] und die Auszahlung von mindestens [XXXX] Euro nur noch ein Teil, um den es mir persönlich geht und um den anderen Teil, um den wird es auch in der Presse gehen:

Ich stehe hier im Namen aller Opfer, die sich an das [zuständige Bistum] wenden und wenden müssen, um anerkannt zu werden, und ich halte es als Mensch für meine Pflicht, bei Missständen nicht wegzuschauen und den Mund zu halten, in der Hoffnung, möglichst viel für mich rauszuschlagen, sondern so lange darauf hinzuweisen, bis die Missstände beseitigt wurden. Nein, ich werde kein Schweigegeld vom [zuständigen Bistum] annehmen, sollten die [XXXX] Euro – ähnlich wie die 1.000 Euro – mit irgendwelchen Kompromissen verbunden sein, werde ich sie selbstverständlich nicht annehmen und auch das veröffentlichen.

Ich gehe von einer absoluten Anerkennung aus, so, wie Bonn es empfohlen hat, und: Ich gehe davon aus, dass Sie als Bischof des [zuständigen Bistums] mich darin unterstützen, Missstände aufzudecken und aktiv zu ändern, wenn es Ihre Mitarbeiter im Bistum betrifft. Es ist ein Grundrecht jedes Menschen, dass er Unterstützung bekommt, das gilt für mich, für die anderen Opfer (...) Und das gilt auch für den Täter, auch er kann erst Unterstützung bekommen, wenn er – endlich – als Täter anerkannt ist. Bis dahin wird auch er sich in Verleugnung und Abwehr verzetteln.

In meiner E-Mail an die Bischöfe habe ich 11 Missstände aufgezählt, den 10. können wir streichen, Sie sind über die Dinge informiert. Ob der 11. Punkt noch zutrifft, ob Sie diese Missstände decken, das kann ich noch nicht sicher sagen.

Ich betone erneut meine Bereitschaft, kooperativ mitzuarbeiten; vorab bitte ich Sie, mir die oben genannten Fragen zu beantworten.

Vielen Dank

Luna Born"

Natürlich kann ich heute sehen, dass ich nicht mit Sicherheit beweisen kann, dass Herr Vier! selber von Missbrauch betroffen war oder ist. Meine persönliche Erfahrung hat mich gelehrt, dass viel mehr Menschen von dem Thema sexueller Gewalt betroffen sind. Wenn nicht direkt, wie ich, dann in „zweiter Generation", wie meine Kinder, die keine Kinder mehr sind. Vielleicht bin auch ich Betroffene in zweiter oder dritter Generation, denn meine Eltern sind Kriegskinder, und meine Großeltern sind Kriegserwachsense und haben sicher viel mehr erlebt, als sie bewusst in Erinnerung hatten und uns erzählen konnten. Und mir ist aufgefallen, dass gerade Betroffene in der zweiten – oder dritten Generation oft auf das Thema Missbrauch, sexuelle Gewalt, reagieren. Vor allem dann, wenn die direkt Betroffenen das Trauma nicht bearbeitet haben oder nicht bearbeiten konnten. Abwehr, oder auch körperliches Unwohlsein, oder auch besondere emotionale Betroffenheit oder süchtiges Interesse sind für mich – auch wenn diese Beobachtungen nicht wissenschaftlich evaluiert wurden – meistens Hinweise auf ungeklärte Geschichten in der Vergangenheit oder in den Generationen vorher.

Mir ist bewusst, dass Teile des Briefes an den zuständigen Bischof für manche wie eine krasse Unterstellung klingen können. Es war mir aber sehr wichtig, darauf hinzuweisen, welcher Schaden entstehen kann, wenn so unbewusst agiert wird. Und ich finde, sie sind auch Ausdruck meiner Wut und – wie ich heute weiß, damit meiner absoluten Hilflosigkeit. Daher habe ich mich auch entschieden, den Brief zum Teil abzudrucken und bitte um Verzeihung, wenn ich damit jemandem zu nahetreten sollte.

Zurück zu den Erlebnissen mit dem zuständigen Bischof. Ich wartete zehn Tage auf eine Antwort und beschloss während der Zeit, mich an die Lokalzeitung meines Wohnortes zu wenden. Es fanden Gespräche mit dem zuständigen Journalisten statt. Der Artikel war in Arbeit, und meine innere Anspannung wuchs. War das richtig? Durfte ich das machen? Was würde passieren? Sollte ich nicht doch einfach klein beigeben?

Und dann floss der Text aus mir heraus: **Du bist nicht allein.**

Die Blase der Einsamkeit

„Andere Missbrauchsopfer
wollen sich mit Protesten
auf dem Petersplatz Gehör verschaffen.
Dieser Gegengipfel ist einmalig,
so einmalig wie der Gipfel der Bischöfe.“

Aus: DIE ZEIT, 9/2019 vom 21.02.2019, S. 48,
von Evelyn Finger

Aus meinem Tagebuch:
DU bist nicht allein!

Das ist eine der wichtigsten Botschaften meines Buches.

Du bist nicht allein,

Du bist nicht die oder der Einzige, du wirst gehört und gesehen – das ist es, was ich vermitteln will und vermitteln werde.

Dabei ist das gar nicht so einfach – denn ich fühle mich oft allein. Gerade in Bezug auf meine Erfahrungen mit der katholischen Kirche, besonders mit dem Thema Missbrauch. Immer wieder erlebe ich, wie die Schotten dicht gemacht werden, wenn ich „es" erwähne oder eine Frage dazu habe. Warum auch immer scheint das Thema für viele beängstigend oder triggernd zu sein.

Ja, ich fühle mich oft allein damit, und doch und gerade deswegen ist das Grundthema des Buches: Du bist nicht allein.

Genau deswegen schreibe ich das Buch. Um diejenigen dort abzuholen, die sich – noch – allein fühlen. Die noch keinen Zugang zu dem Erlebten haben, die den Weg noch nicht finden konnten oder wollen, damit rauszugehen. Die an den äußeren Bedingungen der römisch-katholischen Kirche scheiterten oder scheitern.

„Missbrauch mit den Missbrauchten" ist der Titel des Buches, denn genau das passiert mit vielen von uns, wenn wir uns trauen, uns an die Zuständigen zu wenden.

Es spielt keine Rolle, wie oft es war und wer noch dabei war, es spielt keine Rolle, ob er „eingestöpselt" hat oder nicht, es spielt keine Rolle, ob du das Glück hattest, dass andere dich hören konnten, wenn du mutig erzähltest – es spielt nur eine Rolle, dass es DIR passiert ist. Dass ein Geistlicher der römisch-katholischen Kirche deine Grenzen nicht eingehalten hat. Seine Macht im Rahmen der Autorität, die den Amtsträgern nun mal zugeschrieben wird, ge- und benutzt hat, um auf deine Kosten Spaß und Befriedigung zu erfahren. Dann hast du ein Recht auf Anerkennung der römisch-katholischen Kirche. Dabei geht es nicht ums Geld. Das, was die römisch-katholische Kirche in Deutschland an die anerkannten Opfer zahlt, ist ein minimaler Tropfen auf den heißen Stein. Hier geht es um das Recht, gehört und anerkannt zu werden.

Dir wird geglaubt, du wirst gehört!

Ohne Wenn und Aber und ohne steinigen Weg.

Und genau darum geht es in diesem Buch, um den steinigen Weg. Ab dem Moment, in dem ich – als schon erwachsene Frau mit Kindern und im Beruf ste-

hend, den Mut fand, das Fass aufzumachen und mich an die zuständige Rechtsanwältin in meiner Wahlheimat wandte, weil ich dachte, sie sei für mich zuständig. Und damit begann der Spießrutenlauf, das Hin- und Hergeschoben werden,
die vielen unterschiedlichen Ansprechpartner und die Erkenntnis: Es sind Strukturen innerhalb der katholischen Kirche, die den Missbrauch möglich machen
und die Aufarbeitung schwierig.

Doch sei gewiss: Du bist nicht – mehr – allein!

Das hat sich auch in den Protesten auf dem Petersplatz gezeigt.

„Es gibt in der Kirche kein einheitliches Vorgehen bei Missbrauchsfällen. Immer noch hängt alles vom lokalen Bischof und seinem Willen zur Aufklärung ab.“

Zitate aus einem Interview der Badischen Zeitung vom 19.02.2019 (S. 2) mit Marie Collins, die als Betroffene 2014 von Papst Franziskus in die päpstliche Kinderschutz-Kommission berufen wurde und 2017 aus Protest zurücktrat

Der Strafrichter sollte es nun richten

oder

Was zu weit geht, geht zu weit

Eins wurde mir klar, ich hielt nicht allein für mich diesen Kampf als tapfere Kriegerin durch, sondern es gab und gibt mit Sicherheit noch viele andere Betroffene. Aufgeben ging gar nicht! Und die Öffentlichkeit musste meiner Meinung nach informiert werden, über diese Verwirrungen, Verquickungen und das Leid, das damit verbunden war. Ähnlich wie die ebenfalls betroffene Marie Collins aus Irland, machte ich zunehmend die Erfahrung, wie sehr alles vom zuständigen Bischof abhängt.

Der 30.03.2015 war ein postreicher Tag. Im Laufe des Morgens überkamen mich die Ungeduld und auch der Zorn. Der zuständige Bischof unterschrieb sein Schreiben an mich mit „*Ihr*" und fand über zehn Tage keine Zeit mir zu antworten? Ich schrieb ihn erneut an:

„Guten Tag [Herr Acht],

verwundert nehme ich zur Kenntnis, bis heute keine Antwort auf meine E-Mail von Ihnen erhalten zu haben. Noch nicht einmal eine Eingangsbestätigung.

Ist Ihnen der Vorgang doch nicht so wichtig, wie Sie mir schrieben? Oder hoffen Sie, die Angelegenheit erledigt sich durchs ,Liegenlassen', da die Konsequenzen weitreichender sind, als Sie erst dachten?

Ihr Brief an mich ist unterschrieben mit ,Ihr', als wären wir uns sehr vertraut und stünden uns irgendwie nahe, und dann ist es nicht möglich, mir zeitnah wenige Fragen zu beantworten?

Von meiner Seite ist der ,Fall Born' nicht erledigt, der Unsinn scheint ja einfach weiterzugehen.

Meine Fragen

- *Welches Ziel wird mit dem Gespräch verfolgt? Was ist der Sinn des Gespräches?*

- *Warum müssen zwei mir völlig fremde Männer dabei anwesend sein? Trauen Sie Ihren eigenen Leuten nicht?*

ergänze ich durch weitere:

- *Haben Sie [Herrn Zwei] und [Frau N.] offiziell gebeten und damit beauftragt, meine Ansprechpartner zu sein und zu bleiben bis zum Ende des „Verfahrens"?*

- *Haben Sie [Herrn Vier!], offiziell – endlich – von seiner ihn völlig überfordernden Position befreit und aus der Leitung – besser aus der Kommission – entlassen (...)?*

Im Sinne der klaren und offenen Kommunikation macht es keinen Sinn, wenn zu viele Menschen in dem ,Fall' weiter mitmischen, daher gehe ich natürlich davon aus, dass alle Beteiligten von Ihnen als Bischof über die Änderungen der Zuständigkeiten informiert werden und wurden. Andernfalls würde das Bild einer unschönen Doppelstrategie entstehen, finden Sie nicht?

Seit Monaten werde ich aus dem [zuständigen Bistum] angehalten, einem weiteren Gespräch zur Verfügung zu stehen, seit Monaten bin ich dazu bereit und teile das auch schriftlich mit,

- *was um alles in der Welt hält Sie davon ab, endlich weiterzumachen?*

Vielleicht wissen Sie selbst längst, dass ein weiteres Gespräch mit mir Sie nicht aus dem Dilemma führen kann, in das [Herr Vier!] – und alle, die ihn und sein Agieren unterstützen – Sie gebracht hat.

Sie schrieben, Sie seien sehr interessiert an einer guten Lösung,

- *was tun Sie dafür?*

Wie Ihnen sicher bekannt ist, läuft in Deutschland flächendeckend der Film ,Verfehlung', in dem es genau um den Umgang der katholischen Kirche mit der Auf-

arbeitung der Missbrauchsfälle geht. Heute Abend ist der Regisseur des Films hier in [nicht zuständiges Bistum] und steht nach dem Film für ein Gespräch zur Verfügung. Ich werde mal alle Unterlagen mitnehmen und bei Bedarf das eine oder andere Schreiben aus dem [zuständigen Bistum] zur Verfügung stellen. Das Thema ist hochbrisant, und ich bin sicher kein Einzelfall – auch wenn es Bistümer gibt, die definitiv anders agieren als [das zuständige Bistum]. Sie sollten sich unbedingt dem Film stellen, auch wenn Ihr eigenes Handeln weiter infrage gestellt werden wird.

Für mich persönlich erhärtet sich immer mehr die 11. These:

* *Wird das opferfeindliche und täterschützende Verhalten einzelner Männer im [zuständigen Bistum] nicht ganz bewusst auch von Ihnen als Bischof gedeckt oder sogar erwünscht?*

Ich erwarte Ihre Antwort auf meine Fragen bis zum Ostersonntag, danach kann für die Presse nur noch die Tatsache berücksichtigt werden, dass Sie mir nicht zeitnah geantwortet haben.

Eine gesegnete Karwoche wünscht Ihnen

Luna Born"

Nach diesem Schreiben erreichte mich am selben Tag die Nachricht, Herr Vier! hätte sich von sich aus an den Journalisten der hiesigen Lokalpresse gewandt, da er mit ihm über den Fall reden wolle. Es ist mir bis heute nicht so ganz klar, wie er von dem in Arbeit befindlichen Artikel erfahren hatte. Er wollte den noch nicht veröffentlichten Zeitungsartikel für sich nutzen. Später erfuhr ich, dass der Rechtsanwalt Herr Vier! sich auch an Pater Mertes wandte, um mit ihm über den Fall zu reden.

Ungeheuerlich. Der Täter wurde geschützt, und mit meinem Namen und meiner Geschichte ging der Rechtsanwalt Herr Vier! hausieren. Daher erhielt der zuständige Bischof eine weitere E-Mail an diesem Tag:

„Herr [zuständiger Bischof],

gerade erfuhr ich, dass [Herr Vier!] weiter sein Unwesen treibt.

Er hat von sich aus mit Herrn [Journalist] von der hiesigen Zeitung Kontakt auf-
genommen, um mit ihm über den Fall zu sprechen.

Es gibt kein Einverständnis dafür, und [Herr Vier!] wurde auch nicht angeschrie-
ben oder befragt (...). Offensichtlich tanzt er allen auf dem Kopf herum, und kei-
ner – auch Sie als [zuständiger Bischof] – ist in der Lage, ihn zu stoppen!

Deutlich wird ja aus seiner Aktion, wie groß die Angst ist, dass der Fall an die
Öffentlichkeit kommt, ohne sein Mittun.

Mein weiteres Vorgehen ist klar, ich habe Ihnen erneut und schon wieder Zeit
eingeräumt, um endlich Licht in die Machenschaften in Ihrem Bistum zu brin-
gen; sollte ich bis Ostern nicht endlich schriftlich vorliegen haben, wie es kon-
kret weitergeht, meine Fragen der vorigen E-Mail nicht beantwortet worden
sein und der Rechtsanwalt [Herr Vier!] nicht draußen sein, wird alles umge-
hend nach Rom geschickt, in diesem Fall sind Sie als Bischof für den Wahnsinn
mit verantwortlich.

Ich halte es erneut für retraumatisierend, wie das [zuständige Bistum] mit mir
als von der unabhängigen Kommission anerkanntem Opfer umgeht!

Luna Born"

Herr Neun und Herr Zehn

Der postreiche Tag war jedoch noch nicht zu Ende. Am Nachmittag erhielt ich
eine E-Mail von einem mir noch nicht bekannten Mann aus dem zuständigen Bistum. Rein gefühlsmäßig hatte ich bereits mit so vielen verschiedenen Männern
zu tun gehabt, dass ich nicht damit rechnete, schon wieder von einem Unbekannten
E-Mails zu erhalten. Der zuständige Bischof schien mein Schutzbedürfnis nach
einem Ansprechpartner aus dem zuständigen Bistum nicht zu verstehen oder nicht
ernst zu nehmen. Der Neue – Herr Neun –schrieb:

„Sehr geehrte Frau Born,

Sie haben heute zwei E-Mails an den [zuständigen Bischof] geschrieben. Auf-
grund zahlreicher Termine konnte er diese erst am Nachmittag lesen. Zu die-

sem Zeitpunkt war der Brief, den der [zuständige Bischof] Ihnen als Antwort auf Ihre E-Email vom 16. März geschrieben hat, bereits in die Post gegangen. Dieser Brief müsste Sie daher morgen oder übermorgen – manchmal braucht die Post ja auch zwei Tage – erreichen. Sollte der Brief Sie am Mittwoch immer noch nicht erreicht haben, würden wir Ihnen denselben auch auf digitalem Wege übermitteln, damit es nicht durch einen dummen Zufall zu weiterer Erschwernis der Situation kommt.

Mit freundlichen Grüßen

[Herr Neun]"

Am folgenden Tag schrieb ich morgens an den zuständigen Bischof und beschwerte mich über erneut neue Männer in der verfahrenen Situation. Er schrieb zurück, er habe Herrn Neun, er nannte ihn seinen Sekretär, beauftragt. Ich kann den Bischof heute schon verstehen, dass er so viel zu tun hatte und das delegieren wollte. Auf der anderen Seite hatten wir die Schwierigkeit mit den verschiedenen Ansprechpartnern für mich und meine wirklich inzwischen in Mitleidenschaft gezogene Seele mehrfach geklärt, und ich hatte weiterhin den Eindruck, er habe die Notwendigkeit, auch mich in dem ganzen Dilemma mit im Blick zu haben und mich zu schützen, definitiv nicht verstanden. Im Grunde war mir ziemlich egal, wer wen beauftragte und wer nicht. Mir ging es nur darum, nicht jedes Mal, wenn ich Post bekam oder meinen E-Mail-Account öffnete, Herzrasen und Angstschweißausbrüche zu bekommen. Der zuständige Bischof schrieb: *„Es wird für Sie jetzt keinen weiteren Gesprächspartner geben als denjenigen, den ich bestimmen werde, mit Ihnen zu sprechen."*

Ich fragte mich: Wer hat denn zuvor bestimmt, wer mit mir reden und schreiben durfte, wenn nicht der zuständige Bischof? Was sollte sich laut der aktuellen Aussage nach nun neun Monaten denn ändern?

Wie so oft – es kam noch dicker: Wenig später des gleichen Tages erreichte mich das nächste Schreiben des zuständigen Bischofs [Herr Acht]:

„Sehr geehrte Frau Born,

herzlichen Dank für Ihre Antwort auf mein Schreiben. Als ich Ihre Mail gelesen habe, ist mir noch einmal deutlich geworden, wie schwierig es für Sie ist, mit einer Person aus dem [zuständigen Bistum] ein weiteres Gespräch zu führen.

Als Bischof nehme ich die von Ihnen erhobenen Vorwürfe sehr erst. Es ist mir ein Anliegen, mit allen mir zur Verfügung stehenden Mitteln die Aufklärung der von Ihnen angezeigten Missbräuche voranzutreiben. Es hat darum bereits Vernehmungen des von Ihnen Beschuldigten und von Zeugen gegeben. Eine weitere Aufklärung der Anschuldigungen ist aber nur möglich, wenn auch Sie bereit sind, dazu noch einmal auszusagen. Ich weiß, dass dies für Sie ein schmerzlicher Weg ist, und bin Ihnen deshalb besonders dankbar, dass Sie in Ihrer Antwort Ihre Aussagebereitschaft noch einmal betont haben.

Ich habe daher nach einer Möglichkeit gesucht, für die Verwirklichung Ihrer Bereitschaft zur Anhörung nicht auf eine Person aus dem Bistum angewiesen zu sein. Ihr Tatvorwurf kann nur wegen der eingetretenen Verjährung nicht mehr von der Staatsanwaltschaft verfolgt werden. Darum habe ich jetzt den Präsidenten des Landgerichtes gebeten, mir einen erfahrenen Strafrichter zu benennen, der bereit ist, außerdienstlich das Untersuchungsverfahren in richterlicher Unabhängigkeit zu einem Ergebnis zu bringen. Sobald eine hoffentlich positive Entscheidung des Präsidenten vorliegt, werde ich mich wieder bei Ihnen melden.

Ich hoffe, einen damit auch für Sie akzeptablen Weg eröffnet zu haben, Ihre wichtige Aussage zu machen. (...)"

Ich fühlte mich nach diesem Schreiben weder gehört noch verstanden. Außerdem enthielt der Brief zwei kleine Bomben für mein gebeuteltes System:

a.) Welche Zeugen waren vernommen worden? War die Kommission des zuständigen Bistums so weit gegangen und hatte meine Ursprungsfamilie doch mit hineingezogen, wie es der Fragenbogen von Herrn Eins ja schon angedeutet hatte?

Ich hatte zu der Zeit kaum Kontakt zu meinen Eltern. Das hatte viele Gründe, aber sicher wollte ich sie auf keinen Fall belasten, indem sie als Zeugen vernommen werden sollten.

b.) Und schon wieder sollte ein weiterer mir völlig fremder Mann, ein Strafrichter – Herr Zehn –, sich des Falles annehmen. Dabei handelte es sich laut der vorherigen Korrespondenz um ein Vorverfahren und eben nicht um ein juristisches Verfahren.

Daran lässt sich erneut sehr schön ein weiteres Muster der Kirche erkennen, das die Aufarbeitung so kompliziert und schwierig macht und den Betroffenen unnötig zusätzlich Leid zufügt: Die Vermischung von Rechtssystem und Seelsorge, oder: Wie es mir gerade gefällt.

Die Wut 1

Die Wut 2

„Dass der Umgang mit den Verfehlungen von Priestern häufig nicht dem Gerechtigkeitsgefühl breiter Bevölkerungsschichten entspricht, mag auch damit zu tun haben, dass das Kirchenrecht andere Ziele verfolgt als das Strafgesetzbuch. Es dient dem ‚Seelenheil‘ der Gläubigen, nicht der Aufklärung von Straftaten.“

Aus: STERN, 41/2018 vom 04.10.2018, S. 56–57;
von Ingrid Eißele

Hintergrundwissen:
Vermischung von staatlichem Rechtssystem und Seelsorge

oder
Wie es mir gerade gefällt

Nachdem ich den Missbrauch angezeigt hatte, war ich im Laufe der Zeit oft verwirrt, denn mir war dieses Muster – dieses „Spielchen" – noch nicht als Struktur bewusst. Immer wieder wurde ich darauf hingewiesen, dass es sich im kirchenrechtlichen Sinne um ein *Vor*untersuchungsverfahren handele, das abgeschlossen werden müsse. Gleichzeitig und sicher genauso oft wurde mir eindrücklich vermittelt, es gelte die Unschuldsvermutung, es handele sich um ein Untersuchungsverfahren, oder es wurde direkt auf das staatliche Rechtssystem verwiesen.

Wie soll ein verjährter Missbrauch bewiesen werden, ohne Zeugen und ohne Geständnis?

Nach Rücksprache mit Pater Mertes ist im kirchlichen Vorverfahren ein: „Ich glaube Dir!" möglich, weil dieses ja seitens der kirchlichen Ansprechpartner mit einer Grundhaltung des Vertrauens verbunden ist und sein muss, auch damit eine Beziehung zwischen den Betroffenen und den kirchlichen Ansprechpartnern überhaupt gelingen kann – und ebenso im Interesse der Wahrheitsfindung.

Pater Mertes' Beispiel macht es deutlich: Wenn ein Kind zur Mutter kommt und ihr etwas erzählt, dann hat die Mutter mindestens zwei Möglichkeiten:

a.) Sie kann sich dazu entscheiden, ihrem Kind zu glauben.

b.) Sie kann sich dazu entscheiden, zunächst nicht zu glauben, sondern auf eine unabhängige Person oder Instanz, z.B. die Polizei verweisen, die Zeugen vernimmt, oder gar im Fall der Fälle die Sache entweder über die Aufforderung zur Selbstanzeige seitens der beschuldigten Person oder durch eine eigene Anzeige vor Gericht bringen. Das Gericht wäre dann verpflichtet, die Unschuldsvermutung anzuwenden. Die Mutter jedoch ist sogar im Falle einer gerichtlichen Zurückweisung der Beschuldigung frei, ihrem Kind doch noch Glauben zu schenken. Ich wünsche jedem Kind, dass ihm sofort geglaubt wird!

Diese beiden Möglichkeiten gibt es auch im kirchlichen Vorverfahren. Der Seelsorger darf den Antragsstellerinnen und Antragsstellern einfach glauben. Er muss nicht die seelsorgerische und die juristische Ebene vermischen. Es verwirrt und mutet merkwürdig an, wenn er das immer zu seinem bzw. des Täters offensichtlichem Vorteil macht. Aber genau das ist in meinem Fall ständig passiert. Mehrfach wurde ich darauf hingewiesen, dass auch in meinem Fall die juristische Unschuldsvermutung gelten würde.

Später sollte ich auch noch von einem erfahrenen Strafrichter befragt werden, eine „unabhängige" Person aus einer juristischen Instanz sollte die Entscheidung treffen. Abgesehen davon, dass die Befragung dadurch für mich nicht weniger retraumatisierend sein würde, liegt eindeutig eine Vermischung der Ebenen vor. Aus dem Voruntersuchungsverfahren wird ein juristisches Verfahren. Ein Strafrichter ist kein Seelsorger und kann das Voruntersuchungsverfahren nicht so führen, wie es nach kirchlichen, seelsorgerischen Grundsätzen möglich wäre. Und wenn es ein juristisches Verfahren gewesen wäre, dann hätten alle Männer aus dem zuständigen Bistum einschließlich des Bischofs als befangen gelten müssen.

Als ich in diesem Zusammenhang um Prozesskostenbeihilfe, um eine Anwältin und um Akteneinsicht bat, wurde mir das vom zuständigen Bistum verweigert, weil es im Kirchenrecht nicht vorgesehen wäre. Als ich jetzt ganz aktuell im Juli 2019, nachdem ich erfahren hatte, dass das innerkirchliche Verfahren gegen den Täter nun doch geführt werden soll, erneut um Akteneinsicht und Prozesskostenbeihilfe bat, da ich Nebenklägerin im Prozess sein will, wurde mir beides erneut verweigert. Herr Vierzehn schrieb am 08.07.2019:

„Im kirchlichen Strafverfahren gibt es keine Nebenkläger – [dass] Strafverfahren führt im Auftrag der Glaubenskongregation der Bischof [des zuständigen Bistums] gegen den beschuldigten Priester. Als sein Gerichtsvikar führe ich dieses Verfahren am hiesigen Offizialat. Daher kann ich Ihnen auch keine Akteneinsicht gewähren. Sobald die Klageschrift erstellt ist, werde ich den Gerichtshof bestellen und dann bzgl. einer möglichen Zeugenaussage auf Sie zukommen."

Es erweckte damals – und so ganz anders fühlt es sich auch heute noch nicht an – den Eindruck, dass ich als Betroffene immer mit den Nachteilen der Systeme zu leben habe.

Die Mitarbeiter der Kirche springen zwischen den Rechtssystemen hin und her, frei nach dem Motto: Wie es mir gerade so gefällt, oder vielleicht auch, wie es für mich - den befangenen Richter = zuständigen Bischof – oder für den Beschuldigten im Moment leichter, besser und einfacher erscheint.

Kein Wunder, dass ich verwirrt war, bis mir das Muster, lieber würde ich es etwas zynisch „das Spielchen" nennen, bewusst wurde.

„Dem Papst würde ich gern (…) zurufen:
Lass das Reden vom Teufel! (…)
Der Effekt ist: Verwirrung.
Du lenkst ab.
Von der Verantwortung der Täter.
Von der Verantwortungskette.
Und auch von den Opfern. (…)
Die Kirche ist nicht Opfer!“

Von Pater K. Mertes, Jesuit und Schulleiter am Kolleg St. Blasien,
aus: DIE ZEIT, 12/2019 vom 14.03.2019, S. 52

Die Anerkennung durch das nicht zuständige Bistum

oder
So sieht Seelsorge aus

Am Gründonnerstag, dem 02.04.2015, war für mich bereits Ostern! Aus dem Nichts, so schien es, meldete sich Frau N. – Ansprechpartnerin des nicht zuständigen Bistums – und bat um ein persönliches Gespräch, gerne auch bei uns zu Hause.

Sie brachte gute Neuigkeiten mit. Der nicht zuständige Bischof hatte beschlossen, mich als Opfer im Namen der römisch-katholischen Kirche anzuerkennen. Er war bereit, Verantwortung und damit die finanzielle Anerkennungszahlung zu übernehmen. Er hatte über Frau N. das Chaos im und durch das zuständige Bistum verfolgt und meine zunehmende seelische Not wahrgenommen. Ein Musterbeispiel von seelsorgerischer Begegnung – und dabei bin ich dem nicht zuständigen Bischof nie wirklich persönlich begegnet.

Trotz meiner unglaublichen Freude darüber und des großen Staunens meldete sich sofort mein Misstrauen, und so fragte ich Frau N., ob Bedingungen an die Anerkennung geknüpft seien. Vielleicht erwartete der nicht zuständige Bischof, dass ich mit meiner auch laut geäußerten Kritik am zuständigen Bistum aufhören sollte? Oder sollte ich wenigstens meine E-Mails nicht mehr an alle mir bekannten Bischöfe schicken? Oder vielleicht sollte ich jetzt einfach zufrieden sein und Ruhe geben? Ich würde die Anerkennung und auch die Anerkennungszahlung ablehnen, wenn Bedingungen daran geknüpft seien, so sagte ich es Frau N. gegenüber.

Aber die Seele scheint groß und die Sorge um mich angemessen: Es gab keine Bedingungen! Ich solle so lange weitermachen, wie ich könne. Denn eins konnte das nicht zuständige Bistum nicht veranlassen: Konsequenzen gegen den Täter, wie es die Leitlinien fordern. Und so wurde und wird dieser bis mindestens Juni 2019 vom zuständigen Bistum geschützt und konnte in Amt und Würden weiterarbeiten, und wurde in allen Ehren zum 01.09.2015 in den Ruhestand versetzt.

Und doch ist diese öffentliche Anerkennung ein Teil der Glücksgeschichte, die ich hier erzähle. Mir war ja bewusst und auch bekannt, dass das nicht zuständige Bistum voll hinter mir und meiner Geschichte stand. Und doch nahm ich selbst dort ein „energetisches Schulterzucken" wahr. Es schien keine Lücke im Kirchensystem zu geben, die eine Übernahme der Verantwortung zuließ.

Bereits Herr Drei, der Psychotherapeut, hatte ja zu Beginn vorgeschlagen, den Fall abzugeben an das nicht zuständige Bistum. Der Voruntersuchungsführer, Herr Vier!, hatte das dann wiederum mit verhindert. Und obwohl es keine Lücke im System zu geben schien, hat der nicht zuständige Bischof sie gefunden. Eigentlich auch ein sehr schönes Beispiel für ein „großes *KleinesWunder*".

Es ist noch einmal etwas ganz anderes für mich als Betroffene, zu wissen, dass neben den Menschen, die mir glauben und von meiner Integrität überzeugt sind, eine Autoritätsperson, die ein Bischof nun einmal ist, sich auch öffentlich dazu bekennt und die Konsequenzen trägt, die sich vielleicht für ihn daraus ergeben. Ich bin mir sicher, dass sich der nicht zuständige Bischof nicht nur Freunde damit gemacht hat. Und trotzdem hat er mich anerkannt und zu mir gestanden!

Sein Verhalten finde ich groß, innerlich stark, und diese innere Größe ist und wird nötig sein, wenn die Entscheidungsträger der römisch-katholischen Kirche das System, das eine saubere Aufarbeitung und eine Anerkennung aller Opfer so schwer macht und fast zu verhindern scheint, von innen heraus komplett erneuern müssen, damit das Leid endlich ein Ende hat und die bereits Betroffenen anerkannt werden.

Das ist und wird richtig harte Arbeit, und manchmal habe ich den Eindruck, wir warten alle irgendwie darauf, dass die römisch-katholische Kirche das erkennt und endlich wirklich damit anfängt und aufhört, Pflaster zu verteilen. Die Kirche brennt! Es bleibt die Frage, wann die Entscheidungsträger das auch wahrnehmen und danach handeln.

Auch wenn ich dem nicht zuständigen Bischof nie persönlich begegnet bin, danke ich ihm von ganzem Herzen,

a.) für meine Anerkennung und die Möglichkeit, damit vom Opfer immer mehr zur Betroffenen zu werden, und

b.) für seinen Mut und seine innere Kraft und Stärke, diesen absolut ungewöhnlichen und vielleicht bis dahin einmaligen Schritt getan zu haben.

DANKE!

Die Zeitungsartikel in der Lokalpresse

oder
Ich gehe an die Öffentlichkeit

Am 10.04.2015, wenige Tage also, nachdem ich von meiner Anerkennung als Opfer der römisch-katholischen Kirche erfahren hatte, erschien der Artikel über das Hin und Her mit dem zuständigen Bistum in der Lokalpresse.

Es kostete mich sehr viel Mut, an die Öffentlichkeit zu gehen. Heute bin ich stolz darauf. Ich finde es gut, wenn die Missstände in der Aufarbeitung öffentlich werden, und ich freue mich über die zahlreichen Talkshows, Zeitungsartikel, Bücher und Berichte zu diesem Thema.

Lange habe ich mit mir darum gerungen, ob ich die Artikel hier im Buch abdrucken soll.

Ich habe mich dagegen entschieden. Auf der einen Seite würde eine Nutzungsgebühr anfallen, die ich persönlich gerade nicht tragen kann. Auf der anderen Seite würde ich mein Bemühen um den Persönlichkeitsschutz aller Beteiligten damit selbst unterlaufen.

Und der Inhalt wird dem Buch auch nicht fehlen. Hier zählt ja die Tatsache, dass ich damals schon den Mut hatte, mich zu zeigen und an die Öffentlichkeit zu gehen. Und die Veränderungen, die ich an mir selbst wahrnehme, wenn ich mich daran erinnere, wie ich mich gefühlt habe, als ich das erste Mal mit dem Journalisten sprach, und wie es mir heute geht, wenn ich die Geschichte aufschreibe und weiß, dass sie bald veröffentlicht wird.

Ein Quantensprung!

Und das ist ein weiterer Teil meiner Glücksgeschichte!

„Der Papst hat enttäuscht."

„Er hat viele gute Ankündigungen gemacht, etwa ‚null Toleranz‘,
aber er hat das in der Universalkirche nicht umgesetzt.
Seine Worte sind gut, aber es folgen keine Taten."

Zitate aus einem Interview der Badischen Zeitung vom 19.02.2019 (S. 2) mit Marie
Collins, die als Betroffene 2014 von Papst Franziskus in die päpstliche Kinderschutz-
Kommission berufen wurde und 2017 aus Protest zurücktrat

Das vorläufige Finale mit dem zuständigen Bistum

oder
Die Umkehr der Schuldfrage

Nicht nur der Papst hat mich enttäuscht, auch der zuständige Bischof hat mich persönlich während der Zeit sehr enttäuscht. Ich fühlte und fühle mich heute immer noch nicht gehört und mit aller Kraft unterstützt, sondern habe auch eher den Eindruck, dass viel gesagt wird, um dann wenig umzusetzen.

Die Situation hatte sich Anfang April 2015 nun sehr verändert. Ich war – plötzlich und unerwartet – anerkanntes Opfer der römisch-katholischen Kirche, und ich hatte den Mut gefunden, mit den Zeitungsartikeln an die Öffentlichkeit zu gehen. Irgendwie drehte sich das Spiel auch mit dem zuständigen Bistum um, denn jetzt war ich es, die immer wieder darauf hinwies, dass es zeitnah zu einer weiteren Anhörung meiner Person kommen müsse und solle. Überraschend erhielt ich Unterstützung. So bekam ich am Morgen des 13.04.2015 ein internes Schreiben von Herrn Zwei an Herrn Acht, den zuständigen Bischof, zur Kenntnisnahme.

Unter anderem schrieb er:

„Eine korrekte Ermittlung tritt seit Monaten auf der Stelle. In einer Reihe von Zusammenkünften von Nicht-Kommissionsmitgliedern wurde zwar über die Zeugin Frau Born, aber nie mit ihr gesprochen. Ein Gespräch stellten Sie Frau Born zwar in Aussicht und kündigten an, dazu [Herrn Fünf] und mich nach [nicht zuständiges Bistum] zu entsenden. Von diesem Gespräch ist in Ihrem jüngsten Brief an die Zeugin keine Rede mehr (...).

Die Ermittlungen im Falle [Pfarrer Täters] können erst zum Abschluss gebracht werden, wenn ein differenziertes Gespräch mit Frau Born erfolgt ist. Sie wurde bislang nicht müde, ihre Bereitschaft dazu immer wieder zu betonen.

Eine Frau, die einen sexuellen Missbrauch durch einen Mann zur Anzeige bringt, kann inzwischen von staatlichen Behörden selbstverständlich erwarten, von einer Frau befragt zu werden. Dass Frau Born sogar bereit ist zu einem Gespräch mit einem Mann, kann deshalb nicht hoch genug gewertet werden.

Ich bitte Sie aus diesem Grund inständig, das Angebot von Frau Born ohne weiteres Zögern anzunehmen. Andernfalls könnte der Eindruck entstehen, dass das Bistum tatsächlich kein Interesse an der Aufklärung des Falles [Pfarrer Täter] hat."

Starke Worte eines Mannes, der sich selbst gerne als zwielichtig bezeichnete. Mutige Worte, da er sie innerhalb des Systems schrieb, ohne mögliche persönliche Konsequenzen zu kennen.

Am selben Abend schrieb ich an den gleichen – zuständigen – Bischof:

„Guten Tag Herr [zuständiger Bischof],

Ihnen ist bekannt, dass die katholische Kirche mich inzwischen als Opfer anerkannt hat. Für Sie und das [zuständige Bistum] eine verpasste Chance, am zerstörten Ruf positiv zu arbeiten.

Die Akte [Pfarrer Täter] ist damit noch lange nicht geschlossen, und Sie und Ihr Bistum haben jetzt ja wieder Zeit, sich der eigentlichen Akte, dem Fall [Pfarrer Täter], mit Ihrer ganzen Kraft zuzuwenden.

Selbstverständlich stehe ich Ihnen als Zeugin zur Überführung des Täters weiter zur Verfügung, unter den genannten Grundvoraussetzungen natürlich.

(...) Sollten Sie ernsthaft darüber nachdenken, die Akte [Pfarrer Täter] schließen zu können, ohne mich als Hauptzeugin erneut befragt zu haben, wie Sie es seit Monaten ankündigen, wird umgehend die Presse informiert.

Einer Akteneinsicht innerhalb der nächsten Woche steht sicher nichts mehr im Wege, ich erwarte sie ebenfalls bis zum 18.04.2015. Ich werde keine Kopien gelten lassen.

MfG

L. Born"

Alles zusammen, die beiden Schreiben, die Anerkennung durch das nicht zuständige Bistum und die Zeitungsartikel, schienen Wirkung zu haben. So schrieb mir Herr Acht, der zuständige Bischof, am 17.04.2015 erneut einen Brief:

Sehr geehrte Frau Born,

*(....) Ich nehme Ihr Misstrauen gegen das [zuständige Bistum] ernst. Dennoch will ich noch einmal deutlich machen: Es ist mir ein Anliegen, Klarheit bzgl. der Vorwürfe gegen [Pfarrer Täter] zu erhalten und nicht darum, diese Akte möglichst schnell zu schließen. Dazu sind wir auf Ihre Aussage angewiesen. So schwierig es sich verständlicherweise gestaltet, möchte ich einen Weg finden, der Ihren Interessen entgegenkommt und zugleich den Notwendigkeiten eines **Untersuchungsverfahrens** entspricht (...)" [Hervorhebung d. Autorin].*

Es wird deutlich, dass hier wieder eine Vermischung zwischen seelsorgerischen Möglichkeiten und dem Rechtssystem entsteht. Formal handelte es sich definitiv nicht um ein Untersuchungsverfahren, sondern um ein kirchliches *Vor*untersuchungsverfahren. Die unterschiedlichen Möglichkeiten, die sich dadurch ergeben, habe ich im Kapitel „Vermischung von Rechtssystem und Seelsorge im Rahmen des Kirchenrechts oder: Wie es mir gerade gefällt" schon beschrieben.

Da es einen so großen Unterschied macht und es für mich als antragstellendes Opfer von elementarer Bedeutung war und auch ist, dass es sich um ein kirchliches *Vor*untersuchungsfahren und eben nicht um ein juristisches Untersuchungsverfahren handelte, erwartete ich von einem Entscheidungsträger beziehungsweise dem zuständigem Bischof – und eben nicht Richter –, dass ihm dieser Unterscheid bekannt ist, und er ihn auch korrekt benutzt und nicht zu seinem Vorteil hin- und herwendet.

Weiter schrieb Herr Acht, der zuständige Bischof:

„Ich schlage vor, dass in Begleitung von [Herrn Zwei], der für Sie allein als Ansprechpartner des Bistums infrage kommt, [Herr Eins] zu einer Befragung nach [nicht zuständiges Bistum] kommt. Dass [Herr Eins] mitkommt, ist nicht Ausdruck eines Misstrauens gegen [Herrn Zwei]. [Herr Eins] ist der Untersuchungsführer des Bistums und von mir aufgrund seiner beruflichen Erfahrung ausgewählt worden (...).

Ich habe das Verfahren inzwischen an mich gezogen, von daher bin ich auch der alleinige Entscheidungsträger in Ihrem Verfahren. [Herr Zwei] bleibt Ihr Ansprechpartner, und alle anderen Beteiligten habe ich angewiesen, nicht mehr zu agieren. (...)

Mit freundlichem Gruß

[Der zuständige Bischof]"

139

Ich kann nur noch erahnen, warum, aber ich blieb wütend. Trotz des „Friedensangebots" blieb ich auf so vielen Fragen sitzen, und so viele Bitten wurden einfach nicht aufgegriffen oder beantwortet. Am 21.04.2015 schrieb ich dem zuständigen Bischof:

„Guten Tag [Herr Acht],

Ihre Antwort habe ich erhalten.

Es ist mir völlig unerklärlich, warum Sie es nicht für nötig erachten, meine Fragen zu beantworten und meine Bitten zu erfüllen, und das seit Wochen.

Folgendes ist seit dem 30.03.2015 noch offen:

* *Welches Ziel wird mit dem Gespräch verfolgt? Was ist der Sinn des Gespräches?*

* *Haben Sie [Herrn Vier!] offiziell – endlich – von seiner ihn völlig überfordernden Position befreit und aus der Leitung – besser aus der Kommission – entlassen, (...)*

und seit dem 05.04.2015:

* *Teilen Sie mir schriftlich bis zum 10.04.2015 mit, dass [Herr Vier!] aus dem Verfahren raus ist und von Ihnen persönlich darüber informiert wurde.*

Teilen Sie mir bis zum 10.04.2015 mit, welche Zeugen befragt wurden, wie Sie schreiben: Ich weise darauf hin, dass es keine Schweigepflichtsentbindung von meiner Seite gibt; sobald ich die Namen habe, werde ich prüfen lassen, ob das [zuständige Bistum] die Schweigepflicht gebrochen hat und ich die Möglichkeit habe, das Bistum und Sie als Bischof anzuzeigen; ich werde nicht davor zurückschrecken, auch das öffentlich zu machen!

* *Sollten Sie keine Namen nennen und wieder meine Fragen dazu nicht beantworten, werde ich auch das juristisch überprüfen lassen.*

Ich werde im Laufe der Woche eine juristische Beratung gerade wegen der fraglichen Zeugenbefragung in Anspruch nehmen müssen, da Sie die Frage nicht beantwortet haben, und stelle hiermit den Antrag, dass das *[zuständige Bistum]* die Kosten für den Juristen übernimmt.

Ich nehme zur Kenntnis, dass jetzt wieder die Idee aufgegriffen wird, [Herrn Zwei], diesmal mit [Herrn Eins], nach [nicht zuständiges Bistum] zu senden.

Nach den Erfahrungen der letzten Monate warte ich erst einmal ab, wie lange dieser Vorschlag gilt, von meiner Seite habe ich mehrfach meine Bereitschaft signalisiert, als Zeugin zur Verfügung zu stehen.

[Herr Eins] soll jetzt das „Verfahren" führen, hat er die Akte endlich erhalten?

Wie allen inzwischen klar ist, ist eine weitere Befragung als Zeugin belastend und psychisch destabilisierend. Was wird mit dem Ergebnis des Gespräches passieren? Wer wird die Entscheidung treffen, ob und dass der Fall [Pfarrer Täter] nach Rom weitergeleitet wird?

Nur wenn ich schriftlich von Ihnen vorliegen habe, dass [Herr Eins] als nun ernannter Ermittlungsleiter diese Entscheidung treffen wird, bin ich bereit, mich der zusätzlichen Belastung auszusetzen. Sollte [Herr Vier!] weiter mitmischen, weil Sie es nicht schaffen, ihn in seine Grenzen zu weisen, kann ich diese Belastung nicht leisten, das ist mir (...) nicht zuzumuten, da er (...) täterfreundlich agiert. Vielleicht sollte ich [Herrn Vier!] darüber informieren, dass er aus dem Fall [Pfarrer Täter] draußen ist, oder die Presse könnte das auch für Sie übernehmen. Die Lokalzeitung des [zuständigen Bistums] hat Interesse an dem Artikel bekundet, vielleicht sollte ich denen meine Geschichte mit dem [zuständigen Bistum] auch zur Verfügung stellen?

Warum äußern Sie sich immer so unklar? Ist das ein Teil der Methode? Oder was soll damit erreicht werden? Immer wieder vermitteln Sie mir den Eindruck, dass Ihnen nicht wirklich klar ist, was dieser ‚Prozess' für mich als Betroffene bedeutet und wie wichtig es ist, mit traumatisierten Menschen klar und transparent zu kommunizieren. Fragen nicht zu beantworten und so zu tun, als seien sie gar nicht gestellt worden, verunsichert und destabilisiert weiter, wollen Sie das? Ist das vielleicht sogar Absicht? Bei [Herrn Vier!] muss ich tatsächlich davon ausgehen, und bei Ihnen passiert das auch so häufig, dass mir nicht klar ist, ob Sie aus Unwissenheit oder Taktik so handeln. Bitte lassen Sie das, und schreiben Sie so klar und eindeutig wie möglich, um die Verunsicherung der Opfer so gering wie möglich zu halten. Das sollte doch Ihr Interesse sein.

Ich erwarte die Antworten auf meine Fragen – zur Vereinfachung habe ich sie blau geschrieben – und auch die schriftliche Zusage, dass [Herr Eins] über den weiteren Verlauf des Falles allein entscheiden kann, bis zum 27.04.2015.

Für alle weiteren Übergriffe, die [Pfarrer Täter] in den letzten Monaten als Priester machen konnte, übernehme ich keine Verantwortung, die liegt ganz allein bei Ihnen und den Verzögerungen durch [Herrn Vier!].

Niemand kann behaupten, es sei nicht bekannt gewesen, seit letztem Sommer.

Schmerzlich vermisse ich weiterhin eine Entschuldigung Ihrerseits und frage mich, ob Sie zu stolz sind oder was Sie davon abhält, sich für das Verhalten aus dem [zuständigen Bistum] in den letzten neun Monaten zu entschuldigen.

Mir persönlich wäre es sehr peinlich, wenn sich eine Kollegin – in Ihrem Fall ein Kollege – für Dinge entschuldigen würde, die ich selbst verbockt habe oder die unter meiner Verantwortung verbockt wurden. Nun, so unterschiedlich sind die Menschen, und so verschieden gehen die Menschen mit dem Gefühl von Verantwortung um.

Ihnen eine gute Zeit

L. Born"

Nur einen Tag später schrieb er mir zurück. Es seien in den zahlreichen Vernehmungen Fragen entstanden, die zu einer Aufklärung beantwortet werden sollten. Gerade in der von ihm mehrfach geschilderten Situation „Aussage gegen Aussage" sei es hilfreich, wenn sich der Untersuchungsführer ein möglichst umfangreiches Bild machen könnte.

Zu der Zeugenbefragung, die ohne mein Wissen und bis dahin auch ohne dass ich wusste, wer als Zeuge vernommen worden war, schrieb er, es sei nicht nur seine Pflicht, sondern auch sein Recht, Zeugen zu befragen. Die von mir benannte Schweigepflicht sei davon unberührt.

„(...) Sie können sich darauf verlassen, dass, wie auch bei staatsanwaltschaftlichen Untersuchungen im zivilen Recht, mit der notwendigen Diskretion vorgegangen wird. Aber auch im staatlichen Bereich ist es natürlich nicht üblich, dass die Person, die eine Beschuldigung erhebt, vorgibt, welche Zeugen befragt werden dürfen. (...)

Zugleich bitte ich Sie um Verständnis dafür, dass die Feststellung der Schuld eines Mitarbeiters oder einer Mitarbeiterin an die Kriterien gebunden ist, die in gleicher Weise im staatlichen und im kirchlichen Bereich vorgegeben sind (...)."

Ein Paradebeispiel für die Vermischung der rechtlichen Ebenen, wie es für das zuständige Bistum und den zuständigen Bischof gerade besser erschien. Wenn es sich um ein juristisches Verfahren gehandelt hätte, hätten alle zehn Männer aus dem zuständigen Bistum als befangen gegolten, mir hätte Prozesskostenbeihilfe, eine Anwältin und Akteneinsicht gewährt werden müssen.

Gleichzeitig bittet der Bischof mich um Verständnis und schreibt, er habe Verständnis für mich, als würden wir uns in einer seelsorgerischen Begegnung befinden. Kein Richter würde so etwas schreiben. Er schreibt, ich könne mich auf seine Diskretion verlassen. Das empfinde ich fast zynisch, unter dem Aspekt, dass der Rechtsanwalt aus Berlin, der seit Jahren Mitglied des ständigen Beraterstabs des Erzbischofs von Berlin in Fragen des Umgangs mit sexuellem Missbrauch Minderjähriger und erwachsener Schutzbefohlener war, sofort wusste, wer ich war, und über meinen Fall informiert zu sein schien, als ich lediglich meinen Namen nannte. Wo war da bitte im Vorfeld die Diskretion?

Vielleicht schenke ich dem zuständigen Bischof mein Buch, und vielleicht liest er auch das Kapitel „Die Vermischung von staatlichem Rechtssystem und seelsorgerischer Begegnung oder Wie es mir gerade gefällt", und ganz vielleicht haben es die aktuellen Antragstellerinnen und Antragsteller leichter mit ihm und dem zuständigen Bistum. Wirklich daran glauben kann ich aktuell leider nicht, denn auch in dem nun doch stattfindenden innerkirchlichen Verfahren gegen den Täter hat sich zwar der Ton mir gegenüber geändert, aber die Strukturen kaum. Weiterhin alles Männer, alle neu, der Richter ist kein Jurist und wird von der Kirche bezahlt, das gleiche gilt für den „Staatsanwalt", für mich gibt es keine Akteneinsicht und im ersten Schreiben werde ich darauf hingewiesen, dass alles dauert. Das Schreiben wird auch mit *„Ihr"* Herr Vierzehn unterschrieben, als wären wir beste Kumpels ... Inzwischen entlockt es mir ein müdes Lächeln ...

Doch zurück zu 2015: Tatsächlich sollte es nun nach zehn Monaten zu einem Gespräch, einer Anhörung, einem Verhör hier bei uns in der Nähe in den Räumen von Frau N. kommen.

Ein paar Tage zuvor hatte ich schon von Herrn Zwei per E-Mail erfahren, dass er und Herr Eins wieder im Boot seien und Herr Eins Voruntersuchungsführer wäre. Von allen Männern aus dem zuständigen Bistum traute und vertraute ich Herrn Zwei am meisten. Mir gruselte nach dem Fragenkatalog etwas vor der Begegnung mit Herrn Eins, ich sah es jedoch als „kleinstes Übel" an, wenn er dabeisaß, weil der zuständige Bischof offensichtlich einem allein nicht traute. Und so wurde der Termin mit allen Beteiligten für den 10.06.2015 vereinbart.

Der scheinbare Frieden währte nur kurz. Herr Vier!, der Rechtsanwalt, der laut dem Schreiben des zuständigen Bischofs aus dem Fall abgezogen worden war, ließ die nächste kleine Bombe platzen.

Er wurde am 30.04.2015 in der lokalen Zeitung des zuständigen Bischofs zu dem Fall zitiert. Ich habe das bei der sowieso schon dünnen Eisdecke des Vertrauens als massiven Übergriff empfunden. Ich war so wund und so müde und ehrlich gesagt auch voller Angst und Anspannung wegen des Termins im Juni, dass ich seine Einmischung – mit oder ohne das Wissen des zuständigen Bischofs – als Verrat erlebte. Ich schrieb dem zuständigen Bischof am 06.05.2015:

„Guten Tag [Herr Acht],

Ihr Schreiben vom 22.04. habe ich erhalten.

Und bleibe entsetzt über den Umgang und das doppelte Spiel, das Sie treiben. Ich bin von Ihnen persönlich enttäuscht.

Sie bestätigen mir, dass Sie seit dem 10.04. den Fall an sich genommen haben und [Herr Vier!] aus dem Fall draußen ist, und trotzdem wird genau dieser Mann zu dem Fall am 30.04. in der Zeitung im [zuständigen Bistum] zitiert. Offensichtlich ist er nicht informiert, dass er dazu nichts zu sagen hat, oder er hält sich nicht daran, und Sie lassen ihn gewähren.

Er wird mit dem Satz zitiert: „Sie ist die Person, auf deren Wissen es jetzt ankommt. Sie muss zur Aufklärung beitragen!"

Ich weise ausdrücklich darauf hin, dass ich seit Monaten nichts anderes tue, als zur Aufklärung beizutragen, und dass ich NICHTS, aber auch GAR NICHTS MUSS!!! Ich habe mein Zutun mit der Anzeige bereits getan; alle, die mit mir persönlich gesprochen haben, glauben mir, ich habe unverschämte Fragenkataloge beantwortet und seit Monaten meine Bereitschaft zur weiteren Befragung signalisiert, trotz eines Umgangs aus ihrem Bistum, der jede Form von Einfühlungsvermögen und Vorsicht vermissen lässt. Und dann steht in der Zeitung: Sie muss zur Aufklärung beitragen!

Meine Geduld mit Ihnen und Ihrem Bistum ist absolut am Ende, Sie sichern mir zu, dass dieser Mensch (...) nichts mehr damit zu tun hat, und genau der darf der Zeitung ein Interview zu dem Fall geben. (...) Ich überlege ernsthaft, meine Bereitschaft sofort einzustellen, wenn Sie nicht innerhalb der nächsten Woche diesen Satz auch der Zeitung gegenüber klarstellen: Ich muss gar nichts, und ich tue seit Monaten alles, was sie von mir verlangen und ich mit meinem Gewissen vereinbaren kann.

Sie schrieben erneut, dass [Herr Vier!] draußen ist, Sie haben mir – erneut – nicht zusichern können, dass er auch informiert wurde. Das hat offensichtlich seinen Grund.

Inzwischen wurde ein Termin für die Anhörung vereinbart, das war Ihre Bedingung, die Akte – endlich – an [Herrn Eins] weiterzugeben.

Hat er die Akte erhalten?

Ich erwarte Ihre Antwort bis zum 12.05., vor allem mit der Berichtigung der Zeitung gegenüber.

Ich bleibe dabei, dass ich mich schämen würde, wenn diese Zustände und so ein Handeln unter meiner Verantwortung passieren würden.

Das ist Missbrauch mit den Missbrauchten, was im [zuständigen Bistum] passiert!

Ihnen eine gute Zeit

Luna Born"

Es war wie so oft im Vorfeld. Die Tatsache, dass Herr Vier! gemütlich weiter mitmischte und seine Wortwahl waren einfach zu viel. Ich hatte das Gefühl, ums Überleben zu kämpfen und mich nur noch wehren zu können und auch zu müssen, um nicht unterzugehen. Heute kann ich sehen, dass ich aus den Traumafolgestörungen handelte. Der zuständige Bischof hat das Schreiben nicht beantwortet und auch nicht beantworten lassen.

Und ausgerechnet an dem Tag erhielt ich auch noch eine E-Mail von Herrn Eins – dem neuen Voruntersuchungsführer, dem Kriminalbeamten im Ruhestand mit dem für mich furchtbaren Fragenkatalog. Himmel, was wollte der denn jetzt wieder von mir? Hatte ich nicht eindrücklich klar gemacht – und vom zuständigen Bischof sogar bestätigt bekommen –, dass ich Post aus dem zuständigen Bistum bitte *nur* von Herrn Zwei oder dem Bischof persönlich erhalten würde? Hatten die Männer in dem zuständigen Bistum wirklich nicht verstanden, dass mein Puls jedes Mal zu rasen begann, mir der Schweiß lief und ich Magenbeschwerden bekam, wenn die anderen sich meldeten? Selbst bei Herrn Zwei gab es Momente, in denen ich nicht sofort die Post öffnen konnte, obwohl er der Mensch war, dem ich am meisten vertraute. Herr Eins schrieb:

„Sehr geehrte Frau Born,

(…) Ich kann Ihnen nunmehr sagen, dass ich am Montag vom Bischof persönlich die Akten zum Untersuchungsverfahren erhalten habe und als alleiniger Untersuchungsführer eingesetzt bin.

Daneben ist [Herr Zwei], mit dem ich sehr eng und vertrauensvoll zusammenarbeite, ihr Ansprechpartner.

Sie haben in früheren E-Mails die Frage aufgeworfen, welche Zeugen befragt worden seien.

Da ich die Akte jetzt vorliegen habe, kann ich Ihnen mitteilen, dass ich selbst am 08.11.2014 Herrn [Pfarrer Nicht-Täter] befragt habe, der von [Pfarrer Täter] benannt worden war.

Darüber hinaus sind weder von mir noch von anderen Personen Zeugen befragt worden.

Alle inhaltlichen Angaben würde ich gerne mit Ihnen persönlich besprechen.

Für Rückfragen stehe ich Ihnen jederzeit gern zur Verfügung. Sie können mich auch fernmündlich unter der Mobilnummer [...] ansprechen. Ich würde es sehr begrüßen, wenn wir vor einem Treffen in [nicht zuständiges Bistum] zumindest einmal fernmündlich miteinander sprechen könnten.

Mit freundlichen Grüßen

[Herr Eins]"

Wenn ich die Nachricht heute lese, war sie freundlich geschrieben, er wollte mir wahrscheinlich – endlich – Auskunft über die gehörten Zeugen geben. Aber für mich völlig unverständlich blieb der Wunsch, mit mir vorab zu sprechen. Ich hatte von meiner Seite so klar formuliert, dass ich eine Befragung bei meinem damaligen seelischen Zustand nur aushalten würde, wenn Herr Zwei sie durchführen würde. Seine Stimme kannte ich wenigstens schon, und ich hatte auch gar keine Kraft mehr, mich schon wieder vorab mit einer weiteren Person vertraut machen zu müssen.

Wenn der zuständige Bischof unbedingt einen weiteren Mann entsenden wollte und Herr Zwei Herrn Eins vertraute, dann sollte dieser von mir aus dabeisitzen, aber warum sollte ich jetzt auch noch wieder vorab mit ihm telefonieren? Und wieder kam es in der Mail zu der Aussage, er sei nun Untersuchungsführer und eben nicht Voruntersuchungsführer. Ich schließe nicht aus, dass ich zur damaligen Zeit nur noch mit offen hingehaltenen Handschuhen durch die Welt gerannt bin. Ich war so wund – und dann erreichte mich die Nachricht genau an dem Tag, als Herr Vier! in der Zeitung schreiben ließ, ich müsse mitarbeiten. Es war einfach zu viel!

Ich schaute meine E-Mails erneut durch, ob ich irgendwo überlesen hatte, dass Herr Zwei die Befragung nicht durchführen würde, fand aber eher Bestätigungen, dass auf die von mir genannten Grundvoraussetzungen gerne eingegangen werden würde. So hatte Herr Zwei am 13.04.2015 zum Beispiel geschrieben:

*„(...) es ist **höchste** Zeit, auf Sie und Ihr Gesprächsangebot einzugehen (...).“*

Oder am 18.04.2015:

*„(...) Entscheidend ist, dass wir – [Herr Eins] und ich – nun ganz offiziell mit Ihnen und [Frau N.] direkt sprechen und klären können, wie wir in guter Weise, d.h. in **einer Weise, die für Sie vertretbar ist, miteinander sprechen** (...)“ [Hervorhebungen d. Autorin]*

Oder wenige Tage zuvor an Frau N.:

*„Bei aller Skepsis deute ich das Vorgehen so, dass endlich das ‚Heft des Handelns‘ bei [Herrn Eins] und bei mir liegt und dass wir – Frau Born, Sie, und wir beiden Männer aus dem[zuständigen Bistum] – klären können, **wie ein Gespräch (...) möglich ist und dann auch geführt wird, dass es Frau Born wirklich zumutbar ist.“** [Hervorhebung d. Autorin]*

Ich verstand das alles nicht, und irgendwie zerbrach an dem Tag etwas in mir. Meine Antwort noch in der gleichen Nacht an Herrn Eins war wütend; erneut mein Schutz, um nicht zusammenzubrechen.

„Guten Abend [Herr Eins],

ich habe lange um einen Ansprechpartner gekämpft und bin sehr überrascht, dass das jetzt erneut nicht respektiert wird.

Muss ich wirklich für jeden aus dem zuständigen Bistum meinen E-Mail-Account sperren lassen? (…)

Es ist auch von Ihnen persönlich enttäuschend, dass Sie es nicht für nötig erachtet haben, mich über [Herrn Zwei] zu informieren, ich hätte Ihnen im Vorfeld sagen können, dass ich vor Jahren mit dem genannten [Pfarrer Nicht-Täter] über den stattgefundenen Missbrauch gesprochen habe. Seit Wochen frage ich über [Herrn Zwei] nach, wer die Zeugen waren, Sie hätten es wissen können und müssen, wenn Sie selbst die Befragung durchgeführt haben. Und dazu soll ich Vertrauen haben?

Alles, was Sie mir geschrieben haben, hätte auch [Herr Zwei] schreiben können, und ich bitte – letztmalig – darum, endlich zu respektieren, dass ich keine andere Post aus dem [zuständigen Bistum] erhalten will.

Ich habe dem Bischof bereits geschrieben, dass ich ernsthaft überlege, meine unglaubliche Bereitschaft zur Aufklärung umgehend auf null zu fahren, wenn das so weitergeht. Ich habe weit mehr für das [zuständige Bistum] getan, als ich hätte tun müssen und als mir guttut; seitdem der Termin steht, geht es mir nicht gut, und ich fühle mich allein gelassen in dem Prozess. Wen interessiert das eigentlich?

Alle glauben mir, keiner hat Zweifel, das Ziel des Gespräches scheint doch nur eine Chance für das [zuständige Bistum] zu sein, den Fall abzuschließen, ohne das Gesicht zu verlieren. Nennen Sie mir einen Grund, warum ich dem [zuständigen Bistum] diese Chance einräumen soll oder gar muss, wie es in der Zeitung steht. NEIN! Sie können mich höflich bitten, und ich kann sagen, unter welchen Umständen, das habe ich klar [Herrn Zwei] mitgeteilt: im [nicht zuständigem Bistum], er stellt die Fragen; da der Bischof [Herrn Zwei] nicht traut, müssen Sie wohl hinten mit drinsitzen, keiner sonst aus dem zuständigen Bistum, [Frau N.], und ich bringe mit, wen ich brauche, ist das nicht klar?

Der Täter setzt sich zur Ruhe, ich bin anerkannt, meinen Sie im Ernst, dass ich unter diesen Umständen, dass immer noch nicht respektiert wird, dass ich nur einen Ansprechpartner möchte, dass Zeugen befragt werden und mein Name genannt wird, dass in der Zeitung [Herr Vier!] zitiert wird mit den Worten, ich müsse mitarbeiten, irgendwie über meine Kräfte weitermachen werde? Keinem von Ihnen ist wirklich klar, was es heißt, missbraucht worden zu sein, über Jahre, keiner von Ihnen ist wirklich in der Lage, sich vorzustellen, was es heißt, ständig, seit Monaten mit dem Thema konfrontiert zu werden, ausgefragt zu werden, nachts nicht zu schlafen. (...) Und ich war sehr bereit, alles zu tun, damit im [zuständigen Bistum] opferfreundlicher gearbeitet werden kann, und jetzt komme ich mit großen Schritten an den Punkt, dass ich einfach nicht mehr kann! Hat in den letzten Monaten einer aus dem [zuständigen Bistum] mal gefragt, wie es mir geht?

Überlegen Sie sich, ob Sie so weitermachen wollen, so mache ich nicht weiter, und mein Vertrauen schwindet. Ich fühle mich vor den Karren gespannt, an die Front gestellt, um Dinge zu klären und durchzubringen, mit denen ich nichts zu tun habe! Wie viele Ausbildungen haben Sie für den Umgang mit sexuell missbrauchten Frauen?

Ich frage mich wirklich, warum Sie Ihre Fragen nicht schriftlich schicken, wissen Sie, es ist die dritte Befragung, die ich überstehen muss, denn ihren eigenartigen Fragenkatalog habe ich auch artig ausgefüllt und mit [Frau N.] besprochen. Wer sagt mir eigentlich, dass Sie nach der dritten Befragung nicht mit der Anweisung kommen, mich ein viertes Mal befragen zu müssen, weil der Täter sich immer noch nicht daran erinnert?

Dann steht es weiter Aussage gegen Aussage, und dann? Sie selbst haben mir schriftlich mitgeteilt, dass Sie keinen Zweifel an meinen Aussagen haben, dann stehen Sie auch dazu! Alle sagen mir, dass sie mir glauben, und lassen dann zu, dass das Untersuchungsverfahren – allein das Wort – so läuft! Das ist feige! Und unterstützt das System, das im [zuständigen Bistum] herrscht. Ich mache da nicht mehr mit.

Ich habe es dem Bischof schon geschrieben: Es ist Missbrauch mit den Missbrauchten!

Keine Post von Ihnen, das habe ich schon vor Monaten geschrieben! Sicher-
lich können Sie das Verfahren ja einstellen aus mangelnder Mitarbeit, dann
hätte ich das gerne schriftlich mit genau der Begründung, die Presse wartet
nur darauf – auch die aus dem [zuständigen Bistum]. Der Vorwurf nach den
letzten zehn Monaten, das ist sogar mir klar, wäre einfach nur vorgeschoben!
Vor zehn Monaten habe ich den Mut gehabt, den Missbrauch anzuzeigen, das
Erste, was ich [Frau N.] damals gefragt habe, war, ob ich vor einer Kommission
– möglichst aus fremden Männern – aussagen werden muss, dann hätte ich
den Antrag nicht gestellt. Ich wusste nichts von der finanziellen Anerkennung,
als ich beschloss, Verantwortung zu übernehmen, damit das aufhört. Es ist seit
Monaten an [dem zuständigen Bistum], diese Verantwortung zu übernehmen,
und ich gebe sie hiermit ab.

Mein Part ist mehr als genügend getan! Wenn Sie möchten, dass ich weiter mit-
arbeite, dann gehen Sie vorsichtiger mit mir um! Und respektieren Sie die für
mich notwendigen Grenzen. Ich werde sicher nicht mit Ihnen telefonieren, nicht
vor dem Verhör und auch nicht danach!

Luna Born"

Heute, ein paar Jahre später, kann ich meine damalige Not und auch die Wut
immer noch spüren. Ich zittere am ganzen Körper und ich habe Bauchschmerzen,
wie damals. Es ist mir völlig unverständlich, an welchem Punkt entschieden worden war, dass Herr Eins die Befragung durchführen würde. Mir wurde das nicht
mitgeteilt. Und auch die Frage, wie viele Anhörungen denn dann noch kommen
würden, blieb offen. Ich hatte auch keine Entschuldigung für seinen ersten Fragebogen gehört, den ich wirklich übergriffig fand und finde. Zwei Tage später erhielt
ich dann die weiter oben bereits zitierte E-Mail von Herrn Zwei, in der er schrieb,
er würde als meine Ansprechperson das Gespräch mit mir nicht führen, weil er
Klarheit in den Rollen wolle und eine Rollenvermischung sehe, wenn er Ansprechperson und zugleich Gesprächspartner sei.

Ganz ehrlich, mir kommen heute noch die Tränen, wenn ich das lese. Das
Gespräch wurde vom betroffenen Bistum abgesagt, weil meine einzige Bitte, von
dem Menschen aus dem zuständigen Bistum, dem ich in der Zeit am meisten
vertraute, befragt zu werden, plötzlich – wie aus dem Nichts – nicht mehr respektiert werden konnte. Aus Rollenvermischungsgründen!

Ich konnte es nicht fassen, und es fällt mir auch heute noch schwer. Ein einziger Wunsch, und der sollte nach den vielen Zusagen nicht erfüllbar sein? Rollen-

vermischung? Ausgerechnet nachdem das zuständige Bistum seine Rollen als Bischof und Richter, als Ansprechpartner und Nicht-Zuständiger, als seelsorgerisches Szenario und formaljuristisches Verfahren so oft vermischt hatte, wie es gerade für sie passte? Und das von dem Mann, dem ich seit Monaten so weit vertraute, dass ich zuließ, mich von ihm befragen zu lassen.

Der dem Bischof geschrieben hatte, dass es ein großes Zugeständnis meinerseits sei, mich überhaupt erneut und dann bei der Geschichte von einem Mann befragen zu lassen. Ich kannte und kenne keinen der vielen Männer persönlich. Ich hatte mich etwas an diese Stimme gewöhnt und konnte mich daran „festhalten“. Aber das schien plötzlich nicht mehr wichtig.

So fand dann die Anhörung, das Gespräch, die Vernehmung oder was auch immer nicht statt. Die Unterlagen, so wurde mir freundlicherweise noch mitgeteilt, wurden ausgewertet und an die Glaubenskongregation in Rom geschickt. Am 05.11.2015 erhielt ich erneut Post vom zuständigen Bischof:

„Die Glaubenskongregation hat die Untersuchungsakte intensiv geprüft und ist zu der Auffassung gelangt, die Verjährung nicht aufzuheben und auch keinen Strafprozess anzuordnen, sondern vielmehr das Verfahren gegen [Pfarrer Täter] einzustellen.

Die Kongregation geht in der Begründung davon aus, dass Sie in Ihrer Kindheit Opfer eines sexuellen Missbrauchs geworden sind. (...) Die Glaubenskongregation stellt jedoch auch fest, dass die Beweislage unklar bleibt. Dabei kommt jener rechtsstaatliche Grundsatz zum Tragen, der da lautet: Im Zweifel für den Beschuldigten. Auf Grundlage des vorliegenden Beweismaterials ist nach Auffassung der Kongregation eine Ermittlung des Täters nicht rechtssicher möglich.“

Kein Wort des Bedauerns oder der Anteilnahme. Ich habe mich auch gefragt, was er damit andeuten wollte, wer denn den Missbrauch durchgeführt haben sollte, der Postbote oder der Gärtner? Und wieso konnte mir die Kongregation nicht selbst schreiben? Was hatten die wirklich geschrieben?

Ein trauriges vorläufiges Finale mit dem zuständigen Bistum.

Und ehrlich, erst alles dafür tun, damit letztendlich der Sachverhalt nicht richtig aufgeklärt werden kann, und das dann als Begründung angeben, warum das Verfahren eingestellt werden muss, ist das klassische Beispiel für die Umkehr der Schuldfrage.

„Franziskus wiederholt zwar oft,
er sei ein Sünder.
Aber die Idee einer sündhaften Kirche
war bisher nicht vorgesehen –
und das hat auf viele Kleriker abgefärbt.“

Aus: DIE ZEIT, 9/2019 vom 21.02.2019, S. 48; „Das Warten auf Reue“,
von Evelyn Finger

Hintergrundwissen:
Verdrehung des SchuldPfeils

Ich finde Frau Finger hat mir Ihrer Aussage recht, und das Abfärben dieser Vorstellung verleitet unter anderem auch zur Umkehr des *SchuldPfeils*.

„Wieso hattest du auch immer so eine süße rote, kurze Hose an!"
Dieser Satz des Täters ist ein Paradebeispiel für die Verdrehung der Schuldfrage, oder, in meinem eigenen Bild, des *SchuldPfeils*. Dieses Vorgehen ist mir in meinen Erfahrungen mit der römisch-katholischen Kirche immer wieder begegnet. Ich vermute heute, dass dieses Muster schon sehr früh bei mir in die Öse „Ich bin falsch, ich bin schuld" einhakte. Meine unwillkürlichen Reaktionen und das Nicht-Erkennen des Musters machen mir deutlich, wie tief und wie unbewusst dieser Gedanke in mir steckte.

Im Alltag erlebe ich immer wieder ähnliche Situationen: Ich laufe zum Beispiel häufig auf dem schmalen ungepflasterten Trampelpfad, der als Fußgänger-Uferweg unseres Flüsschens ausgewiesen ist, meine Runde. Ein paar Mal ist mir eine Frau auf dem Rad entgegengekommen, ihr Hund läuft immer hinter ihr her. Auf der anderen Uferseite ist der Weg extra für die Radfahrer breiter ausgebaut und geteert, so müssten wir uns eigentlich nicht in die Quere kommen. Nachdem ich ihr mehrfach ins nasse Gras ausgewichen war, bat ich sie – wirklich freundlich –, ob sie bitte mit ihrem Rad auf der anderen Uferseite fahren könne, der sei dafür vorgesehen. Ich hatte noch nicht ausgesprochen, als die Frau völlig ausrastete, mich anschrie, mich beschimpfte und meinte, ihr Hund sei noch ein Baby, das würde ich ja wohl sehen. Der Hund hatte ein Stockmaß von etwa 60 cm, und ich kenne mich mit Hunden nicht wirklich aus. Ein Kind würde ich ja wohl auch nicht so rüde behandeln, ich sei eine blöde Kuh und eine Gans, so schrie die Frau weiter.

Da sie in meine mir noch unbewusste Öse einhakte, wich ich sofort zurück, entschuldigte mich und schlich davon. Aber irgendetwas kam mir schon komisch vor. Ich kannte solche Begegnungen inzwischen so oft, und jedes Mal fühlte es sich irgendwie verdreht an. Ich liebe es, wenn ich eine Spur habe, der ich nachgehen kann – wir nennen es gerne: am Faden ziehen –, und so blieb ich beim Laufen an dem Gefühl „irgendwie verdreht" dran. Und diese so offensichtlich überzogene Reaktion und diese Verdrehung der „Schuld" war wie ein letztes kleines Puzzlestück, welches mir gefehlt hatte, um das Muster zu verstehen. Ich konnte es förmlich vor mir sehen: Ich sendete den roten Pfeil der „Schuld" an die Radfahrerin, und statt ihn anzunehmen oder ruhig an sich vorbeigehen zu lassen, drehte sie ihn einfach um. Nun war ich die blöde Kuh, die zu doof war zu erkennen, dass ihr Hund noch ein Baby war und sie damit natürlich mit dem Rad auf dieser Seite des Flüsschens fahren musste und durfte.

Es war so offensichtlich, dass ich laut lachen musste. Und wie kleine Sternschnuppen fielen mir all die Situationen wieder ein, die sich verdreht und komisch angefühlt hatten, gerade im Zusammenhang mit meiner Missbrauchsanzeige. Zum Beispiel:

a.) Der Täter, der den **SchuldPfeil** schneller auf mich zurückgedreht hatte, als ich denken konnte: „Wieso hattest du auch immer so eine süße rote, kurze Hose an …!"

b.) Die Herren des zuständigen Bistums, als Frau N. mir den katastrophalen Fragebogen zugeschickt hatte: Das hätte sie nicht tun sollen, statt: Ja, die Fragen waren wohl wirklich ungünstig formuliert.

c.) Meine Antworten auf den Fragebogen waren zu wütend, als dass sie hätten ausgewertet werden können. Natürlich, meine Antworten waren falsch und nicht die Fragen!

d.) Der zuständige Bischof, der mir schrieb, es wäre zu diesen Verwirrungen gekommen, weil mir im Vorfeld voreilig mitgeteilt worden sei, ich sei glaubwürdig.

e.) Herr Vier!, der immer wieder den **SchuldPfeil** von sich wegdrehte, indem er sogar behauptete, das Handeln der Koordinationsstelle in Bonn sei schuld gewesen.

f.) Und letztendlich die Entscheidung aus Rom: Die Beweislage sei zu dünn – dabei hat das zuständige Bistum selbst die Beweisaufnahme eingestellt.

g.) Ganz aktuell das Schreiben des zuständigen Bischofs an die Glaubenskongregation vom 09.04.2019: Demnach wurde das Verfahren gegen den Täter 2015 eingestellt, weil meine Psyche so labil gewesen sei, dass ich nicht weiter hätte befragt werden können.

h.) Oder noch aktueller aus seiner E-Mail vom 27.06.2019: der Hinweis des innerkirchlichen „Richters" Herr Vierzehn, dass, wenn ich die Vertuschung und Verschleppung durch den zuständigen Bischof an die entsprechenden Stellen melden würde, es sein könnte, dass das Verfahren gegen den Täter ruhen müsste. Die Logik erschließt sich mir nur durch die dauernde Rollenvermischung und durch das Umdrehen des *SchuldPfeils*.

Das sind ja nur ein paar Beispiele. Es war wie eine Befreiung, dieses innere Bild des *SchuldPfeils* zur Verfügung zu haben und meiner eigenen Verwirrung damit etwas entgegensetzen zu können.

Zurück zum Ufer des Flüsschens: Ich bin mir gar nicht sicher, ob ich nicht auch ein Kind auf dem Rad freundlich gebeten hätte, das andere Ufer zu nehmen, aber das spielt hier keine Rolle, denn hier saß nicht der Hund auf dem Rad, und ich hatte ja nicht ihn freundlich angesprochen, sondern die radfahrende Frau. Das Argument, ich sei eine blöde Kuh und könne die Logik nicht erkennen, dass sie dort Rad fahren dürfe, weil ihr Hund ein Baby sei, ist eine klassische *SchuldPfeil*-Verdrehung. An diesem banalen Beispiel konnte ich endlich das Muster erkennen und dann auch auf die vielen sich verdreht anfühlenden anderen Situationen anwenden.

Ich halte es heute für eines der wesentlichen Strukturprobleme der römisch-katholischen Kirche im Zusammenhang mit der Aufarbeitung und dem Umgang mit Missbrauchsopfern beziehungsweise Betroffenen. Neben dem „energetischem Schulterzucken" ist die „Verdrehung des *SchuldPfeils*" eine sehr wirkungsvolle Möglichkeit, keine Verantwortung für Fehlverhalten zu übernehmen, und sie ist noch etwas perfider, weil sie in die sicher oft vorhandenen Ösen einhakt, wir seien schuld und verantwortlich, für das, was passiert ist.

Der aktuelle Verlauf und der Hinweis von Herrn Vierzehn machen mir deutlich, dass dieses Muster auch nach so vielen Jahren noch nicht erkannt und verändert wurde.

„Das letzte Wort aber haben die Katholikinnen und Katholiken. Sie müssen darüber befinden, ob sie sich in dieser Kirche noch zu Hause fühlen. Sie sind am Ende das Maß aller Dinge, an dem sich die Bischöfe werden messen müssen."

Leitartikel aus der Badischen Zeitung vom 29.03.2019, S. 4, von Sebastian Kaiser

Das vorläufige Happy End

oder
Mehr Träume, als die katholische Kirche zerstören kann

Das vorläufige Finale mit dem zuständigen Bistum und auch die lapidare Antwort aus Rom trafen mich tief. Was hatte ich jetzt mit dem Antrag erreicht? Mit all dem Kampf, der mich fast meine Gesundheit gekostet hätte? Der Täter war in allen Ehren zur Ruhe gesetzt worden, mit meinen Vorwürfen habe das nichts zu tun, so ließ es das zuständige Bistum offiziell verkünden.

War und ist es wirklich meine Verantwortung, dafür Sorge zu tragen, dass der Täter zur Rechenschaft gezogen wird? Konnte ich als einzelne Frau, innerlich immer noch verletzt und gefühlt wund am ganzen Körper, gegen die Institution Kirche so einen Kampf gewinnen?

Und zu welchem Preis?

Ich zog mich zurück, malte und schrieb meine Texte. Ich ließ mich weiter professionell unterstützen und kam langsam zur Ruhe. Ich begann, die Texte und die Bilder zusammenzufassen, und es entstand der Wunsch, ein Buch daraus zu machen. Ich schrieb das Manuskript mit der Hand, ich fotografierte die Bilder und klebte Abzüge zu den Texten und sicherte *Nichts*! Der Inhalt war opferbezogen und oft traurig und einsam. Als ich nach Monaten das Original verlor und es nie wiederfand, erreichte das Leid einen weiteren Tiefpunkt.

Es schien zum Verzweifeln mit diesem Thema und diesem Teil meiner Geschichte. Wie konnte ein ganzes Manuskript einfach verschwinden? Egal was ich tat und wo ich auch suchte und immer und immer wieder hinfuhr und fragte, es blieb und bleibt verschwunden.

Das Buch wäre kein Glücksroman geworden, keine Liebesgeschichte an mich und mein Leben!

Heute kann ich sagen: Dem Himmel sei Dank: Es ist weg!

Es schien damals mal wieder nur zwei Möglichkeiten zu geben: Ich konnte mich im Opfersein verlieren oder all meinen Mut zusammennehmen und mich selbst fragen, was das zu bedeuten hatte und welche Chance darin für mich lag.

Treu meiner inneren Stimme folgend, fing ich an, das Verschwinden des Manuskriptes von einem anderen Standpunkt aus zu betrachten. Was, wenn es genau das Richtige war, dass es nicht mehr auftauchte? Vielleicht sollte ich gar kein Buch schreiben? Oder ich sollte eins über ein völlig anderes Thema schreiben? Aber ich hatte und habe doch so viel zu dem Thema zu sagen!

Ich beschloss, mich meiner Geschichte noch einmal ganz neu zu stellen. Ich wusste, dass ich mich, wenn ich diesen Spießrutenlauf der letzten Monate lebend überstanden hatte, auch dem eigentlichen Trauma offener und tiefer zuwenden konnte, ohne Gefahr zu laufen, daran kaputt zu gehen.

Ich wechselte die professionelle Unterstützung – Herr Vier! des zuständigen Bistums wäre sicher sehr zufrieden mit mir gewesen – und begann – sehr erfolgreich – mit einer Traumatherapie.

Ganz allmählich und schleichend – so, wie das Trauma in meiner Kindheit begann – bekam ich wieder Boden unter den Füßen. Ich konnte meine Resilienz, meine innere Kraft und Stärke wahrnehmen und gleichzeitig besser mit meiner Verletzlichkeit leben. Ich wurde weicher und klarer und ehrlicher – auch mir selbst gegenüber.

Und das tiefe Gefühl und die Sehnsucht, ein Buch zu schreiben, wuchs!

Wie so oft kam die Erkenntnis über Nacht: Ja, ich werde ein Buch schreiben, ein Buch, das den erlebten Missbrauch zum Inhalt hat, aber aus der neuen Perspektive. Denn es macht mir keinen Spaß, und ich finde es auch nicht so spannend, darüber zu schreiben, was genau mir als Kind und später als Frau passiert ist. Wer will das auch schon gerne lesen? Und was würde es am Geschehenen ändern?

Den erlebten Missbrauch durch den Täter selbst kann ich nicht ungeschehen machen, auch die Tatsachen, dass ich das mit meiner Geschichte im Hintergrund über Jahre geduldet habe und bis heute körperliche und seelische Reaktionen spüre, wenn bestimmte Erinnerungen getriggert werden, lässt sich gerade nicht ändern, auch wenn ich gelernt habe, in vielen Situationen besser damit umzugehen. Nicht indem ich mich weiter hinter Wut, Verzweiflung oder Depression verstecke, sondern indem ich die Gefühle und die Reaktionen zulasse. Indem ich akzeptiere, dass ich diese Ösen um mich herum verteilt habe und verteile, dass ich offene Handschuhe hinhalte und damit verletzlich bin. Ich habe gelernt, mich mit diesen Folgestörungen anzunehmen und mich und mein Leben damit zu würdigen.

Manchmal nachts, zum Beispiel, klopft die Angst an und ich liege wach und wälze schwarze Gedanken, noch so im Dämmerzustand und nicht richtig bewusst bin ich im Widerstand mit dem Zustand. Doch wenn mir klarer wird, was sich da meldet, dann gelingt es mir oft mit der Angst, der Panik zu reden. Dann spreche ich sie direkt an: „Ah, du bist es wieder. Du willst nochmal gehört werden. Dann lass ich Dich jetzt rein und ich öffne Dir die Tür …" Und oft schlaf ich schon wieder ein, während ich innerlich noch das große Tor öffne und keinen Widerstand mehr leiste. Was für ein Geschenk.

Oder neulich morgens zum Beispiel war ich bei uns im lokalen Biomarkt einkaufen und traf auf eine Frau, der ich seit Jahren lieber aus dem Weg gehe. Sie arbeitet in dem Laden, und vor vielen Jahren waren wir ziemlich gute Freundinnen. Leider verhakten wir uns mit den Ösen und den Haken und waren uns dessen wenig bewusst, sodass es schien, als täten wir uns nicht mehr gut.

Aber heute Morgen konnte ich plötzlich sehen, welche Ösen ich damals alle um mich herum ausgebreitet hatte, in die sie mit ihrer Geschichte, mit ihren Ängsten und Sorgen einhakte. Und es tat mir leid, dass ich das damals noch nicht sehen konnte und es dann so kam, wie es gelaufen ist. Heute, nachdem ich so viel über mich und meine Traumafolgestörungen erfahren hatte und auch noch durch dieses Buch gekommen bin, konnte ich frei auf sie zugehen und ihr sagen, dass ich mich damals zwar sehr über ihr Verhalten geärgert hätte, aber heute sehen könne, dass sie leider genau meine wunden Punkte erwischt hatte. Sicher hätte ich aus der Verletzung reagiert und nicht aus dem freien Bewusstsein. Und das täte mir leid.

Ich mag sie wirklich, und ich bin froh, dass sie genau das gleiche für und über sich sagen konnte. Mehr Worte bedurfte es nicht. Und das ist eine weitere Glücksbotschaft, denn nun gibt es einen Menschen mehr, dem ich lieber begegne, als ihm aus dem Weg zu gehen!

Was für ein großes *KleinesWunder*.

Zurück zu dem sicheren Gefühl, ein Buch zum Thema Missbrauch in und durch die römisch-katholische Kirche schreiben zu wollen und fast zu müssen. Was kann ich denn heute ändern, wenn ich den Missbrauch an sich nicht und die Folgestörungen nur bedingt ändern kann? Wo liegt denn heute der Hund begraben, und wo liegen die Möglichkeiten? Ich kann versuchen zu verhindern, dass der Missbrauch so systematisch weitergetrieben wird. Was daran ist denn systematisch? Und wie viel von dem „System" und den „Systemstrukturen" waren mitverantwortlich für die Erlebnisse mit dem zuständigen Bistum?

Indem ich genau das darlege und an dem Erlebten sozusagen „live aufhänge", lässt sich mithilfe des Buches heute hoffentlich erreichen, dass die Fortsetzung des Missbrauchs durch die römisch-katholische Kirche zum Beispiel durch Vertuschung oder durch Wegschauen oder durch das Ablehnen von Verantwortung aufhört. Ich kann einen Beitrag dazu leisten, dass das *jetzige* Fehlverhalten aufgedeckt wird und dass hingeschaut wird. Ich kann heute etwas tun, damit der Wahnsinn irgendwann hoffentlich ein Ende findet. Gerade weil die Reden vom Papst zu dem Thema nicht besonders ermutigend sind und die tatsächlichen Aktionen und die Umsetzung durch die Deutsche Bischofskonferenz noch trauriger stimmen, ist es wichtig, Details des „Missbrauchs mit den Missbrauchten" zu veröffentlichen, und zwar jetzt! Und vielleicht kann ich dazu beitragen, dass immer mehr Katholikinnen und Katholiken ernsthaft darüber nachdenken, ob sie sich in dieser Kirche noch zu Hause fühlen, wie es Sebastian Kaiser in seinem oben zitierten Leitartikel erwähnt hat.

Und das ist neben den vielen *KleinenWundern*, die sich sozusagen am Wegesrand glücksbringend abspielen, das versprochene Happy End der Geschichte. Dass ich trotz des erlebten Missbrauchs und völlig unabhängig davon, ob mir das zuständige Bistum glaubt oder nicht, hier sitze und diesen Traum des eigenen Buches so umsetze, dass es sich richtig und stimmig und gewinnbringend im Sinne von zielführend und hilfreich und unterstützend anfühlt. Voller Dankbarkeit nehme ich meine eigene Kreativität wahr, die Ideen und das Purzeln der Gedanken, die sich wie fast mühelos realisieren lassen, die neuen und plötzlichen Kontakte, die aus dem Nichts zu kommen scheinen, um mich bei der Umsetzung zu unterstützen.

Wenn das kein Happy End ist, oder: Ich habe mehr Träume und erfülle sie, als die römisch-katholische Kirche zerstören kann!

„Rücktritt nach Vorwurf

Weil er eine deutsche Nonne während der Beichte massiv bedrängt
haben soll, hat ein hochrangiger Vertreter des Vatikans sein
Amt niedergelegt. (…) Er war einer von drei Büroleitern der
Glaubenskongregation, die unter anderem für die Untersuchung von
sexuellem Missbrauch durch Geistliche zuständig ist."

U.a. aus der Badischen Zeitung vom 30.01.2019, unter „kurz gemeldet"

Der aktuelle Stand

oder
Das kann ja wohl nicht wahr sein
oder
Der Fisch stinkt doch vom Kopf her
oder
Und noch eine Glücksbotschaft

Für meine Buchrecherche lese ich intensiv Zeitung. Ich will genau mitbekommen, was von dem Thema in der Presse aufgegriffen wird und vor allem wie. Was passiert wirklich, oder bleiben das alles nur leere Worte? Es entstand die Idee, einzelnen Kapiteln einen kleinen Zeitungsartikel vorauszusetzen, um die Aktualität des Buchinhaltes zu unterstreichen und um das Motto des nächsten Kapitels deutlich zu machen.

Und so stieß ich auf die oben zitierten Zeilen. Ich war sofort hellwach. Wenn das stimmte, dass sogar in der entscheidenden Glaubenskongregation Männer saßen – und vielleicht noch sitzen –, die sexuell übergriffig waren – und es vielleicht noch sind –, dann war es kein Wunder, dass wir es als Anzeigende so schwer haben. Das ist Befangenheit im eigentlichen Sinne. Ich habe ja schon auf die Strukturproblematik der Paralleljustiz hingewiesen. Aber konnte es wirklich sein, dass das seit Jahren so praktiziert wurde? Sogar die römisch-katholische Kirche muss doch in diesem Fall die Befangenheit und die Unfreiheit der Entscheidungsträger sehen!

Mein Kriegerinnen-Geist meldete sich wieder. Ich wollte es wissen! Daher stellte ich einen Antrag auf Wiederaufnahme des Verfahrens wegen Befangenheit der Entscheidenden und berief mich auf die oben genannte Nachricht.

Ich schickte den Antrag an den Vorsitzenden der Deutschen Bischofskonferenz, Herrn Elf, an den Sonderbeauftragten, Herrn Sieben, und an den zuständigen Bischof, Herrn Acht, und nach Rom.

Aus Rom habe ich bis heute keine Antwort.

Der Vorsitzende, Herr Elf, ließ seinen Sekretär, Herrn Zwölf, nachfragen, ob ich mit der Weitergabe des Antrags einverstanden wäre – verstehe ich bis heute nicht, die Frage –, und gab den Hinweis, es würde dauern!

Der Sonderbeauftragte, Herr Sieben, ließ Frau Vier antworten, sie sei wieder nicht zuständig, sie würde viele Nachrichten erhalten seit der MHG-Studie, seitdem würden ihr die Worte fehlen und natürlich: Es würde Zeit in Anspruch nehmen.

Der zuständige Bischof, Herr Acht, ließ Frau Drei antworten: *„(...) meiner Bitte gemäß würde die Glaubenskongregation ersucht werden, die Unterlagen neu zu überprüfen."*

Das war ein echter Fortschritt, so dachte ich noch, und ich verfasste umgehend am 27.03.2019 ein Anschreiben an die Kongregation:

„Sehr geehrte Mitglieder der Glaubenskongregation,

heute erreichte mich das Schreiben des [zuständigen Bischofs], dass Ihnen meine Unterlagen erneut vorgelegt werden, da der Verdacht der Befangenheit gegen einen damals tätigen deutschsprachigen Mitarbeiter der Kongregation besteht. Das Mitglied wird beschuldigt, selbst sexuell übergriffig tätig gewesen zu sein.

Mit einem Schreiben vom 05.11.2015 teilte mir [Herr Acht], aus [dem zuständigen Bistum], damals mit, die Glaubenskongregation gehe in der Begründung davon aus, dass ich in meiner Kindheit Opfer eines sexuellen Missbrauchs geworden sei. Die Kongregation stelle jedoch auch fest, dass die Beweislage unklar geblieben sei. Auf Grundlage des vorliegenden Beweismaterials sei eine Ermittlung des Täters nicht rechtssicher möglich.

Erlauben Sie mir bitte, auf zwei Dinge hinzuweisen:

1.) Alle Menschen, die direkt damals mit mir gesprochen haben, namentlich unter anderem [Frau N.] aus dem [nicht zuständigen Bistum], [Herr Eins], [Herr Zwei], [Herr Drei] – alles Männer des [zuständigen Bistums] – ebenso wie die Koordinationsstelle in Bonn, haben mir ohne Zweifel geglaubt. Laut der Stellungnahme des Psychologen [Herrn Drei] des [zuständigen Bistums] wurde meine Glaubwürdigkeit bestätigt. Mir liegen mehrere Schriftstücke vor, die meine Aussage hier beweisen.

2.) Ich wurde vom [zuständigen Bistum] über 20 Mal aufgefordert, mitzuarbeiten, mal als Bitte, mal als ‚eindrücklichen Appell' oder auch als Zitat in der dortigen Lokalzeitung zu lesen: ‚Sie muss zur Aufklärung beitragen.' Es könnte der Eindruck entstehen, ich hätte mich geweigert, weiter auszusagen. Nach erneu-

ter Durchsicht der Unterlagen habe ich aber über 30 Mal zugesagt, auszusagen, weiter mitzuarbeiten und mein Erinnerungswissen zur Verfügung zu stellen. Ich hatte mehrfach schriftlich zum Beispiel Details des Geschlechtsteils des Täters beschrieben, mit der Bitte der Überprüfung. Leider ist das meines Wissens nach nie geschehen. Warum? Und das bei einer Zeugenaussage der einzigen Zeugin. Und obwohl ich so oft meine weitere Mitarbeit bestätigt hatte und zugesagt hatte, dass ich aussagen würde, kam es nie dazu. Warum?

Als dann für Juni 2015 – endlich – ein Termin festgelegt worden war, hat das [zuständige Bistum] (!) diesen Termin abgesagt.

Zusammenfassend möchte ich Sie daher bitten, sollten Sie erneut wirklich zu der Überzeugung kommen, dass die Sachlage nicht ausreicht, diese auch korrekt aufklären zu lassen.

Ich befürchte, das [zuständige Bistum] hat damals viel dafür getan, um den Sachverhalt auch nicht sauber aufklären zu müssen. Vielleicht hat man damals gehofft, ich würde aufgeben. Der einzige Termin, der nach Monaten endlich feststand, wurde vom [zuständigen Bistum] abgesagt!

Selbstverständlich stehe ich Ihnen als einzige Zeugin zur korrekten Sachaufklärung weiter und erneut zur Verfügung.

Eventuell kommen Sie als Kongregation – nun sicherlich ja nicht mehr befangen – aktuell zu dem Ergebnis, dass eine Ermittlung des Täters nun doch möglich ist.

Ich freue mich über eine zeitnahe positive Antwort.

Freundlich grüßt Sie

Luna Born"

Ich schickte das Schreiben wieder an Frau Drei, mit der Bitte, es nach Rom weiterzuleiten, denn weder ich noch Pater Mertes kannten eine Möglichkeit, direkt mit der Kongregation zu kommunizieren. Tatsächlich schien sich etwas geändert zu haben, denn ich musste nur zwei Mal nachfragen, ob das Schreiben weitergeleitet worden sei. Nach zwei Wochen teilte Frau Drei mir telefonisch mit, es würde noch dauern. Als ich nach dem Grund der Verzögerung fragte, hörte ich, das sei keine

Verzögerung. Es müsse noch ein Brief dazu verfasst werden, der müsse dann noch gegengelesen werden … die übliche Bürokratie, so schien es.

Irgendwann geht die römisch-katholische Kirche an ihrer eigenen Bürokratie noch zugrunde. Die Kirche brennt, und Bischof Ackermann lässt nach der Sondersitzung der Deutschen Bischöfe im März 2019 während der Pressekonferenz verlauten, er wolle jetzt erstmal eine Studie erstellen lassen. Klar, wenn die Kirche brennt, sollte erstmal in Ruhe studiert werden, ob der Wasserdruck wohl ausreichen wird.

Zurück zum aktuellen Stand. Tatsächlich erhielt ich am 08.04.2019 die Nachricht, das Schreiben würde nun mit dem Brief des zuständigen Bischofs am kommenden Tag in die Post gehen. Nun, mein Misstrauen schlug wieder zu, und ich fragte mich natürlich, was der zuständige Bischof geschrieben hat und an wen das Ganze denn in die Post gegangen ist. Ohne zu zögern schrieb ich Frau Drei erneut an:

„Guten Tag [Frau Drei],

herzlichen Dank für die Nachricht.

Im Rahmen der Transparenz wäre es fair mir gegenüber, die Schreiben nach Rom auch offenzulegen.

Daher bitte ich um zeitnahe Zusendung der Korrespondenz. Es könnte sich sonst der Eindruck der ‚Mauschelei' erhärten.

Vielen Dank und freundliche Grüße

Luna Born"

Wenn ich ganz ehrlich bin, fing es an, mir Spaß zu machen. Ich hatte den nötigen Abstand, ich saß täglich an meinem Buch und konnte dadurch viel erneut anschauen, verarbeiten und besser verstehen, und ich hatte und habe nichts zu verlieren. Erneut musste ich nur zwei Mal nachfragen, bis mir tatsächlich das Schreiben des zuständigen Bischofs an die Glaubenskongregation zur Kenntnisnahme geschickt wurde. Ein Vorteil ist, dass ich nun selbst eine Anschrift in Rom habe, an die ich mich – und alle anderen Betroffenen – sich direkt wenden können, ohne Zensur des jeweils zuständigen Bischofs:

Congregatio pro Doctrina Fidei
Herrn Präfekten
Erzbischof Pater Luis F. Ladaria S.J.
Palazzo del S. Uffizio
00120 Citta'del Vaticano
ITALIEN

Etwas verwundert nehme ich zur Kenntnis, dass der zuständige Bischof sein Schreiben in Deutsch und nicht in Italienisch verfasst hat. Und der Inhalt des Schreibens ist spätestens auf den zweiten Blick eine weitere kleine Bombe:

> *„(...) im Falle der Beschuldigung gegen den[Pfarrer Täter], Priester der Diözese [zuständiges Bistum], bitte ich erneut um Prüfung der Ermittlungsunterlagen (...)*
>
> *Die Beweislage erfüllt das Erfordernis der Meldepflicht gegenüber der Kongregation. Die Sachverständigen der Bischöflichen Kommission für Fälle sexuellen Missbrauchs waren im Rahmen der Ermittlung zu dem Ergebnis gekommen, dass der Vorwurf des sexuellen Missbrauchs an einer Minderjährigen im Kern wahrheitsgemäß sei. Der Sachverhalt war komplex und bedurfte zweifellos einer gründlichen Prüfung. Bereits am 12. Oktober 2015 teilte die Kongregation mit, es sei mit Sicherheit von einem sexuellen Missbrauch der Anzeigeerstatterin auszugehen, doch sei das kirchliche Verfahren einzustellen, **da eine Anhörung des Opfers, die zu der erforderlichen Klarheit in der Beweislage erforderlich wäre, wegen seiner labilen psychischen Verfassung ausgeschlossen sei (...)"** [Hervorhebung d. Autorin].*

Unfassbar: Da hatte Rom das kirchliche Verfahren eingestellt, mit der Begründung, mir gehe es zu schlecht, um angehört zu werden!

Das kann ich immer noch nicht wirklich glauben. Was ist das für eine Begründung, abgesehen davon, dass mir völlig schleierhaft ist, woher die Mitglieder der Kongregation gewusst haben wollen, wie es mir geht oder ging. Mich hatte keiner der Männer aus dem zuständigen Bistum wirklich kennengelernt oder gar betreut, um sich ein Urteil darüber bilden zu können, und die Absage des Anhörungstermins war ja auch nicht zu meinem Schutz erfolgt, sondern mit der Begründung, dass nun doch weniger Rücksicht auf meine Bedürfnisse genommen werden müsste. Und die Männer aus Rom hatten noch nicht einmal mit mir telefoniert, geschweige denn mit mir gesprochen. Außerdem entscheide ich das gerne selbst mit Unterstützung der Menschen, die mich begleiten und wirklich kennen, ob ich und wann ich unter welchen Umständen weiter aussagen kann. Weiter heißt es in dem Schreiben des zuständigen Bischofs:

> *„Zur Vermeidung einer ungerechten Entscheidung – **die Kongregation argumentierte nicht mit entlastenden Fakten zugunsten des Beschuldigten**, sondern mit der damaligen psychischen Verfassung der Antragstellerin – bitte ich Sie, dass sich die Kongregation erneut mit dieser Sache beschäftigt (...)"* [Hervorhebung d. Autorin].

Schwarz auf weiß steht da, alle sind davon ausgegangen, dass [Pfarrer Täter] ein Täter ist, und er wird seit mindestens vier (!) weiteren Jahren geschützt. Das ist erneut ein wunderbares Beispiel für die Verdrehung der Schuldfrage. Leider konnten wir die Leitlinien nicht einhalten und den Täter entlassen, weil es dem Opfer so schlecht geht. Mir wird da wirklich übel, wenn ich mir die Argumentationskette durchlese. Wenn das so stimmt, wie es der zuständige Bischof geschrieben hat, dann stinkt der Fisch vom Kopf – nämlich aus Rom – ganz gewaltig!

Wenn die Glaubenskongregation selbst Täter in den eigenen Reihen sitzen hat und so argumentiert, dann ist das eine solide Grundlage für das opferfeindliche Handeln mancher Bischöfe hier in Deutschland.

Das Schreiben des zuständigen Bischofs ist aber auch ein Beweis seiner eigenen Unzulänglichkeit. Er selbst hatte offensichtlich nicht die innere Größe, mir damals zu schreiben, was die Kongregation wirklich als Argument genannt hatte. Vier weitere Jahre hat er den eigenen Mann geschützt, und das in dem Wissen, dass meine Aussagen stimmten, dass sogar die Kongregation keine entlastenden Fakten zugunsten des Beschuldigten gefunden hatte. Er schrieb damals in seinem „Abschiedsbrief" an mich am 05.11.2015:

> *„Die Glaubenskongregation hat die Untersuchungsakte intensiv geprüft und ist zu der Auffassung gelangt, die Verjährung nicht aufzuheben und auch keinen Strafprozess anzuordnen, sondern vielmehr das Verfahren gegen [Pfarrer Täter] einzustellen.*
>
> *Die Kongregation geht in der Begründung davon aus, dass Sie in Ihrer Kindheit Opfer eines sexuellen Missbrauchs geworden sind. Sie stellt fest, dass Ihre schwere Traumatisierung davon in ‚tragischer Weise' Zeugnis gibt. Die Glaubenskongregation stellt jedoch auch fest, dass die Beweislage unklar bleibt. Dabei kommt jener rechtsstaatliche Grundsatz zum Tragen, der da lautet: Im Zweifel für den*

Beschuldigten. Auf Grundlage des vorliegenden Beweismaterials ist nach Auffassung der Kongregation eine Ermittlung des Täters nicht rechtssicher möglich."

Das ist nach aktuellem Kenntnisstand nicht die Wahrheit.

Sein Schreiben damals war kalt und unpersönlich – mir kam es sogar leicht triumphierend vor –, obwohl er wusste, dass die Kongregation mir im Grunde glaubte. Obwohl er wusste, dass ich sofort Widerspruch eingelegt und all die Schreiben vorgelegt hätte, in denen ich meine Bereitschaft zur Aussage mehrfach bestätigt hatte. Ich frage mich auch, auf welcher medizinischen Grundlage die Diagnose „schwere Traumatisierung" gestellt wurde von den Herren aus Rom.

Und auch heute kommt kein Wort des Bedauerns an mich vom zuständigen Bischof. Kein Wort der Entschuldigung. Er schreibt der Kongregation: *„Inzwischen hat die Antragstellerin sich hier gemeldet und um die erneute Prüfung des Falles durch die Kongregation gebeten. Ich mache mir ihr Anliegen zu eigen, zumal sie erklärte, für eine Zeugenaussage zur Verfügung zu stehen (...)."*

Sehr freundlich, dass der zuständige Bischof mein Anliegen zu seinem macht, aber was wäre, wenn ich den Antrag nicht gestellt hätte? Wenn ich den Artikel in der Zeitung nicht „zufällig" gelesen hätte, wenn ich nicht gerade mein Buch schreiben würde? Und hat er schon vergessen, dass ich 2015 in jedem Schreiben meine Bereitschaft zur weiteren Aussage bekräftigt hatte?

Ist das Gerechtigkeit? Ist das wirklich christliches Denken und Handeln? Dann nenne ich mich lieber nicht mehr Christin!

Und dann schafft es der zuständige Bischof nicht, sich bei mir zu entschuldigen? Das Bild eines sich im Wind drehenden Fähnchens kommt mir sofort, wenn ich diesen „Sinneswandel" jetzt lese: Vor vier Jahren war es offensichtlich leichter und entsprach mehr der allgemeinen Handlungsweise der römisch-katholischen Kirche, die Täter zu schützen und opferfeindlich zu agieren. Heute hat sich das Blatt auch durch die MHG-Studie und durch viele mutige Menschen, die sich wehren und auch an die Öffentlichkeit gehen, etwas gewendet. Es scheint daher besser zu sein, schnell die Seite zu wechseln.

Ich schrieb dem zuständigen Bischof damals, ich würde mich für ihn schämen. Und eines gewissen Fremdschämens kann ich mich auch heute weiterhin nicht erwehren.

Zurück zur Kongregation: Wenn ich deren Argumentationskette folge, dann ergibt sich für mich folgendes Bild: Je schlimmer die sexuelle Gewalt auch in den Folgestörungen war und ist, umso besser für den Täter und umso leichter für uns, seine Mitbrüder, denn dann geht es dem Opfer – hoffentlich – so schlecht, dass wir das Verfahren einstellen müssen und können, weil das Opfer psychisch so labil ist, dass es nicht weiter angehört werden kann. Mir wird schlecht!

Während des täglichen Schreibens meldeten sich immer wieder uralte Zweifel und Ängste in mir, weil ich mich nicht an alles erinnern kann, schon gar nicht im scheinbar logischen Ablauf. Mein offensichtlich immer noch tiefsitzender Glaubenssatz, „falsch zu sein", wurde bestätigt und gefüttert von der Erfahrung, mich noch nicht einmal an alles erinnern zu können Und selbst mein medizinisches Wissen zum Beispiel über fragmentierte Erinnerungen nach Traumata konnte dieses Gefühl nicht immer und durchgängig vom Gegenteil überzeugen. Irgendwie war es auch wie eine Hoffnung, dass das alles nicht wirklich so passiert ist, dass es „nicht so schlimm" gewesen war. Sicher war auch das ein Teil der Überlebensstrategie. Als mir während des Schreibens und der erneuten Auseinandersetzung mit der Verarbeitung von traumatischen Erlebnissen sehr deutlich wurde, dass genau meine fragmentierten Erinnerungen ein Teil des „Beweises" sind im Zusammenhang mit meinen körperlichen Reaktionen, meinem dauernden Stresserleben, den Flashbacks und dem grundsätzlichen Misstrauen anderen gegenüber, da fiel diese Hoffnung plötzlich weg.

Es ist noch gewisser, als ich es schon wusste. Es gibt kein Körnchen Zweifel, dass alles genau so passiert ist und dass es sich eindeutig um sexuelle Gewalt handelte. Gewalt von einem „Großen" einer „Kleinen" gegenüber. Dass er mich gefügig gemacht hat, so perfekt und so perfide, dass die Übergriffe über so viele Jahre möglich waren. Und auch wenn es wie eine Befreiung der eigenen Zweifel ist und war, ist es auch sehr ernüchternd, wenn die letzte kleine Hoffnung einfach wegbricht.

Und nach dem aktuellen Schreiben an die Glaubenskongregation fiel auch dahingehend der letzte kleine Zweifel von mir ab, dass ich – wirklich ich – schuld daran sei, dass der Täter nicht überführt werden konnte. Nein, sogar die Kongregation – teilweise zumindest aus einem Mann bestehend, der unter dem Verdacht stand, selbst sexuelle Gewalt gegen Frauen ausgeübt zu haben –, konnte keine entlastenden Beweise gegen den Täter finden. (Heute – im Juli 2019 – ist mir bekannt, dass das innerkirchliche Verfahren gegen den Mitarbeiter aus mangelnden Beweisen eingestellt wurde. Was das für das Opfer bedeutet, kann ich mir gut vorstellen. Von der Unschuld des Mitarbeiters der Kongregation bin ich dadurch noch lange nicht überzeugt.)

Zurück zu meiner Geschichte: Obwohl das Entscheidungsgremium keine entlastenden Fakten gegen den Täter fand, wurde er nicht seines Amtes enthoben. Das ist definitiv nicht meine Schuld, da wurde – wie so oft und wie so gerne – der *SchuldPfeil* charmant zurückgedreht auf die Betroffene. Und damit ist für mich zumindest kristallklar, dass der Täter geschützt wurde, dass der zuständige Bischof auch darüber Kenntnis hatte und bewusst den Täterschutz über den Opferschutz gestellt hat. Genau wie seine Mitbrüder aus Rom, wie der Sonderbeauftragte Herr Sieben, der meinte, er sei nicht zuständig, und viele andere auch.

Die kleine letzte Hoffnung, alles sei nicht ganz so schlimm gewesen und die römisch-katholische Kirche sei vielleicht doch nicht ganz so gruselig, wie ich befürchtete, stirbt. Und das hat mich verunsichert und aktuell erneut an mir gerüttelt und gezerrt. Und doch: Ganz langsam und wie eine Ahnung kann ich die Freiheit schon spüren, die sich mit der absoluten Gewissheit „Ich bin richtig", „Ich kann mich zu 100 % auf mich und meine Gefühle verlassen" und „Ich bin nicht – mehr – allein" sich ausbreitet, mich wie neu beflügelt. Eine Glücksbotschaft, denn ich habe wieder mehr und mehr Träume, als die römisch-katholische Kirche durch den Missbrauch, durch die sexuelle Gewalt, und auch durch den Missbrauch mit den Missbrauchten zerstören kann.

In dieser inneren Sicherheit erreichte mich am 26.06.2019 ein Brief aus dem zuständigen Bistum. Ich hatte wenige Tage vorher erneut angemahnt, dass mir meine Fragen nach den zuständigen Beschwerdestellen weiterhin nicht beantwortet worden waren und rechnete jetzt mit einer konkreten Aussage dazu. Der Brief wurde – natürlich – wieder von einer mir völlig unbekannten Person als Anhang verschickt. Das Schreiben selbst war von Herrn Vierzehn – einem weiteren mir unbekanntem Mann – unterschrieben. Und das Herzrasen begann schon wieder, mir brach der kalte Schweiß aus – ich konnte es nicht glauben, dass die körperlichen Symptome immer noch in dieser Ausprägung da sind.

Schon wieder neue Menschen, schon wieder neue Männer! Der „Richter", Herr Vierzehn, der „Staatsanwalt", der hier Promotor heißt, und der Interventionsbeauftragte, Herr Fünfzehn, der zwar nicht am Strafverfahren beteiligt sei, mir aber mit Rat und Tat zur Seite stehen würde.

Herr Vierzehn teilte mir freundlich und in der Sprache neutral mit, meinem Antrag würde stattgegeben und das innerkirchliche Verfahren gegen den Täter würde nun doch geführt.

Warum dieser Sinneswandel nun nach so vielen Jahren stattfand, wird nicht erläutert. Er wies mich darauf hin, das zuständige Bistum würde nun im Namen der Glaubenskongregation im Gericht der eigenen Diözese den eigenen Mann – den Täter – verklagen. Während ich hier sitze und das schreibe, kann ich nur mit dem Kopf schütteln, über weiterhin so viel Befangenheit und Inzucht im Verfahren …

Ich selbst sei keine „*Prozessbeteiligte*", sondern nur Zeugin, er – der oberste Richter – wisse noch nicht, ob ich erneut befragt werden müsse. Wörtlich heißt es: *„Die aufgenommenen Akten sind sehr umfangreich und daher wird es eine* *geraume Zeit dauern (...)."* Dass es dauern wird, war ja klar. Aber plötzlich sind die Akten umfangreich, dabei hieß es ja damals, die Aktenlage sei zu dünn.

Wieder blieben die Freude und die Erleichterung erst mal fast aus. Die Angst, was wieder auf mich zukommen würde, war größer. Ich sprach mit meinen Eltern, mit Pater Mertes und meiner mich unterstützenden Crew und kam langsam wieder runter. Klar, es wäre bitter, wenn jetzt das Verfahren wieder mit einem „Freispruch aus mangelnden Beweisen" enden würde. Aber würde mich das wirklich in meine alten Ängste und Zweifel zurückwerfen? Wäre das für mein Buch irgendwie von Nachteil? Würde das irgendeinen Einfluss auf all die großen *„Kleinen-Wunder"* haben?

Nein, sicher nicht! Selbst wenn ich erneut befragt werden würde, bin ich heute sehr klar in dem, was ich dafür bräuchte. Und all die Menschen, die mir glauben, die wie ich wissen, dass ich Opfer von sexueller Gewalt über Jahre durch den Täter geworden bin, die glauben mir unabhängig davon, wie sich das innerkirchliche Gerichtsgremium entscheidet. Und so schrieb ich mutig zurück:

„Guten Tag [Herr Vierzehn],

Ihr Schreiben habe ich gestern erhalten.

Wie schön, dass es nach nun 4 Jahren!! weitergeht. Ich bedanke mich für Ihren sachlichen Ton, das ist für Post aus [dem zuständigen Bistum] leider nicht selbstverständlich.

Leider wurden meine Fragen vom 16. Juni nicht beantwortet:

Daher bitte ich Sie das nachzuholen:

* *Um die vorliegende Vertuschung und die Verschleppung selber umgehend melden zu können, bitte ich Sie, mir sehr zeitnah den zuständigen Metropoliten mit Kontaktdaten zu nennen. Ich wage kaum zu hoffen, dass es sich dabei endlich um einen neutralen und unabhängigen Menschen handelt.*

* *Außerdem gehe ich von einer Verschleppung und Vertuschung durch die Glaubenskongregation selbst aus: Nennen Sie mir bitte ebenso zeitnah, wer zuständig ist, diese Meldung entgegen zu nehmen.*

Zum Schreiben selbst werde ich zeitnah Stellung nehmen.

Sicher werden auch Sie inzwischen meine Geschichte kennen, daher frage ich mich, warum in einem Schreiben erneut 3! mir völlig unbekannte Personen ins Spiel kommen. Es sind über 12! Ansprechpersonen in den letzten Jahren involviert gewesen.

Wer ist [Herr Fünfzehn] und was ist ein Interventionsbeauftragter?

Ich bitte Sie, mir die Möglichkeit der direkten Kommunikation mit IHNEN zu ermöglichen und nicht wieder über mehrere Ecken, vielen Dank!

Mit freundlichen Grüßen

Luna Born

Überraschend schnell antwortete der neue „Richter" noch am selben Tag:

„Sehr geehrte Frau Born,

ich kann Ihren Unmut über die Vielzahl der Ansprechpartner in unserem Bistum verstehen, aber nun lässt sich ein Wechsel in der Zuständigkeit nicht vermeiden.

Beim Offizialat handelt es sich um das unabhängige kirchliche Gericht, dass [sic!] ganz unabhängig vom Generalvikariat handelt und somit auch mit anderen Personen besetzt ist.

Da wir – auch aus Ihrem Fall gelernt haben – hat der Bischof sich dazu entschieden, einen Präventionsbeauftragten zu benennen, der für die gesamte Thematik ‚sexueller Missbrauch' zuständig ist und als alleiniger Ansprechpartner fungiert. [Herr Fünfzehn] ist Rechtsanwalt und ist seit 3 Monaten beim Bistum beschäftigt, daher ist er auch für Sie eine neue Person. [Herr Fünfzehn] würde gerne einmal mit Ihnen sprechen oder per Mail kommunizieren und ggfs. seine Funktion und Rolle einmal erklären. Darf er mit Ihnen Kontakt aufnehmen?

Sie verweisen auf die Fragen vom 16. Juni, die nicht beantwortet wurden. Da sie mir nicht vorliegen und mir nicht gestellt wurden, konnte ich auch sie nicht beantworten. Um die völlige Unabhängigkeit des Gerichtes zu gewährleisten gibt es auch keine Gespräche zu diesem Fall auf ‚kurzem Dienstweg', sondern nur Einvernahmen als Zeugen, die ordnungsgemäß protokolliert werden.

- *Der Metropolit für das [zuständige Bistum] ist der Erzbischof von (...).*

- *Für die Glaubenskongregation als Aufsicht dient die Apostolische Signatur in Rom: Präfekt des Obersten Tribunals der Apostolischen Signatur; Palazzo della Cancelleria, Piazza della Cancelleria, 1, I–00120 Città del Vaticano.*

Wenn Sie sich an diese Stellen bzgl. des Vorwurfs der Verschleppung wenden, kann es natürlich sein, dass dann unser Verfahren hier im [zuständigen Bistum] ruhen muss, bis dort entschieden wird. Ich würde Ihnen daher empfehlen, sich auf die Kontakte zu [Herrn Fünfzehn] und zum hiesigen Gericht zu beschränken, um einen schnellen Verfahrensablauf zu sichern.

So verbleibe ich mit einem freundlichen Gruß,

Ihr *[Herr Vierzehn] [Hervorhebung d. Autorin]*

P.S.: Bitte schreiben Sie zukünftig direkt an meine Mailadresse und nicht über mein Sekretariat. Danke."

An das *Ihr* als Antwort aus dem zuständigen Bistum gewöhne ich mich langsam, ich musste etwas schmunzeln – sonst keine wütende Reaktion mehr, das nehme ich mal als Fortschritt.
Und doch blieb ich kritisch und fragte nach:

„Sehr geehrter [Herr Vierzehn],

ich danke Ihnen! Ich werde versuchen, meinen Groll so wenig wie möglich an Ihnen auszulassen – ganz einfach ist das nach dem Verlauf ehrlich gesagt nicht mehr ...

Können Sie mir bitte noch mitteilen, wer ‚Richter' in diesem Verfahren ist?

Gerne kann Herr Fünfzehn sich – erstmal per Mail – an mich wenden ...

Mit freundlichen Grüßen

Luna Born"

Er antwortete:

„Ich werde der Vorsitzende Richter sein, zwei weitere Richter werden dazu kommen. Sobald ich den Gerichtshof bestellt habe, werde ich sie informieren. Derzeit stehen die Personen noch nicht fest."

Ich fragte nach, ob er Jurist sei und wer die Neutralität des Gerichtes garantieren würde. Seine Antwort:

„Ich bin Kanonist – also Kirchenrechtler – und die Unabhängigkeit garantiert der CIC – der Codex Iuris Canonici – unser Kirchenrecht".

Bei aller Bereitschaft an das Gute zu glauben, diese Antwort befriedigt mich überhaupt nicht. Der Richter ist Kirchenrechtler, und die Unabhängigkeit garantiert das Kirchenrecht. Ist es nicht auch der CIC – das römisch-katholische Kirchenrecht –, nachdem sexuelle Gewalt an Kindern und Jugendlichen nur eine Straftat nach dem sechsten Gebot ist? Ich komme darauf ausführlich im zweiten Teil des Buches zu sprechen.

Dieses Recht garantiert für mich als sehr erfahrene Betroffene die Unabhängigkeit des für die Kirche arbeitenden Richters sicher nicht. Und ich hänge immer noch an seiner „Empfehlung", die Vertuschung und Verschleppung jetzt nicht anzuzeigen, da das zu Verzögerungen im laufenden Verfahren gegen den Täter führen könnte. Wie kann das sein? Was hat das eine Verfahren mit dem anderen zu tun? Das ist nur deswegen miteinander verknüpft, weil die römisch-katholische Kirche immer noch keine Entzerrung der Zuständigkeiten geschaffen hat. Klar, wenn der aktuelle Vertreter der Kläger – die Glaubenskongregation – der zuständige Bischof ist, also der Mann, der die Macht hatte, den Fall vor Jahren zu verschleppen und zu vertuschen, dann kommt es natürlich heute zu Rollenkonflikten. Auch wenn mich das richtig wütend macht, dass die Kirche sich nicht wirklich bewegt und nach außen weiter „Pflaster verteilt", stimmt es mich fröhlich, denn die Aktualität und die Notwendigkeit meines Buches bestätigt Herr Vierzehn ohne es zu ahnen – danke! Ein paar Tage später, am 30.06.2019 schrieb ich Herrn Vierzehn erneut an:

„Guten Tag [Herr Vierzehn],

bezugnehmend auf Ihr Schreiben vom 26.06.2019 nehme ich nun wie folgt Stellung: Es freut mich, dass die Glaubenskongregation nun meinem Antrag stattgegeben hat. Aus Ihrem Schreiben entnehme ich, dass ich Zeugin des Verfahrens bin. Ich möchte gern Nebenklägerin im selbigen Verfahren sein und bitte daher um:

1.) Prozesskostenbeihilfe;

2.) volle Akteneinsicht.

Ich freue mich über eine zeitnahe Zusage.

Mit freundlichen Grüßen

Luna Born"

Mir ist bekannt, dass weder die Möglichkeit der Nebenklägerin noch Prozess-kostenbeihilfe noch Akteneinsicht im Kirchenrecht vorgesehen sind. Aber ich bin nicht bereit, im vorauseilenden Gehorsam nicht das zu beantragen, was im normalen juristischen Verfahren selbstverständlich wäre. Eine Woche später erhielt ich die erwartete Antwort:

> *„(...) Im kirchlichen Strafverfahren gibt es keine Nebenkläger – dass Strafver-fahren führt im **Auftrag der Glaubenskongregation der [zuständige Bischof] gegen den beschuldigten Priester**. Als sein Gerichtsvikar führe ich dieses Ver-fahren am hiesigen Offizialat.*
>
> *Daher kann ich Ihnen auch keine Akteneinsicht gewähren. (...) [Hervorhebung d. Autorin] "*

Mir erschließt sich die Logik nicht, warum die Akteneinsicht weiter verweigert wird, aber ich hatte ja schon mit einer Ablehnung gerechnet. Natürlich legte ich Widerspruch ein, laut der Antwort würde an der *„Überarbeitung des Prozess-rechtes (...) mit Hochdruck"* gearbeitet. Vier Wochen später ließ er mich wissen, es wäre noch nicht abzusehen, wann die Änderungen des Prozessrechts beendet seien würden. Soweit zur Überarbeitung mit *„Hochdruck"*!

Ich bin sehr gespannt, wie es weitergeht, wie viel Zeit sich das Gericht des zuständigen Bistums erneut nimmt. Da das völlig offen ist und der „Richter" ja schon darauf hingewiesen hat, dass es wieder dauern wird, habe ich mit dem Verlag beschlossen, das Buch zum geplanten Zeitpunkt zu veröffentlichen.

Es ging ja vor allem darum, was 2014 und 2015 passiert ist. Der aktuelle Ver-lauf ist eigentlich dem Buch zu schulden. Hätte ich meinen Traum, das Buch zu schreiben und zu veröffentlichen, nicht erfüllt, wäre auch der Ball mit der römisch-katholischen Kirche so nicht wieder ins Rollen gekommen. Und der Verlauf bestätigt ja die weiterhin bestehende Aktualität. Der Verlauf wurde nach Absprache mit dem Verlag bis etwa Ende Juli berücksichtigt. Für das „Danach" gibt es vielleicht eine zweite Auflage mit einer späteren Aktualisierung, vielleicht gleich ein neues Buch – also das gibt es auf jeden Fall, denn ich lebe meine Träume, völlig unabhängig von der römisch-katholischen Kirche!

Teil 2

Struktur und Strukturprobleme der katholischen Kirche, die Missbrauch und Vertuschung möglich machen und vereinfachen

oder

Die Kirche ist nicht schuld, verantwortlich ist der einzelne Mensch

Der zweite Teil meines Buches beschäftigt sich systematisch mit den Strukturen der römisch-katholischen Kirche, die Missbrauch im großen Umfang ermöglichen, seine Vertuschung unterstützen und selbige aufrechterhalten. Ich erhebe keinen Anspruch auf Vollständigkeit oder absolute Wahrheit. Ich beschreibe lediglich die Strukturen, die Muster, die mir im Laufe der letzten Jahre, seit meinem Antrag im Jahr 2014 bis heute, 2019, aufgefallen sind.

Immer wieder bin ich bei der Literaturrecherche über den Begriff „Schuld" gestoßen. Schuld an dem Ausmaß des Missbrauchsskandals sei zum Beispiel das Zölibat, heißt es oft, oder die Hierarchie in der Kirche oder die vielen homosexuellen Priester oder der Teufel.

Wenn es nun um die Strukturen in der Kirche geht, die den Missbrauch und seine Vertuschung überhaupt und vor allem so umfangreich ermöglichen und unterstützen, dann habe ich ein klares *Nein* zur Schuldzuweisung an die Kirche per se. Die Kirche an sich kann und ist nicht schuld. Auch das Zölibat an sich kann nicht schuld sein und ist es nicht an den vielen sexuellen Übergriffen und an deren Vertuschung seit Jahrzehnten. Das wäre zu kurz gegriffen, und dann würde ich mich auch nicht richtig verstanden fühlen.

Denn jeder und jede Einzelne von uns trägt für das eigene Verhalten die alleinige Verantwortung – oder Schuld! Keiner der Männer und auch keine der Frauen, vermutlich gibt es ja auch weibliche Täter, in der römisch-katholischen Kirche können und dürfen sich hinter der dicken Fassade von Strukturen der Kirche verstecken, wenn es um die Verantwortung für eigenes Handeln – oder Schuld an Konsequenzen daraus – geht. Das fängt im Kleinen an mit dem „energetischen Schulterzucken" und der Überheblichkeit, die mir immer wieder während meiner Anträge entgegenschlugen, und geht über die Vertuschung bis zur sexuellen Gewalt selbst.

Wenn ich mit meinem Buch einen Beitrag dazu leiste, die Strukturen deutlicher und klarer öffentlich zu machen, um damit die Weite und die Tiefe der notwendigen radikalen Veränderungen in der römisch-katholischen Kirche zu demonstrieren, dann spreche ich hiermit niemanden frei von seiner und ihrer Verantwortung – oder Schuld. Weder Täter von sexueller Gewalt noch Vertuscher von sexueller Gewalt noch die Entscheidungsträger, die alles seit Jahren sehr lange hinausziehen und hinauszögern, können ihre eigene Verantwortung – oder Schuld – auf die Strukturen abwälzen.

Die Strukturen, über die es in den nächsten Kapiteln gehen wird, ermöglichen und vereinfachen zwar sexuelle Gewalt gegen Kinder, Jugendliche und abhängige Erwachsene und die Vertuschung dieser Gräueltaten, aber weder die Strukturen noch die Kirche führen sie aus! Ausgeführt und vertuscht wird sexuelle Gewalt durch Menschen! Und jede und jeder ist für sein und ihr Tun verantwortlich. Die vorhandenen Strukturen sind keine Entschuldigung für persönliches Handeln, auch wenn sie dieses vereinfachen, unterstützen und die Vertuschung von Gewalttaten leicht machen und damit kaum Konsequenzen zu befürchten waren und sind.

Allerdings müssen sich viele der festen und starren Strukturen der Kirche, wie zum Beispiel die Hierarchie, die Doppelmoral und die Paralleljustiz, radikal ändern, damit dann die einzelnen Täter auch sicher zur Verantwortung gezogen werden.

„Das Ausmaß sexuellen Missbrauchs in beiden großen Kirchen in Deutschland ist einer neuen Studie zufolge wahrscheinlich deutlich höher als bislang angenommen. Es sei von etwa 114.000 Betroffenen (…) durch katholische Priester und noch einmal so vielen durch Pfarrer und Mitarbeiter in evangelischen Kirchen auszugehen (…).“

Meldung u.a. aus der Badischen Zeitung vom 13.03.2019, S. 7

Zwangszölibat

„Und wer Häuser oder Brüder oder Schwestern oder Vater oder Mutter oder Kinder oder Äcker verlässt um meines Namens willen, der wird's hundertfach empfangen und das ewige Leben ererben" (Mt 19,29).

Viele Erklärungen, über die Entstehung des Zölibats verweisen auf diese Bibelstelle. Das Zölibat wird als eine besonders radikale Nachfolge Christi beschrieben. Auf der anderen Seite aber auch ganz pragmatisch damit erklärt, dass ein Mann, der keine Vater- und Ehepflichten hat, sich frei von irdischen Sorgen um sein Amt kümmern könne. Papst Gregor VII. hat das Zölibat im 11. Jahrhundert zur Bedingung für das Priesteramt gemacht und damit das Zwangszölibat erschaffen.

Und genau dieses wird sehr häufig als erste Ursache für den Missbrauchsskandal genannt. Wenn die römisch-katholische Kirche das Zölibat endlich abschaffen würde, dann wäre das Problem des Missbrauchs und der sexuellen Gewalt erledigt, so erscheint es mir manchmal. Beides – das Zölibat und der Missbrauchsskandal – werden auch gerne in einem Zuge genannt, als seien sie siamesische Zwillinge oder zwei Schuhe eines Paares.

Mir persönlich ist das zu kurzgefasst, für mich stimmt das so nicht! Das Zölibat ist ein sehr alter und sehr machtvoller Zopf in der Kirchenstruktur, und es gilt unbedingt zu überdenken, ob das Zwangszölibat für die römisch-katholische Kirche noch alltagstauglich ist. Laut meiner aktuellen Recherche geht das Zölibat wie oben beschrieben wahrscheinlich schon auf die apostolische Zeit zurück. Es wäre sicher spannend, genauer zu erforschen, welche äußeren Bedingungen zu dieser Bestimmung geführt haben, denn dann wäre eine Überprüfung der Sinnhaftigkeit in der heutigen Zeit einfacher und nachvollziehbarer. Inzwischen gibt es auch immer mehr innerkirchliche Stimmen, die das Zölibat infrage stellen. Zum Beispiel heißt es in der Stuttgarter Zeitung vom 17.04.2019:

„Der Freiburger Erzbischof Stephan Burger hält nicht für undenkbar, dass der Zölibat in der katholischen Kirche irgendwann abgeschafft wird. Er selbst befürworte zwar die Ehelosigkeit von Priestern, sagte er im Interview mit dem ‚Mannheimer Morgen' (Donnerstag). ‚Aber das schließt nicht aus, dass es auch verheiratete Priester geben kann.'"[40]

Und doch sind das Zölibat und das Ausmaß der Fälle sexueller Gewalt in der Kirche für mich *zwei Paar* Schuhe und eben nicht zwei Schuhe eines Paares. Es gibt viele Menschen auf der Welt, die auch außerhalb der römisch-katholischen Kirche freiwillig oder unfreiwillig auf die Kraft der menschlichen Sexualität und die eheliche Gemeinschaft oder eine Partnerschaft verzichten. Und dem Himmel sei Dank sind nicht alle Menschen, und auch nicht annähernd fast alle, die zölibatär leben, sexuell übergriffig. Außerdem muss laut der neuesten Studie aus Ulm – im Zeitungsauschnitt vorab zitiert – davon ausgegangen werden, dass es genauso viele Fälle von sexueller Gewalt in der evangelischen Kirche gibt. Daher habe ich auch sehr bewusst diesen Zeitungsartikel vorab zitiert und nicht einen der vielen, die das Zölibat direkt für das Ausmaß des Missbrauchsskandals verantwortlich machen.

Wenn das Zölibat für das Ausmaß von sexueller Gewalt in der römisch-katholischen Kirche verantwortlich wäre, dann dürfte es dieses Problem in der evangelischen Kirche in dem zu erwartenden Ausmaß so nicht geben. Und trotzdem ist das Zölibat ein wesentliches Strukturproblem, das dringend reformiert werden sollte und zur Vermeidung weiterer Missbrauchsfälle radikal zu ändern ist, weil es die katholischen Priester in ihrem eigenen Saft schmoren lässt; sie erleben keine eheliche Gemeinschaft mit allen dazugehörigen Aspekten, kein familiäres Leben in seiner ganzen Bandbreite, beginnend mit schlaflosen Nächten, über Streit, Überforderung und auch Versöhnung. Es wird ihnen zwar erspart eine tägliche Streitkultur, die nötig ist, um Partnerschaft und Familie zu leben, zu erlernen, sie verpassen diese Chance aber auch.

Bischof Robinson schreibt in seinem Buch „*Macht, Sexualität und die katholische Kirche*"[41]:

> „*Auch in einer weiteren Hinsicht trägt der Zölibat zu sexualisierter Gewalt bei. Die unzulänglichen Reaktionen zahlreicher Bischöfe (…) und Kirchenbehörden auf die Missbrauchsvorwürfe ist nämlich auch damit zu erklären, dass die Verantwortlichen selbst keine Eltern sind. Die Wut und Entschlossenheit, mit der Eltern vorgehen, um ihre Kinder vor Schaden zu bewahren, wissen sie darum nicht zu schätzen. Wenn sie selbst Eltern wären, hätte es sicher eine entschiedenere Reaktion gegeben.*"[42]:

Besser kann ich es auch nicht ausdrücken!

Weiterhin sind die meisten Priester und Bischöfe durch das Zölibat zunehmend entfremdet, was den Alltag der meisten Gläubigen anbelangt. Das überlappt sich mit dem Strukturproblem des „reinen Männervereins". Zu erwähnen ist außerdem, dass das Verbieten von natürlicher und kraftvoller Sexualität zwischen erwachsenen Menschen diese von der unglaublichen Urkraft, der Energiequelle und dem Kraftbrunnen, der tief in unserem Becken verankert ist, abschneidet. Gründe genug, die Struktur des Zwangszölibats zeitnah zu ändern.

Laut des geltenden Kirchenrechtes (Codex des kanonischen Rechts (CIC)) gilt:

> „Can. 277 — § 1. Die Kleriker sind gehalten, vollkommene und immerwährende Enthaltsamkeit um des Himmelreiches willen zu wahren; deshalb sind sie zum Zölibat verpflichtet, der eine besondere Gabe Gottes ist." Unter § 3 heißt es dann weiter: „Dem Diözesanbischof steht es zu, darüber eingehendere Normen zu erlassen und über die Befolgung dieser Pflicht in einzelnen Fällen zu urteilen."[43]

Ich finde diesen Abschnitt besonders wichtig, weil er dem „energetischen Schulterzucken" der Bischöfe im Sinne von „Ich bin nicht zuständig und kann eh nichts tun" entgegensteht. Mir ist schon klar, dass damit das Strukturproblem „Mein Bischof, mein Schicksal" unterstützt werden würde; in diesem Fall, wenn es um die Möglichkeit geht, das Zwangszölibat von innen aufzuweichen und auszuhöhlen, kommt den Bischöfen – auch in Deutschland – doch eine entscheidende und größere Rolle zu als die, die sie bis jetzt einnehmen. Außerdem greift das Problem „Mein Bischof, mein Schicksal" ehrlich gesagt meines Erachtens nach vor allem für Opfer und Betroffene, weil diese keine Wahl haben, wer den Antrag auf Anerkennung bearbeitet.

Auf der Webseite des Vereins katholischer Priester und ihrer Frauen fand ich folgenden Aufruf: „Darum sollten ganz konkret einzelne Bischöfe (...) die Aufhebung der Zölibatsvorschrift für ihre Diözese beantragen oder wenn möglich sogar die gesamte Deutsche Bischofskonferenz."[44] Offensichtlich lautet die Devise auch in der Umwandlung der Strukturprobleme „Kleine Schritte, aber Jetzt!" Die deutschen Bischöfe haben nach dem nun vorliegenden Kenntnisstand weit mehr Möglichkeiten, als sie aktuell nutzen.

„Eigentlich müsste hier ein Aufstand passieren (…), die Art und Weise, wie seit 2.000 Jahren Frauen von allen Machtpositionen der Kirche weggedrängt werden, schadet der Kirche, und darüber muss man reden (…) und das muss man ändern. Es reicht!"

Heribert Prantl bei „Anne Will" am 24.02.2019; „Krisengipfel im Vatikan – Wie entschlossen kämpft die Kirche gegen Missbrauch?"[45]

Reiner Männerverein

oder
Sind Frauen Christen zweiter Klasse?

Ich finde, Herr Prantl hat recht mit seinem Ausspruch bei „Anne Will".

Als ich den Krisengipfel im Vatikan im Februar 2019 zum Thema Missbrauch auch über das veröffentlichte Bildmaterial verfolgt habe, sah ich immer wieder viele, viele Männer mit einem kleinen lila- oder magentafarbenen Käppi, oder Tonsurkäppchen, wie es in der römisch-katholischen Kirche offiziell heißt. Fast wie uniformierte Männer standen und saßen sie in Reih und Glied, wie kleine Soldaten, so kam es mir vor. Es gab einige wenige Frauen, Ordensschwestern, und noch weniger Journalistinnen vor Ort, sonst nur Männer.

„Männer machen Kirche aus", das habe ich mal gehört, und es spiegelt genau das Bild wider, das sich die römisch-katholische Kirche seit über 2.000 Jahren selbst gibt. Wenn nur Männer Kirche ausmachen, dann ist das eine Abwertung des weiblichen Geschlechts, und das ist meiner Meinung nach eine weitere strukturelle Basis, die die Hemmschwelle für sexuelle Gewalt gegen Mädchen und Frauen herabsetzt.

Mit diesem Argument wird zurzeit auch häufig die zumindest gefühlt zunehmende sexuelle Gewalt von Männern mit Migrationshintergrund gegen Frauen erklärt. Es wird dann auch schnell gefordert, die Männer hätten sich das hier geltende Bild der Gleichberechtigung von Mann und Frau zu eigen zu machen, damit das Problem aufhört. Dabei wird von einem patriarchalischen Bild der Herkunftsländer der Männer ausgegangen, und mit diesem sind wir dann auch wieder bei der römisch-katholischen Kirche.

Viele Länder der Welt ringen um die Gleichberechtigung von Mann und Frau. Auch in Deutschland ist das noch nicht wirklich vollständig gelungen. Statistiken über die unterschiedlichen Gehälter zwischen Männern und Frauen in gleichen Positionen in Deutschland sind nur ein Beleg dafür. Aber zumindest ringen wir tagtäglich darum!

Die römisch-katholische Kirche hat im Grunde noch nicht einmal damit begonnen, um eine wirklich gleichberechtigte Behandlung von Männern und Frauen zu ringen. In der Sendung von Anne Will mit dem Titel *„Krisengipfel im Vatikan – wie entschlossen kämpft die Kirche gegen Missbrauch?"* wurde auch die frauenabwertende Haltung der katholischen Kirche thematisiert. Bischof Ackermann äußerte sich wie folgt dazu: *„Wir haben klar gesagt, wir haben eine, eine Verpflichtung, wirklich, den Anteil von Frauen in Leitungsverantwortungen in den Bistümern zu erhöhen."*[46] Als er auf das Priesteramt angesprochen wurde, lautete seine Antwort: *„Das wissen Sie ja, das ist eine theologische Frage. (…) Das können wir als Bischöfe tun, sozusagen, da, wo Verantwortung nicht an das Weiheamt gebunden ist, (…) den Anteil zu erhöhen."*[47] Kurze Zeit später meinte er zu dem Thema: *„Also ich bin nicht in der Situation (…) da kommen wir jetzt wirklich an dogmatisches Urgestein."*[48]

Er sei nicht in der Situation … Hier überlappt sich das eine Strukturproblem gleich mit mindestens zwei weiteren Strukturproblemen: dem „energetischen Schulterzucken" und dem monarchischen System der katholischen Kirche. Es erscheint fast zynisch, wenn Bischof Ackermann als Stellvertreter der katholischen Kirche es in der Öffentlichkeit so darstellt, als sei das doch eine sehr erfolgreiche Entwicklung, als sei das ausreichend und uns Frauen gegenüber ein großzügiges Entgegenkommen. Als würden die Worte *„das ist eine theologische Frage"* alles erklären und den Missstand der Abwertung Frauen gegenüber rechtfertigen und abschließend erläutern. Was auch immer an der Frage theologisch ist – die Haltung, Frauen können und dürfen das Weiheamt nicht ausfüllen, Frauen könnten wie Christen zweiter Klasse behandelt werden –, bleibt frauenverachtend und ist damit ein Grundstein, der sexuelle Gewalt gegen Mädchen und Frauen erleichtert. Eine logische Schlussfolgerung daraus wäre es, das Ausmaß des Missbrauchsskandals in der Kirche und die Vertuschung seit Jahren auch als „theologische Frage" zu betiteln.

Wenn von Männern anderer Kulturen eine umgehende Anpassung an das hier angestrebte Bild der Gleichberechtigung von Männern und Frauen und Mädchen und Jungen erwartet wird, löst es in mir ein gewisses Fremdschämen aus, wenn Stellvertreter der katholischen Kirche das frauenverachtende Verhalten der Kirche öffentlich herunterspielen, es kleinreden. Wenn es sich um *„dogmatisches Urgestein"* handelt, dann ist es peinlich genug, dass es sich seit Jahrtausenden halten kann, und dann gilt es, dieses Urgestein zu sprengen und zwar *Jetzt!*

Wenn Männer Kirche ausmachen, dann ist das aber nicht nur eine Abwertung der Frauen, sondern hat noch einen ganz anderen, für mich nicht weniger wesentlichen Aspekt als Strukturproblem, der sexuelle Gewalt fördert:

Wenn Männer Kirche ausmachen, dann sind Männer zum großen Teil unter sich. Dann wird aus der leitenden Struktur der Kirche ein reiner Männerverein. Es fehlt dem einzelnen Priester und dem Entscheidungsträger damit eine sehr wesentliche Erfahrung: die Erfahrung des täglichen Umgangs mit Frauen und

Mädchen. Dann fehlt die Erfahrung des natürlichen Umgangs mit weiblicher Energie, mit weiblicher Intuition, mit weiblichem Feedback, sei es von der Frau, der Freundin, der Geliebten oder auch der Tochter oder der Chefin. Wenn Männer Kirche ausmachen, so, wie es in der römisch-katholischen Kirche grundgelegt ist – und zurzeit ja auch weiter manifestiert wird –, wird es den Männern mit hoher Wahrscheinlichkeit an der notwendigen Sensibilität Frauen und Mädchen gegenüber fehlen, weil es zu wenig gesunden Austausch mit dem weiblichen Geschlecht gibt. Auch das ist für mich ein wesentliches Strukturproblem an dem reinen Männerverein. Bischof Ackermann hat bei „Anne Will" noch gesagt: *„Natürlich wird auch da, wo Frauen in Leitungsverantwortung sind, hat das eine bestimmte Dynamik, die auch Veränderung bringt."*[49]

Genau, wo weibliche Menschen mitgestalten, ist eine andere Dynamik, eine andere Kultur und ein anderes Miteinander. Hier geht es nicht darum, dass Frauen das alles besser machen können, sondern dass es eine wesentliche Ergänzung zum Ganzheitlichen ist, wenn Frauen und Männer sich Arbeit, Macht, Verantwortung und tägliches Leben paritätisch aufteilen. Wenn Männer Kirche ausmachen, dann fehlt dieses Gleichgewicht.

Bastian Obermayer und Rainer Stadler zitieren in ihrem Buch „*Bruder, was hast Du getan*"[50] den Theologen und Psychotherapeuten Wunibald Müller mit den Worten: *„Wirkliches Leben sei (…) wenn ich über meine Schwächen erzählen darf. (…) Wirkliches Leben sei da, wo ich offen über mein Bemühen, zölibatär zu leben, meinen ständigen Kampf gegen Selbstbefriedigung, meine Minderwertigkeitsgefühle sprechen darf (…)."*[51] Müller bezieht seine Aussagen vor allem auf Ordensmitglieder; ich finde, sie können auch auf andere reine Männervereine übertragen werden. Müller meint: *„Man weiß nicht wirklich viel voneinander. Man mag sich täglich begegnen, jeden Tag sogar öfters miteinander beten, doch letztendlich läuft man aneinander vorbei, und es kommt nicht zu einer wirklichen Verbindung miteinander, bei der man mit der anderen Person tatsächlich in Kontakt tritt."*[52] Müller nennt Beziehungen, die an der Oberfläche bleiben, *„nicht nährend"*. *„Dann wird ihre Welt eng und enger, schleichen sich Angst, Unsicherheit, Minderwertigkeitsgefühle (…) in ihr Leben."*[53]

Ein nährender Boden für sexuelle Gewalt!

„Sehen Sie, wir hatten dieser Tage das Urteil des Bundesarbeitsgerichtes, in dem gesagt wurde, es geht nicht an, dass ein Chefarzt eines kirchlichen Krankenhauses, eines Caritaskrankenhauses, der das zweite Mal heiratet, gekündigt wird."

„Man muss sich das mal vorstellen, es wird (…) ein Chefarzt gekündigt, der zum zweiten Mal heiratet, der darf nicht mehr Chefarzt sein, und zugleich sind unendlich viele Priester, die Täter sind, weiterhin als Priester tätig. Das ist doch eine Art und Weise des Nicht Zusammenpassens, wo man sprachlos wird."

Heribert Prantl bei „Anne Will" am 24.02.2019; „Krisengipfel im Vatikan – Wie entschlossen kämpft die Kirche gegen Missbrauch?"[54]

Die Doppelmoral der katholischen Kirche: Exemplarische Beispiele

Familie predigen und gleichzeitig verbieten

Auf der Webseite der Deutschen Bischofskonferenz heißt es unter „*Ehe und Familie*": „*Ehe und Familie sind die Keimzellen einer Gesellschaft: Gesellschaften sind darauf angewiesen, dass sich Männer und Frauen finden, um eine dauerhafte Partnerschaft einzugehen und den Wunsch nach Kindern zu verwirklichen. Dadurch erneuert sich die Gesellschaft, hier werden Werte weitergegeben und der Hauptteil der Erziehungsleistungen erbracht.*"[55]

Gleichzeitig werden Priester, die Väter sind, dazu angehalten, sich zwar zu ihrem Kind oder zu ihren Kindern zu bekennen, aber die Beziehung zu der Kindesmutter zu beenden. Wie sollen diese Kinder bitte dann in der „*Keimzelle*" der Gesellschaft groß werden? Und wenn sie es werden, unter dem Deckmäntelchen, die Mutter sei die „Haushälterin" des Pfarrers, dann haben diese Kinder in der Regel ein Geheimnis zu wahren, dann wird ihnen eine freie und unbeschwerte Kindheit durch die Last dieses Geheimnisses genommen.

Der Priester wird dazu gezwungen, sich zu entscheiden: Will er sein Kind in einer Familie groß werden lassen, muss er in aller Regel seinen Beruf aufgeben; will er weiter Priester bleiben, wird er seine Familie verleugnen müssen.

Mit heimlicher Geliebter im Hintergrund nach außen Enthaltsamkeit predigen

Glaubt man der Gerüchteküche, sind viele der Haushälterinnen von Priestern eigentlich deren Frauen und Geliebte. Bestätigt werden die Gerüchte über diesen Missstand in der römisch-katholischen Kirche zum Beispiel durch zwei Internetseiten:

a.) „Vereinigung katholischer Priester und ihrer Frauen"

Dort heißt es: „*Ja! Es gibt katholische Priester, die in einer Lebenspartnerschaft leben oder verheiratet sind. Die allermeisten von ihnen dürfen ihr Priesteramt nicht mehr ausüben – eben weil sie geheiratet oder ihre Lebenspartnerschaft **öffentlich** gemacht haben. Und das sind wir*" [Hervorhebung d. Autorin].[56]

b.) „zoelibat-frauen"

Auf deren Webseite steht: „*Wir wissen, es gibt sehr viele Frauen, denen es so ähnlich geht, wie uns. Entgegen aller Beteuerungen von Seiten der Bischöfe sind Priester, die in einer (heimlichen) Beziehung leben, keine Einzelfälle. Davon betroffen sind vor allem die Frauen in solchen Beziehungen – und auch ihre Kinder.*"[57]

Auch das ZDF hat am 25.09.2018 dem Thema eine Dokumentation unter dem Titel „*Erschüttert, enttäuscht, entfremdet*" gewidmet. Darin wurde unter anderem die Geschichte einer heimlichen Geliebten eines Priesters dargestellt. Sie wollte und durfte nicht erkannt werden. Leider ist der Film nicht mehr online anzusehen.

Dabei ist mir wichtig zu erwähnen, dass ich es nicht als Missstand betrachte, dass die Männer in Beziehungen leben, sondern, dass sie es heimlich tun und ja auch tun müssen, wenn sie nicht die sehr einschränkende Konsequenzen tragen wollen. Und natürlich gilt auch hier, dass jeder einzelne von den Männern die Verantwortung für die Entscheidung gegen und für eine Offenlegung selbst trägt.

Abtreibung ist Auftragsmord, das gilt aber nicht für Priesterkinder?
„*Ist es richtig, ein menschliches Leben zu beseitigen, um ein Problem zu lösen?*", fragte der Papst am Mittwoch, den 10.10.2018 auf dem Petersplatz. Weiter fragte er: „*Ist es richtig, einen Auftragsmörder anzuheuern, um ein Problem zu lösen?*"[58]
Gleichzeitig gibt es viele anonyme Berichte – oder sind es nur Gerüchte? –, aus denen hervorgeht, dass Kirchenmänner ihre schwangeren Partnerinnen „im Namen Gottes" dazu zwingen, das Kind abzutreiben – damit ja nicht werde, was nicht sein darf.

Zwangszölibat – und die Kirche bezahlt bis zu drei Kindern Unterhalt?
Hartnäckig hält sich auch das Gerücht, die Kirche würde für bis zu drei Kinder pro Priester Unterhalt zahlen, wenn die Mütter nicht an die Öffentlichkeit gehen. Schweigegeld! Schriftlich bestätigen wollte das bei meiner Recherche keiner, wirklich dementieren aber auch nicht.

Wiederverheiratete dürfen nicht weiter für die Kirche arbeiten; wenn sie unverheiratet in „wilder" Ehe mit der Partnerin oder dem Partner leben und eventuell sogar Kinder haben, erfolgt die Kündigung nicht …
Im Februar 2019 wurde die Kündigung durch die katholische Kirche einem wiederverheirateten Chefarzt gegenüber nach zehn Jahren als juristisch unwirksam erklärt. Dem geschiedenen Arzt war 2009 gekündigt worden, nachdem er erneut standes-

amtlich geheiratet hatte. Die katholische Kirche warf ihm einen *„schwerwiegenden Loyalitätsverstoß"*[59] vor. Bis in die höchsten Instanzen klagte der Mediziner und bekam vom Bundesarbeitsgericht (BAG) in Erfurt recht. Er sei von seinem kirchlichen Arbeitgeber gegenüber nicht katholischen Kollegen unzulässig benachteiligt worden.

Wenn der Chefarzt unverheiratet mit seiner Partnerin zusammenleben würde, hätte die katholische Kirche ihm nicht gekündigt. Wenn er Kinder mit der Partnerin gehabt hätte und unverheiratet geblieben wäre, hätte die katholische Kirche ihm nicht gekündigt, auch das ist schon ein weiteres schönes Beispiel für die Doppelmoral!

Und es gibt noch eine Steigerung:

… aber Täter von sexueller Gewalt bleiben im Amt

Gleichzeitig werden seit Jahrzehnten Priester, die nachweislich sexuell gewalttätig gegenüber Kindern, Jugendlichen und abhängigen Erwachsenen waren oder sind, mit den unglaublichsten Begründungen geschützt.

Ein sehr anschauliches Beispiel ist der aktuelle Brief des zuständigen Bischofs – Herrn Acht – an die Glaubenskongregation in Rom. Er schrieb am 09.04.2019:

> *„Im Falle der Beschuldigung gegen den [Pfarrer Täter], Priester der Diözese [zuständiges Bistum], bitte ich erneut um Prüfung der Ermittlungsunterlagen (...) Die Beweislage erfüllt das Erfordernis der Meldepflicht gegenüber der Kongregation. Die Sachverständigen der Bischöflichen Kommission für Fälle sexuellen Missbrauchs waren im Rahmen der Ermittlung zu dem Ergebnis gekommen, dass der Vorwurf des sexuellen Missbrauchs an einer Minderjährigen im Kern wahrheitsgemäß sei. Der Sachverhalt war komplex und bedurfte zweifellos einer gründlichen Prüfung. Bereits am 12.10.2015 teilte die Kongregation mit, es sei mit Sicherheit von einem sexuellen Missbrauch der Anzeigeerstatterin auszugehen, doch sei das kirchliche Verfahren einzustellen, **da eine Anhörung des Opfers, die zu der erforderlichen Klarheit in der Beweislage erforderlich wäre, wegen seiner labilen psychischen Verfassung ausgeschlossen sei** (...)"* [Hervorhebung d. Autorin]

Weiter heißt es in dem Schreiben des zuständigen Bischofs: *„Zur Vermeidung einer ungerechten Entscheidung – **die Kongregation argumentierte nicht mit entlastenden Fakten zugunsten des Beschuldigten,** sondern mit der damaligen psychischen Verfassung der Antragstellerin – bitte ich Sie, dass sich die Kongregation erneut mit dieser Sache beschäftigt (...)"* [Hervorhebung d. Autorin]

Mit der Begründung, mir sei es so schlecht gegangen, dass weitere Befragungen nicht möglich gewesen seien, wurde die Verjährungsfrist nicht aufgehoben. Der Täter wurde bis zum Juni 2019 nicht zur Rechenschaft gezogen, obwohl die Kongregation nicht mit entlastenden Fakten zugunsten des Täters argumentieren konnte. Der weitere Verlauf des nun eröffneten Verfahrens ist völlig offen.

Der Täter von sexueller Gewalt wurde geschützt, und einem Chefarzt wurde gekündigt, weil er als Geschiedener erneut geheiratet hatte.

Doppelmoral!

„Und was ich nach den drei Tagen sehe, ist, man streicht irgendwie an der Fassade rum, man geht nicht in die Tiefe, man fragt nicht danach, wo sind die Ursachen für diese Verbrechen, die ganz großen Fragen, Sexualmoral, Zölibat werden nicht angesprochen.“

Heribert Prantl bei „Anne Will“ am 24.02.2019; „Krisengipfel im Vatikan – Wie entschlossen kämpft die Kirche gegen Missbrauch?“[60]

Die katholische Kirche und Sexualität

oder

„... und wenn was schiefgeht ..."

Viele Tage saß ich an diesem Kapitel und kam nicht weiter. Wie blockiert starrte ich auf den Bildschirm, kein Satz fühlte sich richtig und stimmig an. Ich fühlte mich verwirrt und war verunsichert. Alles schien doch bestens gewesen zu sein, bis zum letzten Kapitel waren die Worte nur so aus mir herausgeflossen.

Der erste Teil des Buches ist fertig und bei der Lektorin. Gestern habe ich das erste Feedback von meiner Freundin bekommen, die das Manuskript ebenfalls vorweg begutachtet hat. Alles lag im Zeitrahmen, und ich spürte meine innere Zufriedenheit und auch meinen Stolz, als ich im Internet das Buch schon zum Vorbestellen entdeckte.

Der zweite Teil, davon war ich ausgegangen, würde viel leichter werden. Es geht darin „nur" um die Strukturen, meine Geschichte ist dargelegt, ich brauche nicht mehr einzutauchen ... Ich habe mich gut vorbereitet, der rote Faden ist detailliert aufgeschrieben, ich brauche mich nur noch daran entlangzuhangeln ... Alles eine Illusion.

Da ich seit Tagen keinen natürlichen Anfang für das Kapitel fand, begann ich, erneut zu recherchieren. Was schreibt denn die römisch-katholische Kirche zum Thema Sexualität? Welche Seiten dazu finden sich im Netz?

Spannenderweise traf ich als Erstes auf Seiten wie die der Karl-Leisner-Jugend[61]. Hierbei handelt es sich um eine Gruppierung von Jugendseelsorgern des Bistums Münster, die sich zusammengetan haben, um *„gemeinsame Angebote für die Jugendarbeit zu organisieren"*. So stellen sie sich auf ihrer Internetseite vor. Sie selbst sehen ihren Schwerpunkt in *„der Katechese"*, also im Unterricht oder Unterweisung von Jugendlichen. Die Bewegung ist auch in der Kirche nicht unumstritten. Ihr werden *„traditionalistische Tendenzen"* nachgesagt[62].

Unter dem Titel *„Sexualität und Kirche ... ein unschlagbares Paar"*[63] wird die Einstellung der katholischen Kirche in den Himmel gelobt. Der Artikel kann als PDF-Datei auf der Internetseite der Karl-Leisner-Jugend heruntergeladen werden.

Dazu wird Joshua Harris – ein amerikanischer Autor und nicht katholischer verheirateter Pastor – zitiert: *„Gott feiert reinen Sex in der Ehe und lädt uns ein,* *das auch zu tun (...). Berauschen, sich selbst vergessen ... das klingt nicht gerade nach Langeweile, oder? Gott legt uns nahe, uns am Körper unseres Partners zu erfreuen, uns ganz hinzugeben, ohne Vorbehalte und Rückversicherung.*[64] Dazu heißt es dann weiter: *„Wow (...) und so etwas steht auf einer katholischen Website? Ja, auf einer katholischen Website! Weil das, und nichts Anderes die katholische (und hoffentlich auch allgemein christliche) Sicht der Sexualität ist.*[65]

Der zitierte Pastor ist allerdings kein römisch-katholischer Priester und selbst verheiratet und hat drei Kinder. Ich finde daher das Zitat unpassend, um die Sicht der römisch-katholischen Kirche zu beschreiben und zu glorifizieren.

„Klar, in der Presse, im Fernsehen und in den Laberkreisen (von der Runde auf dem Schulhof über den Kaffeeklatsch bis hin zum Stammtisch) wird ein anderes Bild der Kirche verbreitet: Da sind die katholischen Spaßbremsen gegen alles, was Freude macht, am besten noch gegen die Sexualität selbst.[66] Als ich diesen Text das erste Mal las, ging ich davon aus, dass es eine Internetseite von römisch-katholischen Jugendlichen sei und nicht von Priestern des Bistums Münster. Ich finde die Sprache unangemessen und empfinde es anbiedernd, von *„Laberkreisen"* zu schreiben.

> *„Nun, es wird Zeit, damit ein wenig aufzuräumen. Fangen wir damit an. Es scheint ausgemachte Sache, dass die katholische Kirche ‚allergisch' auf alles Sexuelle, Körperliche und Lustvolle reagiert. Die katholische Kirche ist leibfeindlich; weil sie nur aus alten Männern besteht, verdirbt sie den jungen Leuten den Spaß; sie will nichts von dem wissen, was Spaß macht – und hat erwiesenermaßen auch keine Ahnung davon. Wenn sie das leugnen will, dann braucht man erst gar nicht zuhören: Dass Kirche und Sexualität wie Feuer und Wasser ist, gehört zu den gesicherten Erkenntnissen der heutigen Zeit. Dagegen kann sich die Kirche nicht wehren, weder sachlich – noch lautstark, nicht liebevoll – und auch nicht, indem sie dieses Thema einfach totschweigt. Sie hat von vorne herein verloren (...)."*[67]

Die Kirche als Opfer, und das, wenn es ums Thema Sexualität geht? Eine ganz neue Sichtweise, die sich mir auf der von den Priestern beschriebenen Art und Weise gar nicht erschließt. Worte eines amerikanischen Pastors, der verheiratet ist und damit mit großer Wahrscheinlichkeit nicht römisch-katholisch sein kann, als Grundlage für die *„allgemeine Sicht der katholischen Kirche von Sexualität"* zu nehmen, entbehrt einer gewissen Logik.

Und damit ging es mit meiner Verwirrung in eine weitere Runde.

Etwas neutraler und vor allem geschichtlich orientiert fand ich folgenden Beitrag im Netz: Werner Stangl – ein österreichischer Schriftsteller und Psychologe – schreibt in seinen Arbeitsblätter-News ergänzende Texte zu Werner Stangls psychologischen und pädagogischen Arbeitsblättern[68] über „*Katholische Kirche und Sexualität*"[69]: „*Nach Aussagen von Reinhard Haller können nicht einmal zehn Prozent der katholischen Priesteranwärter ein zölibatäres Leben durchhalten, denn wenn Sexualität unterdrückt werde, führt dies zu ,Notlösungen', denn die Sexualität ist eine enorme Macht.*"

Was für eine erhellende Zahl! Wenn neun von zehn jungen Männern das Zwangszölibat nicht einhalten können, sollte wirklich auch von den Entscheidungsträgern der katholischen Kirche eingesehen werden, dass diese Grundvoraussetzung für das Weiheamt dringend zu überdenken ist.

„*Wir müssen davon ausgehen, dass sie diejenige Kraft ist, die die Menschheit zusammen mit der Aggressivität voranbringt, und jeder Mensch ist dem, wenn man so will, ausgesetzt oder er kann es im positiven Sinne nutzen.*"[70] Sexualität als Urkraft des Menschen, das ist gerade in diesem Zusammenhang wichtig zu verstehen, um dem weiteren Gedanken des Psychologen folgen zu können:

> „*Wenn nun das unterdrückt wird, dann gibt es zwei Möglichkeiten: Entweder entsteht in Art eines Dampfkessels ein pathologischer Grund, aus dem heraus dann alles Mögliche entsteht mit sexuellen Übergriffen, mit sexuellen Notlösungen, oder es könnte auch gelingen, im positiven Fall, dass man diese Kraft der Sexualität positiv verwandelt, also in sportliche Leistung, in künstlerischen Wettkampf und so weiter umwandelt, was aber, glaube ich, nur den wenigsten Menschen tatsächlich möglich sein wird.*"[71]

Werner Stangl gibt hier Hinweise darauf, dass es Möglichkeiten gibt, die Urkraft des Lebens auch positiv für sich zu nutzen, selbst wenn Sexualität nicht oder nur wenig ausgelebt werden will oder auch kann. Das finde ich einen wichtigen Hinweis, der schon einen Ausblick auf das nächste Kapitel gibt, in dem es um die mangelnde Vorbereitung der Priesteranwärter in der katholischen Kirche als Strukturproblem geht.

Weiter schreibt der Psychologe über „*Schuldgefühle und Sexualität*"[72]: „*Sexualität scheint per se eine heikle Sache zu sein und grundsätzlich mit einer archaischen Befleckungsangst verbunden. Die Vorstellung, dass da etwas Reines und Unreines gebe im Zusammenhang mit dem Sex, oder ein Zuviel und Zuwenig, ist jedenfalls recht alt; und das Lob der Keuschheit ist keine Erfindung des Christentums.*"[73]

Bereits im alten Griechenland finde man eine Verachtung der Körperlichkeit, dabei sei es damals aber um *„Mäßigung"* gegangen, so Stangl weiter. *„Im frühen Christentum verbanden sich diese antiken Motive mit einem gnostisch-dualistischen Weltbild des Kampfes Gut gegen Böse und der Vorstellung vom sündigen Menschen. In Endzeiterwartung verdammte der Apostel Paulus zwar nur die Unzucht, nicht die Ehe. Aber besser als die Ehe sei eben die Keuschheit"*, meinte er. Später soll Papst Augustinus das bekannte *„christliche Muster sündiger Geschlechtlichkeit"* geprägt haben. *„Und auch sonst deutet Augustinus Keuschheit als den Willen Gottes: ‚Du befiehlst uns Enthaltsamkeit'"*, so schreibt Werner Stangl. Und er bezieht sich noch auf eine weitere Bibelstelle, ein Paulus-Zitat: *„‚Ziehet an den Herrn Jesus Christus und hütet euch vor fleischlichen Gelüsten.'"*[74]

In meiner zu Beginn des Kapitels erwähnten Verwirrung fand ich diese eher geschichtliche Auseinandersetzung sehr hilfreich, um selbst besser den Überblick zu bekommen, wie sich – beispielhaft – die Lust- und Körperfeindlichkeit in der römisch-katholischen Kirche erklären lässt.

Abschließend bringt Stangl noch einen ganz anderen und für mich absolut nachvollziehbaren Aspekt als Erklärung: *„Vermutlich erscheint Sex auch deshalb als ‚sündig' (also ungehorsam gegen Gott), weil weltliche Lust dazu verleitet, den christlichen Gott, der ja ein Liebender ist, zu vergessen: ‚Denn zu wenig liebt dich, wer neben dir noch ein anderes liebt, das er nicht um deinetwillen liebt.'"*[75]

Ich musste sofort an das erste Gebot denken: *„Du sollst neben mir keine anderen Götter haben."*[76] Klar, wenn ich Sexualität als göttliche Kraft annehme und auslebe, dann werde ich selbst „göttlicher".

Zusätzlich fand ich die *„Sexual-Medizinische-Enzyklopädie"* von Dr. Elia Bragagna[77], Psycho- und Sexualtherapeutin aus Österreich und ärztliche Leiterin einer bekannten sexualmedizinischen Praxis in Graz. Auf ihrer Homepage bezieht sie sich in dem Artikel *„Katholische Kirche und Sexualmoral"* auch auf Ausführungen der Theologin Ute Ranke-Heinemann in ihrem Buch *„Eunuchen für das Himmelreich".*[78] Auch hier wird beschrieben, dass die Ursprünge der negativen Sichtweise von Sexualität bereits in der Antike zu finden sind: *„Die schlechte Bewertung von Sexualität begann jedoch nicht erst mit der katholischen Kirche, sondern bereits in der Antike. Kirchenlehrer wie Aurelius Augustinus oder Thomas von Aquin führten den Platz in der Verdammnis, der der Sexualität zugewiesen wurde, zur Perfektion. Ein Erbe, das wir auch heute noch mittragen."*[79]

Basierend sei diese auch von damals herrschenden medizinischen Grundgedanken:

- *„Hippokrates hielt Sexualität für gesundheitsschädlich und glaubte, dass übermäßiger Verlust von Samen zu Rückenmarkschwund und zum Tod führt.*

- *Pythagoras antwortete auf die Frage: Wann ist die beste Zeit für die Liebe? „Wenn man sich schwächen will." Die Ärzte empfahlen damals die sexuelle Abstinenz.*"[80]

Sie geht näher auf Aurelius Augustinus ein, der als großer *„abendländischer Kirchenlehrer"* 430 n. Chr. bekannt ist. Bei ihm *„verschmolzen schließlich Lust- und Sexualfeindlichkeit".*[81] Seine Lehren seien die Grundlagen für die *„Pillenverdammung"* der Päpste Paul VI 1968 und Johannes Paul II 1981 gewesen. Das Interessante an der Beschäftigung mit der geschichtlichen Entstehung ist die Erkenntnis, dass viele der Entscheidungen und der Lehren von heute damals sicher eher sinnvoll waren, die katholische Kirche es aber verpasst hat und immer noch verpasst, ihre Lehre den Veränderungen auch der äußeren Umstände anzupassen.

Weiter heißt es: *„Augustinus fügte zur Sexualverachtung noch die Sexualangst hinzu. Er brachte theologisch die Übertragung der Erbsünde in Zusammenhang mit der Lust beim Geschlechtsakt. ,Die Geschlechtslust trägt die Erbsünde weiter von einem Geschlecht zum anderen'. Erbsünde bedeutet für ihn den ewigen Tod."*[82]

Das ist eine gravierende Verschlimmerung, neben der Verachtung von Sexualität wurde den Menschen zusätzlich Angst davor gemacht:

„Es ist unerlaubt und schändlich mit seiner Frau Verkehr zu pflegen und dabei **die Empfängnis der Nachkommenschaft zu vermeiden** *(...)' (coitus interruptus)."* *[Hervorhebung d. Autorin]*[83] Worin diese Schändlichkeit lag und warum das so ist, wird nicht weiter erläutert.

Der Bogen wird über Thomas von Aquin geschlagen, gut 800 Jahre später ein weiterer Verfechter der Lustfeindlichkeit: *„Auf dem Höhepunkt der Scholastik (dem goldenen Zeitalter der Theologie) 1274 führte Thomas von Aquin mit derselben Besessenheit den Kampf gegen die Sexualität fort.*

- *Der eheliche Akt war für ihn Entartung, Krankheit, Verderben der Unversehrtheit und Grund für Widerwillen und Abscheu.*

- *Die Ehe selbst hatte zwei Zwecke zu erfüllen: die Zeugung von Kindern und die Vermeidung von Unzucht.*"[84]

Die Sexualität wird a.) auf die Ehe beschränkt und b.) zweckentfremdet, indem der Akt auf die Zeugung von Kindern reduziert wird. Lust und Spaß werden gar nicht mehr erwähnt. Weiter heißt es: *„Es besteht für die Gatten die strenge Pflicht, sich dem Partner nicht zu versagen, damit er nicht in eine noch schwerere Sünde verfalle (nämlich die Selbstbefriedigung)."*[85]

Hier ist die Grundlage eines anderen Strukturproblems zu vermuten, über das ich schon geschrieben habe, nämlich die frauenverachtende Grundhaltung in der römisch-katholischen Kirche. Es ist für mich nicht ganz eindeutig geschrieben, ob Aquin meinte, es sei lediglich die Pflicht der Frauen, sich dem Partner nicht zu verweigern, oder ob er es auf beide Geschlechter bezieht. Thomas von Aquin soll sich aber auch intensiv mit *„widernatürliche[n] Stellungen"*[86] beim Geschlechtsverkehr Gedanken gemacht haben. Lediglich die Missionarsstellung wurde genehmigt, weil sich die Gebärmutter entleeren würde, wenn sie auf dem Kopf stünde.

Was für eine absurde Idee der weiblichen Anatomie. Und spätestens hier beginnt für mich die übergriffige Einmischung und die Reglementierung der römisch-katholischen Kirche in das Sexualleben der Gläubigen. Frei übersetzt und mit meinen Worten heißt das doch: Am besten gar nicht, und wenn unbedingt, dann nur in der Ehe und genau so, wie wir es Euch vorschreiben …

Doch Aquin soll in seinen Verurteilungen noch weiter gegangen sein: *„,Schlimmer als Inzest, Vergewaltigung und Ehebruch sind Selbstbefriedigung, Verkehr mit Tieren, Homosexualität, Anal-, Oralverkehr und Coitus interruptus'. Anal- oder Oralverkehr galten oft schwerer als Abtreibung, ja sogar schwerer als Mord"*[87]

Krass, schon damals wurde festgelegt, dass Selbstbefriedigung oder natürliche Verhütung schlimmer seien als Vergewaltigung. Was für ein Maßstab. Und diese Schriften sind die Lehren, die ja bis heute nicht wirklich verändert wurden, die als Grundlage dienen.

Ähnlich erschreckend ist der Satz von Bernhard von Siena etwa 200 Jahre später zur Empfängnisverhütung: *„,Es ist besser, wenn eine Frau mit ihrem eigenen Vater auf natürliche Weise Verkehr hat, als mit ihrem eigenen Mann wider die Natur.'"* (!!)[88]

Inzucht ist laut den Kirchmännern besser als Verhütung!

Jahrhunderte später kam es *„im Zeitalter der Aufklärung (17. bis 18. Jahrhundert) zum Auftreten eines regelrechten ,Onaniewahns'."*[89] *Bekker, ein reformierter Londoner Arzt, schrieb 1710 das Buch ,Onanie oder die scheußliche Sünde der Selbstbefleckung'".*[90] Er warnte darin vor den schrecklichen Folgen für die Gesundheit bis hin zu Tollheit, Blödsinn, Epilepsie und Abnahme des Gedächtnisses.

Wieder wird hier Sexualität nicht nur verachtet, sondern es wird den Menschen Angst gemacht. Viele dieser „Glaubenssätze" geistern auch heute noch in der römisch-katholischen Erziehung herum. Auch ich habe noch gehört – nicht von meinen Eltern –, Selbstbefriedigung würde am Wachsen hindern und könne Krampfanfälle provozieren. Ein weiteres Beispiel:

„Der reformierte Lausanner Arzt Simon-Andre Tissot schrieb 1758 in seinem Buch ‚Onania': ‚Onanie trocknet das Gehirn aus'."[91] Die letzte Auflage dieses Buches erschien im Jahre 1905!

1905, das ist gerade 114 Jahre her, und die Lehren und Sätze, die ich oben zitiert habe, halten sich seit über 1500 Jahren. Und der Bogen der Ausführungen reicht bis heute: Ein Jahr bevor ich mit meiner Ursprungsfamilie nach Deutschland zurückkam – 1975 – *„wandte sich Papst Paul VI in seiner ‚Erklärung zu einigen Fragen der Sexualethik', gegen die schwere Sünde der Onanie: ‚Masturbierende gehen der Liebe Gottes verlustig'" [Hervorhebung d. Autorin].[92]*

Es mutet fast zynisch an, dass Papst Paul VI. – als Reformpapst! – im Oktober 2018 heiliggesprochen wurde![93]

Mein System blieb verwirrt. Ich konnte die Entwicklung nun besser verstehen, und doch fehlte mir das Zünglein an der Waage, um mein Unwohlsein mit dem allgemeinen Thema römisch-katholische Kirche und Sexualität zu verstehen und einordnen zu können. Ich kam nicht rein in dieses Thema, fand über Tage noch immer keinen klaren Satz dazu und war innerlich wie blockiert.

Als typische Traumafolgestörung suchte ich – natürlich – das Problem bei mir.

Ich suchte erneut therapeutische Begleitung, um die Ursache meiner vermeintlichen Schreibblockade zu finden und sie wenn möglich zu lösen. Ich kam gut innerlich wieder bei mir an – nur das mit dem Schreiben ging nicht richtig weiter. Aber immerhin konnte ich entspannter damit umgehen. Ich setzte das wöchentliche Schreibpensum runter, erhöhte die tägliche Ruhephase, ließ die Verwirrung zu und machte mich so weiter auf die Suche: Ich fand ein Schreiben von Papst Benedikt XVI aus dem Jahr 2005 unter dem Titel *„Enzyklika Deus Caritas Est; von Papst Benedikt XVI. an die Bischöfe, an die Priester und Diakone, an die gottgeweihten Personen und al alle Christgäubigen über die christliche Liebe".[94]* Er schreibt unter Punkt 5.):

*„Zweierlei ist bei diesem kurzen Blick auf das Bild des Eros in Geschichte und Gegenwart deutlich geworden. **Zum einen, daß Liebe irgendwie mit dem Göttlichen zu tun hat.** (…) Zugleich aber hat sich gezeigt, daß der Weg dahin nicht einfach in der Übermächtigung durch den Trieb gefunden werden kann. **Reinigungen und Reifungen sind nötig,***

die auch über die Straße des Verzichts führen (...)" [Hervorhebung
d. Autorin].[95]

Mir erschließt sich die Logik nicht wirklich, und der Papst erklärt ja auch nicht, was er damit meint, wenn er schreibt *„zugleich aber hat sich gezeigt".* Was hat sich wie gezeigt und warum, das wären für mich interessante Begründungen. Später schreibt der Papst:

> *„Dies liegt zunächst an der Verfaßtheit des Wesens Mensch, das aus*
> *Leib und Seele gefügt ist. Der Mensch wird dann ganz er selbst,*
> *wenn Leib und Seele zu innerer Einheit finden; die Herausforderung*
> *durch den Eros ist dann bestanden, wenn diese Einung gelungen ist.*
> *Wenn der Mensch nur Geist sein will und den Leib sozusagen als*
> *bloß animalisches Erbe abtun möchte, verlieren Geist und Leib*
> *ihre Würde. Und wenn er den Geist leugnet und so die Materie, den*
> *Körper, als alleinige Wirklichkeit ansieht, verliert er wiederum seine*
> *Größe" [Hervorhebungen d. Autorin].*[96]

Diese Worte des Papstes entsprechen wohl eher dem, was der Verfasser des Artikels auf der oben schon erwähnten Seite des Karl-Leisner-Jugend in diesen Worten beschreibt: *„Klar, in der Presse, im Fernsehen und in den Laberkreisen (von der Runde auf dem Schulhof über den Kaffeeklatsch bis hin zum Stammtisch) wird ein anderes Bild der Kirche verbreitet: Da sind die katholischen Spaßbremsen gegen alles, was Freude macht, am besten noch gegen die Sexualität selbst.* "[97]

Obwohl ich jetzt Worte gefunden hatte, die ich eher im Zusammenhang von römisch-katholischer Kirche und Sexualität erwartet hatte, blieb ich verwirrt. Der Papst schrieb: *„Wenn der Mensch nur Geist sein will und den Leib sozusagen als bloß animalisches Erbe abtun möchte, verlieren Geist und Leib ihre Würde" [Hervorhebung d. Autorin].*[98]

Zu gerne würde ich den Papst fragen oder laut schreien: Was um Himmels willen haben denn all die römisch-katholischen Priester anderes getan, während der vielen Stunden, Tage, Monate und Jahre, in denen sie Kinder, Jugendliche und abhängige Erwachsene sexuell missbraucht haben, sexuelle Gewalt gegen sie ausgeübt haben? Der Täter hat meinen Leib erniedrigt, missbraucht, weil er seinen Leib animalisch befriedigt hat. Er hat mich entwürdigt und gedemütigt, in den vielen Momenten ...

Der Papst schrieb diesen Brief 2005, da war das Ausmaß des Missbrauchsskandals zumindest in Australien seit Jahren bekannt. Meine Verwirrung wurde gefüttert, denn ich konnte nicht nachvollziehen, warum ein Papst so etwas schreibt, ohne selbst den Zusammenhang zu dem Skandal herzustellen, den seine Kirche erschüttert. Zehn Jahre zuvor, auch da war der Missbrauchsskandal in Australien bereits bekannt, hatte sein Vorgänger Papst Johannes Paul II. unter „*Päpstlicher Rat für die Familie. Menschliche Sexualität: Wahrheit und Bedeutung. Orientierungshilfen für die Erziehung in der Familie*"[99] folgenden Text geschrieben:

> „*4. Unter dem Blickwinkel der Erlösung und im Rahmen der Entwicklung der Heranwachsenden und Jugendlichen wird die Tugend der Keuschheit, die in der Mäßigung enthalten ist (…), nicht als eine Einschränkung verstanden, sondern im Gegenteil als das Sichtbarmachen und zugleich das Bewahren eines kostbaren und reichen Geschenkes, der Liebe.*"

Also bereits in einer Zeit, als weltweit bekannt war, dass katholische Priester sich systematisch an Kindern und Jugendlichen vergriffen hatten und vermutlich noch haben, schreibt der damalige Papst eine Empfehlung an die Familie, in der er die Tugend der Keuschheit und Mäßigung in der spannenden Zeit der Pubertät, als das Bewahren von Liebe beschreibt. Das ist für mich schon ein deutlicher Hinweis auf Lustfeindlichkeit und Ablehnung von Sexualität. Weiter schrieb der Papst: „*Die Keuschheit ist demnach jene ‚geistige Kraft, die die Liebe gegen die Gefahren von Egoismus und Aggressivität zu schützen und zu ihrer vollen Entfaltung zu führen versteht‘.*"[100]

Dieser Satz steht im vollen Widerspruch zu den zitierten Sätzen des Psychologen Werner Stangl, der ja schrieb: dass „*sie [die Sexualität; Anmerkung d. Autorin] diejenige Kraft ist, die die Menschheit zusammen mit der Aggressivität voranbringt*"[101]

Doch zurück zum Papst: „*Die Anleitung zur Keuschheit im Rahmen der Erziehung der Jugendlichen zur Selbstverwirklichung und Selbsthingabe setzt voraus, dass insbesondere die Eltern auch bei der Ausbildung anderer Tugenden mitwirken wie etwa der Mäßigung, der Tapferkeit und der Klugheit. Die Keuschheit als Tugend kann nicht bestehen ohne die Fähigkeit zum Verzicht, zum Opfer, zum Warten (…).*"[102] Der Papst schreibt an die Familien, Keuschheit sei eine Tugend, in dem Wissen, dass viele der eigenen Männer diese Tugend nicht einhalten und nicht nur, indem sie nicht zölibatär leben, sondern indem sie völlig unkeusch sexuelle Gewalt gegen Kinder und Jugendliche ausüben. Und wieder vermisse ich schmerzlich, dass der Papst auch dazu Stellung nimmt und nicht durch sein „Schweigen" das Problem unter den Tisch fallen lässt. Ein weiteres schönes Beispiel für die Doppelmoral der Kirche: Keuschheit predigen und selbst nicht leben!

Natürlich kann jetzt argumentiert werden, dass das über 20 Jahre her ist. Und es gilt nur zu hoffen, dass sich diese Meinung in der Kirche grundlegend geändert hat. Und ich war mir sicher, aktuellere Beiträge würden diese Worte eines Papstes relativieren. Dem ist aber nicht so!

Gegenüber der Schweizer Sonntagzeitung hat der Baseler Bischof Felix Gmür im Dezember 2018 gesagt, ein Leben ohne Sexualität sei *„wunderbar möglich"*[103] Man könne sexuelle Gefühle in eine andere Richtung lenken, sei es auf künstlerische Tätigkeiten, Lesen, Sport oder Meditation.

So weit, so gut, denn das hatte der Psychologe Werner Stangl ja auch schon gesagt. Auch weisen andere Kirchen ihre Schüler zum Beispiel darin ein, wie sie durch Meditation besser mit ihren sexuellen Trieben umgehen können. Ich verweise in diesem Zusammenhang auf das Strukturproblem der mangelnden Vorbereitung der katholischen Kirche auf das Zwangszölibat im nächsten Kapitel. Bischof Gmür sagte weiter: *„Ich glaube nicht, dass Menschen, die zölibatär leben, ein größeres Risiko haben, übergriffig zu werden."*[104]

Dieser Satz wurde vom Bischof nicht wirklich wissenschaftlich belegt, auch wenn er in dem Interview Zahlen von Missbrauchsopfern in der Schweiz nennt. Die aktuelle Studie von Prof. Rössner belegt dagegen, dass es eine um den Faktor 2,7 höhere Wahrscheinlichkeit gibt, durch einen Geistlichen der katholischen Kirche missbraucht zu werden, als *„bei einer Begegnung mit dem deutschen Durchschnittsmann".*[105]

Weiter meint Bischof Gmür zum Umgang mit der eigenen Sexualität: *„Man muss sich gut kennen und wissen, wodurch man sich angezogen fühlt."* Dazu gehöre, *„dass man weiß, wie man mit diesen Bedürfnissen umgehen muss, wenn man sie nicht befriedigen kann (…). **Wenn Sie extrem gerne Schokolade essen und darauf aus gesundheitlichen Gründen verzichten müssen, kann das auch manchmal schwierig sein"*** [Hervorhebung d. Autorin].[106] Die Urkraft des Lebens mit Schokoladensucht vergleichen? Und ja, wenn ich tatsächlich aus gesundheitlichen Gründen auf Sexualität verzichten müsste – welche das auch immer sein mögen –, ist das doch etwas völlig anderes als ein Zwangszölibat. Der Kommentar der Interviewer dazu hat mir gut gefallen: *„Nur schade ich niemandem außer mir, wenn ich die Schokolade trotzdem esse."*[107]

Bischof Gmür ist etwa so alt wie ich und seit diesem Jahr Leiter der Schweizer Bischofskonferenz. Diese Aussagen sind also aktuell und spiegeln damit ja die heutige Sichtweise von einem vergleichsweise jungen Repräsentanten der römisch-katholischen Kirche wider. Ich fand in den Aussagen eher das, was ich erwartet hatte, und blieb trotzdem innerlich verwirrt.

Alles änderte sich plötzlich, als ich auf ein Youtube-Video aus dem Jahr 2013 stieß. Unter FragdenKardinal.at beantwortet Kardinal Schönborn aus Wien jeweils eine Frage. In diesem Beitrag geht es um die Frage *„Sexualmoral der Kirche?"* [108] Leider, wirklich leider, ist es mir hier aus juristischen Gründen nicht möglich, das ganze Video wörtlich wiederzugeben, aber ich empfehle es sehr, es sich anzuschauen.

In dem Video fragt ein offensichtlich der römisch-katholischen Kirche sehr zugetaner junger Mann den Kardinal nach konkreten Hilfestellungen, wenn er beschließt, die als *„ziemlich hart"* [Min. 00,43] empfundene Sexualmoral leben zu wollen, und dabei an die eigenen Grenzen stößt. Er würde gerne danach leben, aber es funktioniere nicht. Er bittet um Hilfestellungen, die über die üblichen Hinweise wie Gebet oder Beichte hinausgehen.

Der Bischof antwortet zuerst mit zwei *„ganz grundlegenden Dingen"* [Min. 01,42]. Erstens: *„(...) als Katholiken glauben wir, dass die Sexualität etwas Gutes ist, sie ist nämlich von Gott geschaffen (...)"* [Min. 01,50]. Der Kardinal lobt die Sexualität als *„wunderbare Kraft"* [Min. 01,56], als *„Grundenergie im Leben"* [Min. 02,08], die uns dazu animieren würde *„uns füreinander zu interessieren"* [Min. 02,11] und nach Partnerschaften zu streben. Sexualität sei *„die Ursache davon, dass wir uns vermehren (...), dass das Leben weitergeht, und sie ist natürlich ein wunderbarer Ausdruck der Liebe"* [Min. 02,27]. Als erste Bedingung für *„ein halbwegs gutes Verhältnis"* [Min. 02,29] zur Sexualität nennt der Kardinal das Bejahen derselbigen.

Überraschende Worte für einen hohen Geistlichen der römisch-katholischen Kirche, und ich hoffte, dass sich vielleicht doch alles schon viel mehr geändert habe, als ich dachte. Doch schon die übernächsten Sätze verwirrten mich wieder: Denn – so der Kardinal –es gebe ein Zweites, was unbedingt mitbedacht werden müsse: *„Die Sexualität ist durcheinander (...), und das hat etwas mit dem zu tun, was wir die Erbsünde nennen"* [Min. 03,50]. Und dann schlägt der Kardinal den Bogen über die Geschichte von Adam und Eva, die vom verbotenen Apfel gegessen haben, zur durcheinandergeratenen Sexualität. Es sei ein Bruch entstanden, dadurch, dass Adam und Eva Gott misstraut hätten und ungehorsam gewesen seien. *„Sie sind sozusagen aus der Achse gefallen"* [Min. 04,54]. Denn die erste Konsequenz des Sündenfalls sei eine *„leibliche Folge"* [Min. 05,03]. Nackt sein an sich wäre ja nicht so schlimm, aber durch den Ungehorsam sei alles durcheinandergeraten. *„Die Harmonie zwischen Leib und Seele ist gestört* [Min. 06,06] *(...), und die Harmonie zwischen Mann und Frau ist gestört* [Min. 06,10] *(...), und das ist das Drama aller unserer Beziehungskonflikte"* [Min. 06,16].

Meine Verwirrung erreichte, während ich mir das Video ansah, ihren Höhepunkt und gleichzeitig auch ihr Ende: Ein junger Mann fragt einen Kardinal nach praktischen Tipps, wie er die als hart empfundene und für ihn so nicht durchführbare, von der Kirche proklamierte Sexualität leben könne, er bittet um Unterstützung und konkrete Ratschläge, die über das Gebet und die Beichte hinausgehen.

Und der Kardinal verwirrt, indem er die ersten Minuten darüber spricht, dass die katholische Kirche die Sexualität als wunderbare Kraft und Grundenergie des Lebens versteht. Von Gott erschaffen und dadurch gut.

Und dann kommt der erste Bruch: Die Sexualität sei durcheinander. Durch die Erbsünde, durch Adam und Eva, durch den Ungehorsam der Menschen Gott gegenüber. Dadurch sei etwas durcheinandergeraten, aus der Achse gefallen, eine Verwirrung sei entstanden zur eigenen Körperlichkeit und der Körperlichkeit des anderen …

Im Jahr 2013 antwortet ein Kardinal auf die Bitte eines jungen Mannes nach praktischen Tipps, um die von der römisch-katholischen Kirche moralisierte Sexualität besser umsetzen zu können, mit der Erklärung, dass die Sexualität durcheinander sei, weil Adam und Eva im Paradies ungehorsam gegen Gott geworden seien.

Dagegen beschreiben Sabina Tschudi und Johannes Schröder von „Body Dearmoring", die beide seit über drei Jahrzehnten intensiv einen alten spirituellen Weg gehen, ein ähnliches Phänomen, ohne das Drama und sehr sachlich[109]:

> *„Sexualität ist eine spezielle und heilige Kraft. (…) Sie [die Sexualität; Anmerkung d. Autorin] bezieht sich auf wesentlich mehr als den sexuellen Akt mit sich selbst oder einem anderen Menschen – im ersten Chakra wurzelnd, im Energiewirbel, der sich bei den Genitalien befindet, ist Sexualität die ursprüngliche, treibende Kraft der Schöpfung, aus der alles Leben entspringt. Sie ist die einzige Kraft, die Leben kreiert und erneuert. Auch alle unsere wahren menschlichen Schöpfungsakte und Veränderungen entstehen aus ihr, aus dieser kreativen Lebenskraft. Seit Jahrhunderten haben wir in unserer Kultur das ursprüngliche Wissen um die Heiligkeit der Sexualität verloren, und dadurch auch unsere Verbindung zur kreativen Lebenskraft selbst. Sex wird als entweder romantisch oder verboten gesehen, und in unserer vermeintlich offenen Kultur ist Sexualität zum Konsumgut geworden. Die Verbindung zur machtvollsten Kraft des Lebens und der Heilung ist uns abhandengekommen."*

Eine fast nüchterne Darstellung ohne Dramatisierung durch Erbsünde und Paradiesapfel, die das Dilemma, in dem wir als Menschen zurzeit stehen, beleuchtet: auf der einen Seite zu wissen und zu spüren, dass Sexualität unsere Lebens- und Urkraft ist – eine heilige Kraft –, und auf der anderen Seite wahrzunehmen, wie abgeschnitten wir noch davon sind. Da ist nicht die Sexualität verwirrt, sondern wir sind davon abgeschnitten.

Doch zurück zu den Antworten des Kardinals: Das Gute an dieser Art von Vermischungen und Querverweisen, wie er sie in seinen Antworten vornimmt, ist, dass es fast schon wieder lustig wird. Ich konnte mir zumindest neben meiner zunehmenden Verwirrung – vielleicht lag die auch am Paradiesapfel – ein gewisses Schmunzeln nicht verkneifen. Auch war meine Neugierde tatsächlich geweckt, was in den bleibenden, knapp sieben Minuten noch so kommen würde.

Die Harmonie zwischen Mann und Frau und auch zu uns selbst sei durcheinander, und das bedürfe der Heilung. Seit vielen Tausend Jahren, denn Adam und Eva gehören zur Schöpfungsgeschichte, sei das alles so, und eine Heilung sei noch nicht passiert. Im Grunde sagt der Kardinal, die Welt, die Menschen und die Sexualität seien von Anfang an durcheinander gewesen. Und das, obwohl Gott alles erschaffen hat ... Das finde ich konfus und verwirrend.

Weiter berichtet der Kardinal: *„Ich bin jetzt selber 68 und ich lebe zölibatär. Ein alter Mönch (...) hat mir gesagt: Du wirst bis zum letzten Atemzug damit zu kämpfen haben"* [Min. 07,31]. Er zitiert einen Mönch, der ihm geweissagt hätte, er würde bis zum letzten Atemzug damit zu kämpfen haben, aber womit jetzt genau? Mit der Verwirrung, die Adam und Eva verursacht haben? Oder womit sonst? Dann sagt er: *„Es ist, es ist und bleibt eine Spannung. Eine Spannung, die ganz lebensnotwendig ist, weil dahinter sehr viel Energie steht, sehr viel positive Energie, aber auch leider viel zerstörerische Energie"* [Min. 07,49]. Was ist *„ES"*? Zu Beginn hieß es, Sexualität wäre Lebensenergie, jetzt heißt es, die Spannung? Aber die Spannung war doch gerade noch das Böse, entstanden durch den Ungehorsam von Adam und Eva? Und dann ist die Spannung plötzlich lebensnotwendig?

Ganz ehrlich, plötzlich war kristallklar, warum ich seit Tagen so verwirrt war. Das bin nicht ich! Da kann ich noch 1.000 Euro ausgeben, um meine vermeintliche Schreibblockade zu lösen – die sich plötzlich von selbst auflöste. Die Verwirrung ist genau das, womit die römisch-katholische Kirche heute auf die Frage antwortet, wenn es um das Thema Sexualität geht. Geschichtlich belegt gibt es gruselige Anordnungen, Ideen und Vorgaben, wie sich Katholiken sexuell verhalten sollen, um nicht zu sündigen. Statt dazu zu stehen oder sich klar dagegen zu stellen, verwirren die Antworten die Suchenden, die Gläubigen!

Es war befreiend und für mich eindeutig und klar, dass sich in meiner Verwirrung nur die Verwirrung widerspiegelt, die von der Kirche zu diesem Thema zurzeit ausgesandt wird.

Etwas entspannter verfolgte ich das Video weiter und wusste plötzlich, wie ich das aktuelle Kapitel beginnen würde: mit der Beschreibung meiner Verwirrung! *„Wie kommst Du in dem Kampf (...) zu einem ordentlichen Gleichgewicht?"* [Min. 08,05] – fragte sich der Kardinal oder den jungen Mann. *„Das ist eine lebenslange Aufgabe (...) Einen Rat kann ich dir geben: Echte Zuwendung zu einander, echte Zuwendung, wirkliches Interesse für den anderen. Die Gefahr der Sexualität nach dem Sündenfall ist, dass wir für uns haben wollen: ich, für mich und den anderen benützen"* [ab Min. 08,28].

Tatsächlich gibt der Kardinal dem jungen Mann *„einen Rat"* [Betonung auf **einen**, Anmerkung d. Autorin], wie er *„zu einem ordentlichen Gleichgewicht"* kommen kann: *„echte Zuwendung zum anderen."* Da kommt ein junger Suchender, der es wirklich versuchen will, und bittet um Unterstützung, die über Gebete und Beichte hinausgeht, und bekommt den Rat: *„echte Zuwendung"*. Wie konkret ist diese Aussage? Der Fragende hat nach Beratungsstellen oder so gebeten und bekommt diese Antwort. Eigentlich eine Selbstverständlichkeit zwischen Christen und auch allgemein zwischen Menschen, zwischen Männern und Frauen, gerade in der Sexualität. Später sagt er noch, wenn es dem jungen Mann gelingen würde, seine Sexualität als Geschenk, aber auch als Auftrag Gottes anzusehen, dann würde es ihm gelingen, seine *„Sexualität positiv zu integrieren"* [Min. 09,46].

Und dann vergaloppiert sich der Kardinal: *„Die Gefahr der Sexualität nach dem Sündenfall ist, dass wir für uns haben wollen. [Betonung auf **uns**; Anmerkung d. Autorin]. Ich für mich und den anderen benützen Ein Großteil der (...) Sexualindustrie wie Pornografie (...) lebt davon, dass andere missbraucht werden. Missbraucht für mich, für meine Lust, für meine Befriedigung, und das ist eine Perversion (...) des ursprünglichen Sinns der Sexualität"* [ab Min. 08,45]. Drei Jahre zuvor hatte Pater Mertes den Stein ins Rollen gebracht, indem er den Missbrauchsskandal ernst nahm und veröffentlichte. Und dann wird im Netz dieses Video veröffentlicht, in dem Missbrauch als *„Perversion (...) des ursprünglichen Sinns der Sexualität"* [Min. 09,18] genannt wird, ohne mit einem Wort auf den Skandal hinzuweisen und sich davon zu distanzieren oder wenigstens Stellung zu beziehen, als gäbe es das Problem nicht.

Aber es kommt noch schlimmer: Wie im Nebensatz, so ganz am Ende, sagt der Kardinal:

„Und ein Letztes: Und wenn was schiefgeht, Thema Selbstbefriedigung, Thema falsche Begierden, begehren deines nächsten Frau und so weiter. In dem Maß, wie du auch weißt, dass du ein gefährdeter Mensch

bist, dass Dinge auch daneben gehen können, dass du auch mit deiner Sexualität falsch umgehen kannst, und dann einfach Gott um Verzeihung bitten" [ab Min. 09,56].

Wenn was schiefgeht, Thema Selbstbefriedigung. Jetzt wird es doch spannend. Durch diese Nebensätze wird die Grundeinstellung der Kirche, hier repräsentiert durch Kardinal Schönborn aus Wien, doch offensichtlich: Selbstbefriedigung ist, wenn es schiefgelaufen ist. Krass! 2013! *„Falsche Begierde"* [Min. 10,05], was alles und genau meint der Kardinal? Er sagt noch als Erklärung: *„Begehren deines nächsten Frau usw."* [Min. 10,08]. Steckt in diesem **Und-so-Weiter** nicht auch Begehren deines Freundes Kind? Eindeutig ist es „falsche Begierde" bei den Tätern von sexueller Gewalt in der römisch-katholischen Kirche. Schiefgegangen? Auch eine Sichtweise!

Und was rät der Kardinal? Wenn es dann mal *„schiefgegangen"* [Min. 09,56] ist? Dann entschuldige dich bei Gott! Ja, so ähnlich hat sich der ehemalige Bischof von Freiburg Robert Zollitsch in einem Interview auch geäußert: *„Heute mit 80 Jahren sei er aber ‚nur noch Gott und meinem Gewissen verpflichtet'."*[110]

Ok, dann ist bei meinem Täter ja ziemlich oft etwas „schiefgelaufen". Er begehrte seines Freundes Kind, und masturbiert hat er auch noch! Für seine falsche und voll ausgelebte Begierde an meinem Körper, für die hat er sich auch bei mir zu entschuldigen, nicht nur bei Gott!

Leider habe ich keinen Kommentar des jungen fragenden Mannes selbst gefunden, ob er die Antworten auf seine Bitte nach konkreten Unterstützungsangeboten der Kirche befriedigend fand. Ich persönlich finde die Frage gar nicht beantwortet.

Das Filmchen wurde mitten in der Aufarbeitung des Missbrauchsskandals in Deutschland veröffentlicht. Es wird um konkrete Möglichkeiten der Unterstützung gebeten, und der Kardinal lullt die Gläubigen mit platten Sätzen wie *„ist gut, weil von Gott erschaffen, lebendige Kraft"* und so weiter ein. Anschließend wird Verwirrung gestiftet, indem die Begriffe durcheinandergeworfen werden, und dann, wenn in mir schon alles die Orientierung verloren hat, kommt die eigentliche Botschaft, zum Beispiel: Selbstbefriedigung ist falsch und du musst dich dann bei Gott entschuldigen.

Wow! Richtig schräg für mich wurde es, als mir klar wurde, dass Kardinal Schönborn aus Wien der Bischof ist, der 2019 öffentlich der ehemaligen Nonne Doris Wagner bestätigt, dass er ihr den stattgefundenen Missbrauch glaubt. Ohne Wenn und Aber und ohne weitere Nachprüfungsmöglichkeiten! Pater Mertes beschreibt es in seinem Vorwort zu meinem Buch ja ausführlich. *„Viele Zuschau-*

erinnen und Zuschauer erlebten als Höhepunkt des Gesprächs den Moment, als Doris Wagner Kardinal Schönborn zu ihrer Geschichte befragte: ‚Glauben Sie mir meine Geschichte?'" Kardinal Schönborn antwortete: „Ja, ich glaube Ihnen."

Er, Kardinal Schönborn aus Wien, ist – heute – einer der „Guten", einer, der als Vorbild genannt wird, wenn es um Aufarbeitung und Anerkennung des Missbrauchsskandals geht.

Auch wenn ich das in diesem Moment selbst nicht übereinbekam, rutschte ich nicht wieder in die Verwirrung. Denn mir war klar geworden, dass *das* das eigentliche Strukturproblem ist, wenn es um römisch-katholische Kirche und Sexualität geht: die Verwirrung! Wenn die römisch-katholische Kirche den Mut hätte, dazu zu stehen, dass das Bild von Sexualität, das über Jahrhunderte entstanden ist und von der Kirche als alleinige Wahrheit dargestellt wurde und – tatsächlich auch heute noch – wird, ihren Ansprüchen gerecht wird und sie die Thesen zum Beispiel zum Onanieren und zur sexuellen Vereinigung ohne Trauschein offen und ehrlich für allgemein richtig benennen würde, dann könnte und müsste offen darüber diskutiert werden. Wahrscheinlich – hoffentlich – würden dann noch mehr Menschen die Kirche verlassen. Wenn die Kirche den Mut hätte zu sehen, dass viele von den Einstellungen den Menschen und auch der Urkraft des Lebens nicht gerecht werden, dann müsste sich sicht- und spürbar etwas ändern, zeitnah! Dann würde ein Video mit Kardinal Schönborn klarer sein, vielleicht sogar in einer Aussage wie „Nein, junger Mann, so konkrete Unterstützungsmaßnahmen bieten wir nicht an" oder „Wir werden innerhalb der nächsten sechs Monate das alles auch menschlicher gestalten" oder, oder, oder …

Aber die katholische Kirche macht beides nicht. Sie steht weder dazu noch stellt sie sich in der *Tat* wirklich dagegen. Ganz ähnlich verfährt sie auch mit dem Missbrauchsskandal. Wenn sie geschlossen hinter den Tätern stehen würde, dann könnten die Betroffenen damit an die Öffentlichkeit gehen; wenn die Kirche wirklich etwas dagegen tun wollte und ehrlich betroffen wäre, dann würde sich schneller und klarer objektivierbar mehr ändern.

Aber die Kirche wählt den Eiertanz, viel reden, wenig sagen und noch weniger tun, nachdem jahrelang gar nichts gesagt wurde, wahrscheinlich in der Hoffnung, es würde sich von selbst erledigen. Damit ist sie weniger angreifbar und muss gleichzeitig auch nicht so viel in wirklich kurzer Zeit verändern. Ein Paradebeispiel dafür ist für mich Bischof Ackermann bei „Anne Will" am 24.02.2019[111].

Die Kirche geht also mit dem Skandal von sexueller Gewalt innerhalb der Kirche ähnlich verwirrend und unklar um wie mit dem Thema Sexualität allgemein und damit, wie sich Katholiken sexuell richtig verhalten sollten. Dabei hatte Bischof G. Robinson bereits 2010 darauf hingewiesen, dass es seiner Meinung nach in zwei Bereichen der katholischen Kirche grundlegende Veränderungen geben müsse: *„im Umgang mit Macht und im Umgang mit der Sexualität.“*[112] Indem sich die römisch-katholische Kirche eben nicht klar positioniert, sondern einlullt, verwirrt und im Nebensatz die Einstellungen einfach wie Wahrheiten benennt, bleibt sie wie unter dem Radarschirm der Angreifbarkeit. Ich stimme Bischof Robinson vollumfänglich zu, im Umgang mit der Sexualität muss die römisch-katholische Kirche radikal etwas verändern, das fängt schon damit an, wie sie sich zu dem Thema positioniert oder eben nicht! Klarheit, Angreifbarkeit und Offenheit, das wären die ersten Schritte. Bischof Robinson beschreibt es so: *„Was nötig ist, ist eine gesamtkirchliche offene und ehrliche Diskussion dieser Themen.“*[113]

Der Verfasser der Webseite der Karl-Leisner-Jugend schrieb ja, *„in der Presse, dem Fernsehen und den Laberkreisen“*[114] würde die katholische Kirche als Spaßbremse hingestellt. Ich weiß nicht, wem ich mich zugehörig fühlen sollte, wahrscheinlich den *„Laberkreisen“*, denn ich vertrete ganz klar die Ansicht, dass die römisch-katholische Kirche Körper- und Lustfeindlichkeit von ihren Anhängern und Anhängerinnen verlangt, eine rigide Sexualmoral vertritt, aber noch nicht einmal wirklich dazu steht.

Wenn der junge Mann aus dem Video sich dazu entscheiden würde, Priester zu werden, dann stünde er mit seinem Problem und seinen Fragen ganz schön im Regen. Und damit wären wir bei einem anderen, hoffentlich nicht ganz so verwirrenden Strukturproblem der römisch-katholischen Kirche: die Vorbereitung der angehenden Priester auf das Zwangszölibat.

„Das Hauptproblem besteht meines Erachtens darin,
dass die Menschen insbesondere in der katholischen Kirche darauf
nicht vorbereitet werden."

Aus: Werner Stangl „Katholische Kirche und Sexualität" (2019) [115]

Vorbereitung der Priester auf das Zwangszölibat

„Das Zölibatsgesetz geht davon aus, dass alle, die von Gott zum Pries-
terdienst berufen werden, von Gott auch zur Ehelosigkeit berufen sind
und die erforderliche göttliche Hilfe erhalten, um ein sexuell enthalt-
sames Leben zu führen. Aber ist dies eine bloße Behauptung oder eine
erwiesene Tatsache?"[116]

Eine spannende Frage, die der australische Bischof G. Robinson in seinem Buch
„Macht, Sexualität und die katholische Kirche" stellt. Und wenn es keine erwiesene
Tatsache ist, sondern nur eine Behauptung, wie werden die Priesteranwärter auf
die Tatsache des Zwangszölibats vorbereitet? Wenn sich ein junger Mann dazu
berufen fühlt, in der römisch-katholischen Kirche Priester zu werden, wird er
irgendwann auf seinem Weg erkennen, dass dieser Job nur im Gesamtpaket zu
bekommen ist. Ähnlich wie die Erkenntnis, dass Elternwerden oft sehr einfach ist,
Elternsein sich dagegen im jahrelangem Gesamtpaket regelmäßig auch als mühsam entpuppt.

Hier geht es jedoch um die Menschen, die beschließen, kein Vater zu werden
und auch der Lebenskraft der Sexualität ganz zu entsagen. Wie in dem Video mit
Kardinal Schönborn[117] aus 2013 ja schon ersichtlich wurde, gilt für die römisch-katholische Kirche sogar die Sexualität mit sich selbst als schiefgelaufen.

Bastian Obermayer und Rainer Stadler widmen dem Thema ein ganzes Kapitel Sie schreiben unter *„Der Zölibat und die fehlende Reife"*: *„In der Vergangen-*
heit hat sich allzu oft gezeigt, dass sich junge Männer, die den Weg zum Priester-
amt beschreiten, nicht ausreichend mit ihrer Sexualität beschäftigt haben. Oft
geben sich Priesteranwärter der Illusion hin, mit der Entscheidung, zölibatär zu
leben, habe sich das Thema Sexualität erledigt".[118] Die Autoren zitieren die irische
Psychotherapeutin Marie Keenan, die sowohl Opfer als auch Täter behandelt hat
und eindringlich davor warnt, *„die eigene Sexualität auf diese Art zu verdrän-*
gen". Viele Geistliche würden sich: *„erst mit dem emotionalen Aspekt eines sol-*
chen Verlustes" auseinandersetzen, *„wenn sie bereits in große emotionale und*
soziale Konflikte"[119] involviert wären. Oft würden die Männer dann dazu neigen,
auch ohne *„emotionale Intimität"*[120] zu leben. Diese Erfahrung knüpft für mich
an das Kapitel an, in dem ich die Nachteile des „reinen Männervereins" geschil-
dert habe.

Keenan wird weiter zitiert: „*In solchen Situationen verstärken sich die Probleme der emotionalen Einsamkeit und Isolation und damit das Risiko einer Verletzung sexueller Grenzen.*"[121] Obermeyer und Stadler ziehen daraus den Schluss: „*Ein Mensch, der sich nicht mit seiner Sexualität auseinandersetzt, ist demnach nicht nur sexuell, sondern auch emotional unreif – und damit potenziell gefährlich für seine Mitmenschen.*"[122] Das steht im Widerspruch zum Bischof aus Basel, der ja die These vertrat, dass zölibatär lebende Menschen kein höheres Risiko hätten, übergriffig zu sein. Die These von Obermeyer und Stadler wird durch die aktuelle Studie von Prof. Rössner inzwischen sogar wissenschaftlich belegt.[123]

Weiterhin wird in dem Buch der Theologe und Psychotherapeut Wunibald Müller zitiert, der die Meinung vertritt, auch Priester, die zölibatär leben würden, müssten sich darüber im Klaren sein, was sie eigentlich erregt, um zu lernen, „*das in den Griff zu bekommen*"[124]. Er vergleicht dieses Lernfeld mit der Herausforderung für monogam lebende Paare, die sich Enthaltsamkeit außerhalb der Ehe versprochen haben. Diese Gedanken halte ich für besonders wichtig, weil die jungen Priesteranwärter den Unterschied erlernen müssen zwischen körperlich empfundener Erregung wie gespürtes sexuelles Verlangen, was an sich nicht zu unterbinden ist und damit auch kein Versagen an sich darstellt, und dem Nichteinhalten von sexuellen Grenzen oder – auch wenn ich persönlich nicht dahinterstehe – dem Nichteinhalten des Zölibats.

Peter Winnemöller, freier Journalist, Blogger und Theologe, veröffentlicht auf der Internetseite Kath.Net[125] am 15.04.2019 den Artikel „*Es gibt keine solche Monarchie in der Kirche*" Er schreibt unter anderem in Bezug auf den Missbrauchsskandal: „*Es ist auch eine Krise des Priestertums, die aus dem Konvikt und dem Seminar ein offenes Studienhaus in Beliebigkeit der Lebensformen machte, statt geistlich angemessen auf den Zölibat vorzubereiten, der mehr ist, als reine Enthaltsamkeit. Die geistliche und moralische Ausbildung der Priester verkam zu einer Farce. Man wundert sich angesichts der Schilderungen des Emeritus eher über die vielen guten Seelsorger, die es trotzdem noch gibt. (…).*"[126] Daraus lässt sich schließen, dass keine angebrachte Vorbereitung der jungen Männer stattfand und wahrscheinlich stattfindet.

Im Februar 2019 wurde im ZDF eine Dokumentation mit dem Titel: „*Abschottung oder Aufbruch?*"[127] zum Thema Missbrauchsskandal ausgestrahlt. Ab Minute 12,25 heißt es, in Deutschland habe die katholische Kirche bereits 2011 mit zahlreichen Maßnahmen reagiert. Unter anderem wird erwähnt, es gebe Veränderungen bei der Priesterausbildung: Als Musterbeispiel wird das Bischöfliche Priesterseminar Borromäum in Münster genannt. Dort wurden zur Zeit der Dreharbeiten 18 junge Männer auf die Arbeit in der Kirche vorbereitet. Es gebe einen Präventionskurs, in dem die Männer für den Umgang mit sexueller Gewalt sensibilisiert würden. Dass Themen wie Machtstrukturen und Sexualmoral an der Tafel stünden, sei bereits eine kleine Revolution, heißt es.

Laut dem Abschnitt über das Borromäum lernen die Seminaristen, wie sexuelle Gewalt entsteht und wie sie sich bei Verdachtsfällen von Missbrauch verhalten sollen. Ich finde, das sind zwei verschiedene Themen. Natürlich ist es unbedingt erforderlich, dass Priester darauf vorbereitet werden, wie sie mit Verdachtsfällen von sexueller Gewalt umgehen sollen. Aber sie müssen eben *auch* darauf vorbereitet werden, wie sie mit ihrer eigenen Sexualität umgehen müssen und vor allem mit dem *Nichtleben* der eigenen Sexualität, also mit *Nosex*. Das wäre die Präventionsmaßnahme, das wäre ein wesentlicher Schutz vor sexuellen Übergriffen auf Kinder, Jugendliche und abhängige Erwachsene.

Wie die Kirche sicherstelle, dass die Anwärter geeignet sind, wird in dem Beitrag gefragt. Die Seminaristen müssten seit 2010 ein erweitertes polizeiliches Führungszeugnis vorlegen, weiter gebe es vor, während und nach dem Studium Präventionsschulungen. Genauer wird darauf nicht eingegangen. Der Leiter des Seminars Hartmut Niehues – selbst Priester – sagt, man sei sensibler bei der Auswahl geworden, achte auf die menschliche Reife und die Auseinandersetzung mit Sexualität. Als Beispiel sagt er, dass bereits beim ersten Gespräch nach etwa 30 Minuten das Thema „*eheloses Leben*" [Min 14,15] zur Sprache käme. Es werde sehr direkt nach der persönlichen sexuellen Orientierung gefragt. Es werde aber natürlich keine Antwort erwartet, sondern es solle signalisiert werden, dass dieses Thema kein Tabuthema sei. Es würden im Laufe der Ausbildung immer wieder Impulse gesetzt werden, sodass die jungen Männer in die Auseinandersetzung mit der eigenen Sexualität hineingeführt würden. Welche Impulse das sind, wurde nicht gesagt.

Die MHG-Studie mache deutlich, dass man noch sensibler mit dem Thema umgehen müsse, so Niehues. Was noch stärker gemacht werden könnte, wäre, sexualpädagogische Elemente in die Ausbildung aufzunehmen, also Experten von außerhalb mit einzubeziehen, so der Leiter des Seminars. „*Das Ziel müsse sein, Priester ein Leben lang beim Thema Sexualität zu begleiten, so wie es die Studie fordert*"[128], heißt es wörtlich in dem Filmabschnitt.

Mich persönlich hat dieser Abschnitt der Dokumentation nicht überzeugt. Wenn ein Priester, der selbst unter der nicht eindeutigen, unklaren und rigiden Sexualmoral der römisch-katholischen Kirche „aufgewachsen" ist, andere Priester besser auf das „ehelose" Leben vorbereiten will, müsste meiner Meinung nach sehr große Bewusstseinsentwicklung und innere Arbeit als Vorleistung passiert sein, um das Thema Sexualität wirklich als Nicht-Tabuthema behandeln zu können. Abgesehen davon ist ein „eheloses" Leben nicht das gleiche wie ein Leben ohne Sexualität, weder mit sich selbst noch mit anderen, also ein *Nosex*-Leben.

Genau an diesen Ungenauigkeiten wird für mich deutlich, dass noch nicht scharf genug fokussiert wird, auch in den Dokumentarfilmen. Die Täter von sexuellen Übergriffen an Kindern, Jugendlichen und jungen Erwachsenen leben „ehelos", mich hat mein Täter nicht geheiratet! Aber sie leben nicht ohne Sexualität. Also selbst in dem im Film gepriesenen Seminar werden die Priesteranwärter wohl eher auf den Umgang mit Verdachtsfällen von sexueller Gewalt und einem ehelosen Leben vorbereitet als auf das Riesenproblem, dem sich die jungen Männer irgendwann stellen müssen, dem Zwangszölibat, einem Leben ohne Sexualität.

Es geht mir bei der Dokumentation des ZDFs ähnlich wie bei dem Video mit Kardinal Schönborn, es bleibt mir zu ungenau, zu unklar. Allein die Frage nach der eigenen sexuellen Orientierung im Erstgespräch ohne Erwartung einer Antwort darauf ist mir zu wenig konkret. Warum scheut der Leiter des Seminars die Antworten? Warum konfrontiert er die jungen Männer nicht genau mit den Antworten? Und ist die persönliche sexuelle Orientierung die Antwort auf den Umgang mit dem Zwangszölibat? Nein! Sicher nicht!

Später kommt die Aussage, sie müssten mehr Experten von außen in die Ausbildung gerade in diesem Kontext aufnehmen. Ja, warum ist das nicht schon längst passiert? Gehen die Ausbilder als langjährige Priester davon aus, sie seien Experten in Fragen zu natürlichem und gutem Umgang mit Sexualität? Sicher müssten sogar Frauen mit einbezogen werden, warum ist das nicht schon geschehen? Haben die Seminarleiter Angst davor?

Herr Niehues meint, die Studie würde belegen, sie müssten noch sensibler mit dem Thema umgehen. Aber seit wann gehen sie denn überhaupt sensibel damit um? Es geht um Prävention von sexueller Gewalt gegen wahrscheinlich Tausende von Kindern, Jugendlichen und abhängigen Erwachsenen, das Bistum wird als Musterbeispiel des positiven Willens und des echten Veränderungswunsches der Kirche dargestellt, und dann ist das die Revolution, dass Wörter wie Sexualmoral und Machtstrukturen intern – sozusagen, wenn man unter sich ist – angesprochen werden? Dass die jungen Männer auf ein „eheloses" Leben vorbereitet werden und weniger auf *Nosex*?

Laut Werner Stangl können nicht einmal 10% (!) der katholischen Priesteranwärter ein zölibatäres Leben durchhalten.[129] Das bedeutet, dass ein großer Teil der Ausbilder selbst nicht zölibatär lebt, sich also in der Blase des Doppellebens, der Nichtwahrheit oder sogar des Täters von sexueller Gewalt befindet!

Ich als Betroffene warte auf und erwarte die große Revolution! Es gibt ja sehr konkrete Vorschläge, wie aus dem folgenden Text zu entnehmen ist. Werner

Stangl schreibt zum Beispiel: *„In anderen Religionen wird das etwas anders gehand-habt: Im Buddhismus zum Beispiel versucht man tatsächlich durch jahrelange Übungen, die Mönche darauf vorzubereiten, dass sie in sich das ganze Triebhafte tragen, dass demgegenüber auch das Durchgeistigte, das Transzendentale steht, und wie man diese beiden Kräfte sozusagen gegeneinander nicht ausspielt, son-dern miteinander vereinen kann (...).*"[130] Offensichtlich gibt es mehr Möglichkei-ten, zum Beispiel jahrelanges Üben von Meditationstechniken, die andere Reli-gionen mit Anwärtern durchführen. Warum schaut sich die katholische Kirche so etwas nicht ab? Stangl schreibt weiter: *„Und das fehlt in der katholischen Kir-che vollkommen, wie überhaupt in der ganzen Ausbildung Sexualpsychologie keine Rolle spielt".*[131]

Der Artikel wurde drei Monate nach der ZDF-Sendung veröffentlicht. Er beschreibt, dass die Maßnahmen der katholischen Kirche offensichtlich nicht ausreichen. Der Seminarleiter aus Münster hatte selbst zugegeben, dass sexual-pädagogische Elemente – eben auch von außen – in die Ausbildung mit aufge-nommen werden müssten. Aber worauf wartet die katholische Kirche noch? Das Ziel müsse sein, die Priester ein Leben lang mit dem Thema Sexualität zu beglei-ten, ja, dann tut das doch!

Wenn die katholische Kirche wirklich meint, zurzeit an dem Zwangszölibat festhalten zu müssen, dann müsste sie wenigstens umgehend jeden Priester bis ans Lebensende bei dem Thema *Nosex* begleiten. Die Kirche müsste den ange-henden und den amtierenden Priestern, Bischöfen, Kardinälen und Päpsten par-allel zum Zwangszölibat eine Zwangsbegleitung – und zwar von außen – ange-deihen lassen. Und niemand dürfte davon ausgenommen sein. Zeitgleich könnte – und müsste – die katholische Kirche auf die lange Erfahrung von anderen Reli-gionen, zum Beispiel des Buddhismus, zurückgreifen.

Das würde allerdings bedeuten, die katholische Kirche müsse bereit sein, die Türen und Tore zu öffnen! Ohne Machteinfluss auf die Begleitung und ohne Machteinfluss auf das Ergebnis! Die Entscheidungsträger – nein, eigentliche alle Männer der Kirche – müssten vom hohen Ross der Allwissenheit und der Unfehl-barkeit absteigen und sich selbst als fehlbar und menschlich erkennen – und sich dazu bekennen. Das wäre ein Teil der großen Revolution, so lange, bis die Kir-che dazu bereit ist, radikalere Veränderungen wie Frauen in Führungspositio-nen zuzulassen.

Die Grundvoraussetzungen für diese Teile der großen Revolution stoßen jedoch auf weitere Strukturprobleme der Kirche, auf die künstlich erhöhte moralische Instanz der Geistlichen und auf die Machtstrukturen, das monarchische System und die strenge Hierarchie der römisch-katholischen Kirche.

„Das unfehlbare Lehramt des Römischen Bischofs"
(Pastor aeternus, Kap. 4, 3074–3075)

„Wenn der Römische Papst in höchster Lehrgewalt (ex cathedra) spricht, das heißt: wenn er seines Amtes als Hirt und Lehrer aller Christen waltend in höchster apostolischer Amtsgewalt endgültig entscheidet, eine Lehre über Glauben oder Sitten sei von der ganzen Kirche festzuhalten, so besitzt er aufgrund des göttlichen Beistandes, der ihm im heiligen Petrus verheißen ist, jene Unfehlbarkeit, mit der der göttliche Erlöser seine Kirche bei endgültigen Entscheidungen in Glaubens- und Sittenlehren ausgerüstet haben wollte."

Aus: I. Vatikanisches Konzil „Pastor aeternus"[132]

Künstlich erhöhte moralische Instanz der Geistlichen

In der römisch-katholischen Kirche gilt seit dem Ersten Vatikanischen Konzil in den Jahren 1869/1870 das Dogma der Päpstlichen Unfehlbarkeit, wie aus dem Zitat vor dem Kapitel deutlich wird. Begründet wird die Unfehlbarkeit des Papstes mithilfe eines *„göttlichen Beistandes, der ihm im heiligen Petrus verheißen wurde. Untermauert wird dies oft durch eine Bibelstelle aus dem Matthäusevangelium (Mt 16,18f.). Dort spricht Jesus zu seinem Jünger Simon Petrus: ‚Du bist Petrus und auf diesen Felsen werde ich meine Kirche bauen und die Mächte der Unterwelt werden sie nicht überwältigen' (…) Die Bischöfe legten jedoch ebenfalls fest, dass es dem Pontifex nicht möglich sei, zu jedem frei gewählten Thema eine unfehlbare Wahrheit zu verkünden. Seine Macht, unfehlbar zu sprechen, beschränkt sich daher auf Themen der ‚Glaubens- und Sittenlehre'.*"[133]

Bischof Geoffrey Robinson schreibt: *„Jeder sexuelle Übergriff ist in erster Linie ein Machtmissbrauch. Es ist ein Missbrauch von Macht in sexueller Form (…) Spirituelle Macht ist wohl von allen Mächten die gefährlichste, verleiht sie doch die Befugnis, sogar über das ewige Schicksal eines anderen Menschen zu entscheiden (…) Je größer die Macht ist, die jemand ausübt, desto mehr muss vor dem Einsatz geprüft und abgewogen werden und desto mehr ist anschließend Rechenschaft darüber abzulegen.*"[134]

Diese Sätze des Bischofs aus Australien sind umso bedeutender, weil er selbst im kirchlichen Auftrag den Missbrauchsskandal in Australien aufarbeitete. Sich seiner eigenen erhöhten Verantwortung bewusst zu sein, weil er eine hohe Machtposition innehatte, zeugt in meinen Augen von großer innerer Stärke und Reflexionsbereitschaft. Diese spiegelt sich auch in vielen Abschnitten seines Buches wider, in dem er deutliche und sehr kritische Worte über „seine" Kirche findet.

Doris Wagner hat dem Thema ein ganzes Buch gewidmet: *„Spiritueller Missbrauch in der katholischen Kirche*"[135]. Pater Klaus Mertes schreibt in seinem Vorwort zu dem Buch: *„Sexualisierte Gewalt in geistlichen Gemeinschaften ist nicht zu verstehen ohne den Kontext des geistlichen Missbrauchs.*"

Ein weiteres Beispiel, in dem ein Kirchenmann, der sich ausgiebig mit dem Thema Missbrauch in der katholischen Kirche befasst hat, darauf hinweist, dass es einen engen Zusammenhang zwischen künstlich erhöhten moralischen Instanz der Geistlichen und der dadurch entstehenden Macht und sexueller Gewalt. Auch Doris Wagner ist als Betroffene sicher eine Fachfrau auf diesem Gebiet.

Vor ein paar Tagen traf ich eine Freundin, die von einer Glaubensgemeinschaft berichtete, in der es keine Priesterweihen gibt. Die Ämter in der Gemeinschaft werden auf drei bis sechs Jahre unter den Gläubigen demokratisch bestimmt. Sie berichtete, sie sei vor Jahren bei einer Kirche während der Diskussion über die Weihe von Frauen ins Priesteramt ganz still geworden, weil ihr selbst plötzlich bewusst geworden sei, dass sie gegen die Weihe von Frauen sei, weil sie überhaupt gegen die künstliche Erhöhung durch eine Weihe von Priestern und Priesterinnen sei. Sie hat auch deshalb die Kirche verlassen und sich die Glaubensgemeinschaft gesucht, die ihrer inneren Wahrheit am meisten entspricht.

Mich hat das Gespräch mit der Freundin sehr bewegt. Ich schreibe seit Monaten an dem Buch und mache mir viele Gedanken über die Strukturprobleme der römisch-katholischen Kirche. Ich kann zutiefst spüren, dass radikale – in Anlehnung an den Ursprung dieses Wortes: von der Wurzel her – Veränderungen nötig sind. In den verschiedenen Talkshows wird über das Thema Frauen in Führungspositionen der römisch-katholischen Kirche diskutiert. Bischof Ackermann nennt die Tatsache, dass es keine Frauen im Priesteramt gibt bei „Anne Will" am 24.02.2019 „ne theologische Frage"[136], als sei das eine zufriedenstellende Antwort. Doch tatsächlich wird dabei die eigentliche Machtfrage übersehen.

Bischof Gmür aus Basel sagte in seinem Interview mit der Sonntagszeitung der Schweiz im Dezember 2018: „Steht ihm [dem Priester; Anmerkung d. Autorin] ein anderer Priester gegenüber oder ein Gläubiger, dessen Seelsorger er ist? Im zweiten Fall gibt es ein Machtgefälle, das ihm bewusst sein muss."[137] Die Freundin hat recht! Dadurch, dass Menschen – in der römisch-katholischen Kirche eben nur Männer – geweiht werden, entsteht ein Gefälle, eine Erhöhung der Priester, eine künstliche Macht, und damit sind wir wieder bei Bischof Robinson und seiner Aussage: „Jeder sexuelle Übergriff ist in erster Linie ein Machtmissbrauch."[138]

Robinson führt in seinem Buch genauer aus, dass es sich um Übersetzungsfehler des ursprünglichen Textes der Bibel handelt. Der ursprünglich griechische Text würde eigentlich heißen, jeder Hohepriester würde aus den Menschen „genommen"[139] und für die Menschen eingesetzt und eben nicht, dass jeder Hohepriester aus den Menschen „ausgewählt"[140] würde. Über die lateinische Übersetzung wurde dann sogar „erhoben"[141] daraus, wodurch das Bild entstand, der Priester würde aus der Gemeinde der Menschen auf eine höhere Ebene hochgehoben ... Sobald eine Beziehung nicht auf Augenhöhe geführt wird, besteht die Gefahr des Machtmissbrauchs – in welcher Form auch immer! Robinson schreibt weiter, die Vorstellung des „Herausgehobenseins" gehöre zur Kultur der katholischen Kirche und fördere den „Messiaskomplex", der wiederum „zu einer ‚Mystifizierung' des Priesteramtes" und damit zu einem Dauerzustand des „Herausgehobenseins" führe[142]. Damit genießen Priester eine Art Immunität – wie Könige und Diplomaten – und können bei nachgewiesenen Straftaten nicht einfach entlassen werden. Einer der Gründe, warum Täter innerhalb der römisch-katholischen Kirche einfach auf andere Stellen versetzt werden, ohne Verantwortung für ihre Taten übernehmen zu müssen.

Ein weiteres Phänomen unterstützt den Selbstläufer des *„Herausgehobenseins"*[143]: Wenn ein Mensch das Gefühl bekommt, er sei vollkommen und erhaben und er müsse das auch sein, wird es immer schwieriger, eigene Unvollkommenheiten und eigenes Versagen zu sehen, es sich und auch anderen gegenüber einzugestehen. Offensichtlich ein Strukturproblem, das die Vertuschung von Fehlerhaftem unterstützt und fördert.

Durch die künstliche Erhöhung von Priestern gibt es auch kaum Kritik aus den eigenen Reihen. Der Geistliche gilt als „heiliger Mann im heiligen Amt", bekommt eine natürliche und moralische Autorität, geschürt und geprägt durch das tiefe, anerzogene Schuldgefühl der Gläubigen – ein weiteres spannendes Strukturproblem. Es gibt kaum Zweifel an der Integrität der Priester und Bischöfe, sie werden verehrt, gar angehimmelt. Eine der vielen Antworten sicher darauf, warum auch meine Eltern mir damals nicht glaubten.

In dem Buch *„Bruder was hast Du getan?"* heißt es zu dem Thema bezogen auf das Kloster Ettal: *„Und wenn das Undenkbare doch eintritt, muss es verheimlicht oder vertuscht werden ..."*.[144] Später wird von einer *„bigotten Verehrung der heiligen Ämter"*[145] geschrieben. Und: *„Nicht nur die Anhänger der Kirche gestehen den Geistlichen eine Sonderstellung zu, Priester und Mönche selbst nehmen für sich in Anspruch, auserwählt zu sein, von Gott zu ihrem Amt berufen"*[146]

Natürlich gelten diese Beobachtungen und Ausführungen nicht nur für Ordensleute, sondern auch für Priester und „höhere Geistliche" wie Bischöfe und Kardinäle. Im Buch wird der irische Priester und Theologieprofessor Eamonn Conway, Experte für sexuellen Missbrauch in der Kirche, zitiert *„Priester bilden die privilegierteste Gruppe innerhalb der seelsorgerischen und heilenden Berufe. Sie tragen Verantwortung für das geistige Wohl ihrer Schutzbefohlenen und verfügen diesbezüglich über allgemein akzeptierte Autorität".*[147]

Die Autoren des Buches beziehen sich außerdem auf einen Untersuchungsbericht aus Österreich, in dem es heißt, dass es Täter aus der katholische Kirche nicht einmal für nötig befänden, die Opfer durch Drohungen zum Schweigen zu zwingen, weil sie sich *„ihrer Machtposition und Autorität so sicher"* seien, dass sie davon ausgehen könnten, *„dass dem Kinde ohnehin keiner glauben würde"*. Letztlich konnten die Geistlichen: *„(...) immer darauf bauen, dass die Verantwortlichen der katholischen Kirche im Zweifelsfall ihre schützende Hand über sie halten würden."*[148]

Mich haben diese Zeilen sehr wütend gemacht. Ich musste sofort an den Fragebogen aus dem zuständigen Bistum denken. Hatte sich Herr Eins wirklich so wenig mit der Materie befasst? Es ist so leicht, Informationen und Hintergründe in den entsprechenden Büchern oder im Internet zu finden. Die Fragen, ob der Täter mich eingeschüchtert hätte, damit ich nichts sagen würde oder warum meine Eltern mir damals nicht glaubten, hätte er sich selbst schon beantworten und die Gefahr einer Retraumatisierung verhindern können.

Wie Bastian Obermayer und Rainer Stadler geschrieben haben, gehen die Geistlichen der katholischen Kirche häufig selbst schon davon aus, auserwählt und privilegiert zu sein. Das kann dazu führen, dass sie die Bodenhaftung verlieren. Sie nutzen eine theologische und oft belehrende und kaum zu verstehende Sprache. Ein Beispiel sind die zahlreichen Briefe, die ich vom zuständigen Bistum erhielt. Ein weiteres schönes Beispiel ist und bleibt für mich Bischof Ackermann bei „Anne Will" am 24.02.2019.[149] Auch Herr Vier! des zuständigen Bistums – selbst nicht Priester, sondern Jurist –, ist ein gutes Beispiel dafür, wie der Kontakt zwischen Menschen verloren geht, wenn einer oder eine glaubt, überhaben und besser zu sein und sich in der Machtposition zu befinden, über den anderen bestimmen zu können. Es kommt zu mangelnder Sensibilität dem Opfer gegenüber, es wird dann zum Beispiel von „Einigung" geschrieben, oder der Täter und das Opfer werden zusammen namentlich in einem Zug genannt.

Das Strukturproblem der künstlichen und moralischen Erhöhung der Geistlichen gipfelt letztendlich in einem weiteren sehr gravierenden Strukturproblem: dem monarchischen System, den patriarchalischen Machtstrukturen und der dogmatischen Struktur der katholischen Kirche.

„Diesmal geht es nicht um Änderungen am System,
sondern um das System selbst.“

Ellen Ueberschär, Theologin und Pfarrerin, ehemalige Generalsekretärin
des Evangelischen Kirchentages[150]

Die Monarchie

„Die Vatikanstadt, der kleinste Staat der Welt und deren letzte abso-
lute Monarchie, steht unter der Autorität des Heiligen Stuhls.“[151]

Ok, das Zitat ist aus 2012. Gerne würde ich hoffen, die Zeiten der absoluten Monarchie in der römisch-katholischen Kirche hätten sich inzwischen geändert. Aber
in den letzten sieben Jahren hat sich gerade in dieser Struktur offensichtlich nicht
viel getan. Je mehr ich mich mit dem Thema befasse, umso mehr finde ich Hinweise darauf, dass nicht einmal der Wille oder die Einsicht der Reformnotwendig-
keit in diesem Punkt wirklich da zu sein scheint.

Das geht zum Beispiel aus dem Artikel von Peter Winnemöller, freier Journalist und Blogger und, wie ich aus seiner persönlichen Mail vom 17.07.2019 entnehmen konnte, auch Theologe, hervor, veröffentlicht am 15.04.2019, ausgerechnet unter dem Titel: *„Es gibt keine solche Monarchie in der Kirche“*.[152] Er
antwortet mit dem Text auf einen Gastbeitrag der evangelischen Theologin Ellen
Ueberschär für die Zeitschrift *Herder Korrespondenz* mit dem Titel: *„Gewalten-*
teilung, Mitbestimmung, Synodalität: Demokratisiert den Vatikan!“[153] Herr Winnemöller schreibt unter anderem: *„In der Tat ist der Vatikanstaat politisch eine*
absolute Monarchie, in der der Papst im Prinzip Alleinherrscher ist.“ Der Titel des
Artikels steht schon im Widerspruch zu dem Satz. Weiter stellt er die Macht des
Monarchen infrage: *„Doch welche Macht ist damit verbunden? Vermutlich hat*
jeder westfälische Provinzbürgermeister mehr politische Macht als der Papst“[154]

Aber ist das wirklich so? Kann und darf sich ein westfälischer Provinzbürgermeister wie ein Monarch ansprechen lassen und sich wie ein König, ein Alleinherrscher aufführen? Herr Winnemöller erklärt weiter: *„Der Papst ist das sicht-*
bare Oberhaupt der Katholiken weltweit. Das Petrusamt ist mit gar keinen
Machtbefugnissen ausgestattet außer denen, die Jesus selber dem Petrus gegeben
hat. Kein Papst kann etwas Neues erfinden oder einen neuen Glaubenssatz kons-
truieren. Kein Papst kann einen Glaubenssatz außer Kraft setzen. Der Papst ist
kein Monarch (=alleinherrscher) des Glaubens, er ist ein Diener der Wahrheit und
alle seine in Vergangenheit tatsächlich verwendeten Königsattributen zeigten dem
Grunde nach auf Christus, dessen Stellvertreter auf Erden er ist. Christus allein
ist der Herr der Kirche und der Herr des Glaubens.“[155]

Wenn ich politisch richtig informiert bin, dann könnte auch ein westfälischer
Provinzbürgermeister nicht allein ein Gesetz neu erschaffen oder abschaffen. So

ganz allein kann das noch nicht einmal der zurzeit amtierende US- Präsident, auch wenn er sich gerne als Monarch – nicht nur der USA – twittert und selbst vielleicht auch so sieht.

Und so ganz stimmt ja der Satz von Winnemöller nicht, denn es gibt zum Beispiel die Möglichkeit des Dogmas, der Papst wird als unfehlbar anerkannt und hat damit sicher viel mehr Macht als ein westfälischer Provinzbürgermeister und wahrscheinlich sogar als Donald Trump – auch wenn dem das eventuell nicht gefallen wird.

Die Doppelrolle des Papstes wird in dem Artikel *„Diskrete Monarchie"* aus DIE ZEIT genau beschrieben: *„Im Kirchen- und Völkerrecht sind der Heilige Stuhl und der Papst identisch. Anders als Regierungs- oder Staatschefs, die ein Völkerrechtssubjekt nur repräsentieren, ist der Papst als einzige natürliche Person der Welt selber eins, solange er sein Amt innehat"*[156]

Der Papst hat als einziger Mensch auf der Welt also die Sonderrolle, selbst ein Völkerrechtssubjekt, also ein *„Träger völkerrechtlicher Rechte und/oder Pflichten, dessen Verhalten also unmittelbar durch das Völkerrecht geregelt wird"*[157] zu sein und dieses nicht nur zu vertreten. *„Die Vatikanstadt, der kleinste Staat der Welt und deren letzte absolute Monarchie, steht unter der Autorität des Heiligen Stuhls. Deshalb spricht der Papst vor den Vereinten Nationen oder auf Staatsbesuchen nicht bloß als Regent eines anachronistischen Halbquadratkilometerstaates, sondern als Oberhaupt der mehr als eine Milliarde Katholiken, der größten Gemeinschaft der Erde. Sie ist mehr als eine Glaubensgemeinschaft."*[158]

Herr Winnemöller hat also insofern recht, als der Papst kein Alleinherrscher des Glaubens ist. Aber er ist ein Monarch in doppelter Funktion – er ist der „König" des *„kleinsten Staates der Welt"* **und** er ist Oberhaupt der größten Glaubensgemeinschaft der Welt. Und hat – wie schon erwähnt – machtvolle Instrumente wie die Annahme seiner Unfehlbarkeit und den Erlass eines Dogmas.

Sicher sollte davon ausgegangen werden, dass ein Papst nicht ganz allein Gesetze und Regeln sowohl für „seinen" Staat als auch für die Gläubigen seiner Kirche aufstellt, sondern dass er sich dafür vorab beraten lässt, aber er könnte es tun! Und genau da liegt die Krux. Der Papst hat die Möglichkeit des Alleingangs – also natürlich immer mit dem „göttlichen Beistand" – oder die, sich beraten zu lassen. Die Berater an seiner Seite sind ihm jedoch alle unterstellt, er selbst benennt sie, sie sind definitiv nicht unabhängig, sondern abhängig, alle sind Teile der Machtpyramide, klar ausgerichtet nach oben zur Spitze, zum „heiligen Stuhl"!

An dieser Stelle ist auch zu erwähnen, dass die Versuchung der eigenen Macht umso größer wird, je höher ein Mann in dieser Machtpyramide steht. Umso mehr hat er auch zu verlieren, umso mehr wird er versuchen, die eigene Position zu sichern und zu stabilisieren. Die Versuchung ist groß. Gleichzeitig herrscht die Machtlosigkeit der „Brüderschaft". So ließ Herr Sieben, der Sonderbeauftragte, mir im Schreiben vom 02.03.2015 mitteilen, er sei seinen Mitbrüdern nicht weisungsbefugt.

Die Unterwürfigkeit nach oben wird auch in der Sprache deutlich. So beginnt das Schreiben vom 09.04.2019 des zuständigen Bischofs, Herrn Acht, an die Glaubenskongregation zum Beispiel mit der Anrede *„Eminenz, sehr verehrter Herr Kardinal"* Und danach muss er eigentlich Worte dafür finden, dass die hohe Eminenz, der verehrte Herr Kardinal, 2015 einen Fehler gemacht hat. Und auch Herr Acht hat keine andere Instanz, an die er das melden kann, als die Instanz selbst.

Eine Gewaltentrennung gibt es in der römisch-katholischen Kirche nicht. Es gibt keine Kontrollinstitution und keine neutrale Instanz, an die ich mich zum Beispiel als Betroffene wenden kann, wenn ich finde, dass der zuständige Bischof *und* die Glaubenskongregation verschleppen, verschleiern und Täter schützen. Die Männer richten und urteilen über sich selbst!

Seit dem ersten Vatikanischen Konzil heißt es: *„Wer also sagt, der römische Bischof habe nur das Amt einer Aufsicht oder Leitung und nicht die volle und oberste Gewalt der Rechtsbefugnis über die ganze Kirche – und zwar nicht nur in Sachen des Glaubens und der Sitten, sondern auch in dem, was zur Ordnung und Regierung der über den ganzen Erdkreis verbreiteten Kirche gehört –; oder wer sagt, er habe nur einen größeren Anteil, nicht aber die ganze Fülle dieser höchsten Gewalt, oder diese seine Gewalt sei nicht ordentlich und unmittelbar, ebenso über die gesamten und die einzelnen Kirchen wie über die gesamten und einzelnen Hirten und Gläubigen, der sei ausgeschlossen."*[159] Der Papst ist also Legislative, Exekutive und Judikative in einer Person. Und das ist ja das eigentliche Problem.

Winnemöller schreibt in seinem Artikel weiter: *„Eine Demokratisierung der Kirche oder einer Verstuhlkreisung des Vatikans wäre am Ende nicht mehr die Kirche ... Es sind gerade vier andere Attribute, die die Kirche dem Credo zufolge theologisch korrekt umschreiben: einig, heilig, katholisch und apostolisch. Das konstituiert die Kirche."*[160]

Und diese Sätze sind vor allem für mich entscheidend. Sie wurden im April 2019 auf einer Internetseite veröffentlicht, die es sich zur Aufgabe gemacht hat, Nachrichten aus der katholischen Welt zu verbreiten, und sie spiegeln für mich den Unwillen der römisch-katholischen Kirche wider, die Machtstrukturen zu verändern, das Prinzip der Monarchie aufzugeben oder zumindest infrage zu stellen.

Dabei hat Ellen Ueberschär in ihrem Gastartikel beschrieben, dass die *„Abwesenheit jeder Gewaltenteilung"* in katholischen Hierarchien die *„uneingeschränkte"* Möglichkeit des Machtmissbrauchs biete. *„Die absolute Monarchie ist keine geeig-*

nete Organisationsform für eine Kirche, die im Namen Jesu Christi für die Menschen da sein will."[161] Die evangelische Theologin spricht mir aus dem Herzen. Das monarchische System fördert den Machtmissbrauch – auch in Form von sexueller Gewalt – und verhindert zurzeit vor allem die Aufarbeitung und das sofortige Ende. Die Bischöfe sind direkt dem Papst unterstellt, und außer dem Papst gibt es keine Kontrollinstanz. Die Glaubenskongregation, das Entscheidungsgremium selbst ist ebenfalls dem Papst unterstellt.

Ein Beispiel aus Mai 2019: Der amtierende Papst hat unter dem Titel „*Vos estis lux mundi*" erlassen, dass jeder Missbrauch, die Verschleppung der Aufklärung und die Vertuschung von Übergriffen zeitnah zu melden sei.[162] Klingt erst mal gut, auch wenn es irgendwie auch wieder eine Selbstverständlichkeit sein sollte. Als ich davon in der Zeitung las, wandte ich mich erneut unter anderem an das zuständige Bistum mit der Frage, an wen ich das denn melden könne. Am 15.05.2019 schrieb ich:

„Guten Tag,

laut der aktuellen Presse hat der Papst nun – endlich – erlassen, dass alle Missbrauchsfälle und Vertuschung umgehend gemeldet werden müssen. Außerdem hat er eine feste Frist für die Reaktion auf Missbrauchsmeldungen angeordnet.

Auf meinen letzten Antrag auf Wiederaufnahme des Verfahrens wegen Befangenheit der Glaubenskongregation von Februar/März 2019 hat weder [Herr Elf] noch [Herr Sieben] mein Anliegen zufriedenstellend beantwortet. Auch aus Rom ist noch eine Antwort offen. Die vom Papst angeordnete Frist ist sicher kürzer als Monate. Daher stünde der Verdacht der Verschleppung und der Vertuschung erneut und weiterhin im Raum.

Bitte teilen Sie mir unverzüglich mit, an wen ich sowohl den Missbrauch als auch die Vertuschung seit Jahren melden kann.

Wie lange ist die vom Papst angeordnete Frist?

Ich freue mich über Ihre zeitnahen Antworten.

mfG

Luna Born"

Noch am gleichen Tag antwortete Frau Drei aus dem zuständigen Bistum:

„Sehr geehrte Frau Born,

*danke für Ihre E-Mail und Ihre Nachfrage. **Es liegt in Ihrer Angelegenheit weder eine Verschleppung noch eine Vertuschung vor.** " [Hervorhebung d. Autorin]*

Tatsächlich hatte ich mal wieder Feuer gefangen, denn ich lasse mich nicht so gerne für dumm verkaufen. Ich schrieb umgehend zurück:

„Guten Tag [Frau Drei],

Vielen Dank für die E-Mail.

Leider beantworten Sie meine Fragen nicht! (...)

Es liegt meines Wissens nach nicht in Ihrem Kompetenzbereich, zu entscheiden, ob in den letzten fünf Jahren eine Vertuschung oder Verschleppung vorlag oder vorliegt. Und es ist ja auch völlig offen, welchen Fall ich meine.

Bitte teilen Sie mir daher zeitnah mit, an wen der Missbrauch und auch die Vertuschung gemeldet werden soll und welche Frist der Papst für die Antwort genannt hat.

Das waren und sind meine Fragen!

Mit freundlichen Grüßen

Luna Born"

Tatsächlich bekam ich zeitnah die Antwort:

„Sehr geehrte Frau Born,

der Papst hat Folgendes verfügt:

Wenn jemand von einer Tat Kenntnis hat, hat er ,die Pflicht, die Tatsache beizeiten dem Ordinarius des Ortes, wo die Taten stattgefunden haben sollen', zu mel-

den. Nähere Zeitangaben werden nicht gemacht. Man kann sich auch direkt an Rom wenden: ‚Die Meldung kann immer direkt oder über den Päpstlichen Vertreter an den Heiligen Stuhl gerichtet werden.' Sie können das gesamte Dokument im Internet aufrufen. Es hat den Titel ‚Vos estis lux mundi' (...).

Mit freundlichen Grüßen

[Frau Drei]"

Erst auf meine dritte Nachfrage wurde mir die Anschrift aus Rom mitgeteilt:

Kongregation für die Glaubenslehre
Piazza del S. Ufficio, 11
00120 Città del Vaticano
Vatikanstadt

Das ist krass! Denn die Anschrift kannte ich schon, das ist die Glaubenskongregation, die ich selbst als befangen und vertuschend erlebt habe.

Zusammengefasst heißt das doch, der Papst erlässt eine Selbstverständlichkeit: Eine Straftat soll zeitnah gemeldet werden. Einen Zeitrahmen nenne er nicht, so die Auskunft aus dem zuständigen Bistum. Die Straftat soll allerdings an die Stellen gemeldet werden, bei denen die Straftat verursacht wurde: Wenn ich glaube – und das tue ich –, der zuständige Bischof hat den Täter geschützt, dann kann ich das dem zuständigen Bischof melden! Die Antwort auf diese potenzielle Meldung habe ich ja von Frau Drei im Namen des zuständigen Bistums schon erhalten: Sie wisse, bei mir gebe es weder Vertuschung noch Verschleppung! Abgesehen davon, dass das nicht in ihrer Entscheidungskompetenz liegt, wird ja deutlich, wie mit einer Meldung umgegangen werden würde, wenn ich Herrn Acht melden würde, dass Herr Acht verschleppt und vertuscht!

Oder aber ich kann es nach Rom melden an die Glaubenskongregation. Allerdings gehe ich in meinem Fall – und ich bin sicher, ich bin nicht der einzige Fall – davon aus, dass ebenfalls eine Verschleppung und eine Vertuschung durch die Glaubenskongregation spätestens seit 2015 vorliegt – der Fall wurde ad acta gelegt, mit dem Argument, mir sei es so schlecht gegangen, dass ich nicht weiter hätte befragt werden können. Entlastende Argumente für den Täter fand man nicht, wie ich heute weiß. So, und an wen melde ich jetzt diese Tatsache? Wieder an die gleiche Glaubenskongregation. Der Papst erlässt also nicht nur eine Selbstverständlichkeit, sondern er erlässt sie so, dass sich jede Meldung im Kreise drehen wird. Inzucht pur, die deckt und schützt und Machtmissbrauch – in welcher Form auch immer – fast uneingeschränkt ermöglicht.

Doch es kommt noch dicker: Ich habe mich selbst mit dem neuen Erlass des Papstes auseinandergesetzt und die entsprechenden Stellen nachgelesen. Die Aussagen von Frau Drei stimmen so nicht. Der Papst hat sehr wohl eine zeitliche Frist genannt, nämlich 30 Tage! Außerdem wird die neue Rolle der Metropoliten genannt, die den Anschuldigungen von zum Beispiel höheren Geistlichen nachzugehen haben.[163]

Das finde ich ein sehr schönes Beispiel dafür, dass im zuständigen Bistum inzwischen zwar neue Ansprechpartner ernannt wurden – eine Frau und ein Mann – und auch Herr Vier! nicht mehr agiert, sich aber im Kern mir als Betroffener gegenüber nicht grundlegend etwas geändert hat: Erst werden meine Fragen gar nicht beantwortet und ich werde überheblich darauf hingewiesen, in meinem Fall gebe es keine Vertuschung, und dann wird nur die halbe Wahrheit erwähnt. Ich frage mich: Warum? Warum macht Frau Drei das? Warum werde ich nicht auf die Möglichkeit der Metropoliten hingewiesen? Ich habe im Juni 2019 erneut sowohl das zuständige Bistum als auch Herrn Sieben und Herrn Acht angeschrieben mit der Bitte, mir den zuständigen Metropoliten mit Anschrift zu nennen. Auf deren Antwort habe ich bei Redaktionsschluss noch gewartet!

Zurück zum monarchischen System: Ganz ehrlich, der Papst kann ja bei der Hierarchie gar nicht anders. An wen sonst soll das denn gemeldet werden, wenn alles sich nach oben richtet und es keine Kontrollinstanz weder untereinander noch von außen gibt? Im Grunde müsste jede Meldung direkt an den Papst möglich sein, vielleicht würde er dann das Ausmaß der Katastrophe wirklich mal wahrnehmen. Vielleicht würde er sich dann berühren lassen von all den Geschichten und den Traumata, die durch sexuelle Gewalt direkt und auch durch Vertuschung und Verschleppung entstanden sind und entstehen. Ja, vielleicht!

Durch die herrschende Machtstruktur in der römisch-katholischen Kirche liegt eine ständige Befangenheit vor. Außerdem ist das Verschieben von Verantwortung vorprogrammiert. Niemand ist wirklich zuständig, und jeder kann energetisch mit den Schultern zucken. Und wenn ich das Vertuschen durch Herrn Acht nicht direkt Herrn Acht melden will, dann kann ich mich ja vertrauensvoll an die Glaubenskongregation wenden. Eine unpersönliche Instanz in Rom, mit der ich selbst keinen Kontakt haben kann und darf, die mich nicht anschreibt, die selbst befangen ist aus den vielen verschiedenen genannten Gründen und die – zumindest in meinem Fall – den Täter schützt und die Verjährung nicht aufhebt, obwohl es keine entlastenden Argumente für den Täter gab und gibt.

Ellen Ueberschär hat schon recht, wenn sie schreibt, es sei höchste Zeit, *„den Vatikan zu demokratisieren"*[164]. Dazu gehörten auch eine echte Gewaltenteilung und Mitbestimmung von Laien, Opfern und Männern und Frauen. Der Journalist Peter Winnemöller schrieb mir in einer E-Mail, es gebe jetzt in Deutschland die Idee, kirchliche Verwaltungsgerichte einzuführen, die auch über Bischöfe richten dürfen. Das sei – so Winnemöller wörtlich – *„populistisches Geklapper"*. Der Papst könne jedes Urteil eines partikularrechtlich errichteten kirchlichen Verwaltungsgerichtes kippen.

„Diesmal geht es nicht um Änderungen am System, sondern um das System selbst"[165], so Ueberschär. Radikale Veränderungen, zeitnah – ob das die römisch-katholische Kirche hinbekommt, ob die Entscheidungsträger das wirklich wollen? Die Frage ist auch, warum sollten Menschen an der Macht die Strukturen ändern wollen, wenn es für sie unangenehm und mit deutlichem Machtverlust verbunden wäre? Und ist es überhaupt für sie notwendig, solange eine Paralleljustiz – zumindest in Deutschland – juristisch möglich ist?

Und damit sind wir bei einem weiteren grundsätzlichen Strukturproblem: der Paralleljustiz!

„Jede Religionsgesellschaft ordnet und verwaltet ihre Angelegenheiten
selbständig innerhalb der Schranken des für alle geltenden Gesetzes.
Sie verleiht ihre Ämter ohne Mitwirkung des Staates oder
der bürgerlichen Gemeinde."

Diese gesetzliche Regelung des kirchlichen Selbstbestimmungsrechts findet sich in
Art. 137 Abs. 3 der Weimarer Reichsverfassung. Sie ist gemäß Art. 140 des Grundgesetzes
Bestandteil der Verfassung der Bundesrepublik Deutschland.

Paralleljustiz – eine Ergänzung

Im ersten Teil des Buches schrieb ich bereits über das Strukturproblem der Parallel-justiz. Dort ging es vor allem um die fehlende Unabhängigkeit der Entscheidungs-gremien und die Vermischung der Rechtsgrundlagen, so, wie es für den Bischof und seine Mitarbeiter gerade besser zu passen scheint.

Herr Vier! schrieb mir am 11.04.2014:

> *„Der Grundsatz verbietet es, Aussagen über eine Person zu machen, die zum Inhalt haben, dass die betreffende Person eine Straftat verwirklicht hat, bevor eine schuldhafte Begehung der Straftat dieser Person – im staatlichen Bereich durch ein Gericht, im vorliegenden Fall als Ergebnis eines ordnungsgemäß durch-geführten Verfahrens der Kommission – festgestellt worden ist. (Pflicht zu Wah-rung des Grundsatzes der Unschuldsvermutung).“*

Im Grunde gilt im deutschen Recht: Im Zweifel für den Angeklagten. Damit soll unbedingt verhindert werden, dass ein Unschuldiger zu Unrecht verurteilt wird. Ob genug Beweise vorliegen oder ob weitere Beweise herangezogen werden kön-nen und müssen, ob die Sachlage für ein sicheres Urteil ausreicht, wenn kein Geständnis vorliegt, entscheidet im staatlichen Bereich immer ein *unabhängiges* Gremium oder ein unabhängiger Richter oder eine unabhängige Richterin. Wenn es nur den Hauch eines Zweifels gibt, dass einer der Menschen, die mit für diese Entscheidung verantwortlich sind, nicht unabhängig sein könnte, also als befangen angesehen werden müsste, muss und wird dafür Sorge getragen, dass dieser Miss-stand geändert wird. Konkret führt das im staatlichen Recht oft zu Verzögerungen und scheint Prozesse zu verhindern. Das ist sicher lästig und doch unabdingbar wichtig.

Herr Vier! schreibt in seinem Brief unter anderem, dass die Verurteilung des Täters von der Entscheidung des durchgeführten Verfahrens der Kommission abhängt. Es wird wie selbstverständlich vorausgesetzt, dass diese Kommission unabhängig ist. Im Grunde wird die Kommission einem Richter oder einer Rich-terin gleichgestellt, zumindest aber einem neutralen Gutachter oder einer neut-ralen Gutachterin. Wenn nicht direkt die Kommission dem Richter gleichgestellt wird, dann spätestens der Bischof, der seine Informationen von der Kommission erhält.

In demselben Brief schreibt Herr Vier!, er sei vom Bischof eingesetzt worden, um diese Kommission zu leiten. Auch die anderen Mitglieder wurden vom Bischof eingesetzt. Und der Täter gehört auch zum zuständigen Bistum des zuständigen Bischofs und ist ihm unterstellt.

Was an dieser Konstellation ist frei und unabhängig? Es ist die reinste Inzucht! Der Richter des Verfahrens – der Bischof – besetzt die Kommission mit Männern aus den eigenen Reihen, und die wiederum sollen die Täter aus den eigenen Reihen überführen – oder doch schützen?

Und dieser Tatbestand wird in einem Satz mit den staatlichen Verfahren gleichgesetzt. Als wäre das identisch! Als dürften deutsche Richterinnen und Richter einen Beratungsstab oder eine Gutachtergruppe mit den eigenen abhängig Angestellten oder Freundinnen und Freunden bestücken und dann deren Ergebnisse als Grundlage für eine gültige Entscheidung nehmen.

Allein das ist ein Schlag ins Gesicht auch für unser Rechtssystem! Dass das gesetzlich geduldet wird, wirft viele Fragen auf, die auch das staatliche Rechtssystem betreffen. Wieso ist das in Deutschland überhaupt möglich, so eine Paralleljustiz, die völlig konträr gegen den Grundsatz der zu vermeidenden Befangenheit praktiziert wird?

Die Frage nach dem „Warum?" und „Wie ist das möglich?" hat mich während des Schreibens weiter sehr beschäftigt. Heribert Prantl, Mitglied der Chefredaktion der *Süddeutschen Zeitung*, sagte in der Sendung von Anne Will am 24.02.2019: *„Ich hab's selber noch erlebt in meiner eigenen Praxis als Staatsanwalt …, dass der Generalvikar kommt und sagt: ‚Herr Prantl, wir haben hier zwar den Fall sowieso und Pfarrer sowieso hat Dinge getan, wir werden den im Kloster verwahren. Und dann müssen Sie das Verfahren irgendwie beenden'.*"[166]

Wie ist und war das möglich?

Als ich den Fall des Chefarztes verfolgte, dem von der katholischen Kirche gekündigt wurde, weil er wieder geheiratet hatte, traf ich auf folgenden Hinweis: *„Der Fall ist von grundsätzlicher Bedeutung, weil er die Sonderrechte der Kirchen als Arbeitgeber von etwa 1,4 Millionen Menschen in Deutschland betrifft. Ihre Sonderrolle resultiert aus dem Grundgesetz, das den Kirchen ein Selbstbestimmungsrecht bei ihren Angelegenheiten garantiert."*[167]

Es brauchte nicht viel weitere Recherche, um festzustellen, dass tatsächlich im Artikel 140 des Grundgesetzes geregelt ist, dass jede Religionsgemeinschaft ihre Ämter ohne Mitwirkung des Staates ausüben kann, allerdings innerhalb der Schranken des für alle geltenden Gesetzes!

Eine große Lücke, die die römisch-katholische Kirche offensichtlich noch weiter für sich selbst auslegt und in Anspruch nimmt. Mir ist nicht bekannt, wie das in anderen Ländern geregelt ist. Ich weiß auch nicht, wie andere Religionsge-meinschaften das handhaben.

Für Deutschland gibt es also tatsächlich diese Paralleljustiz, die sogar im Grund-gesetz verankert wurde.

Diese Informationen machen erschreckend deutlich, wie radikal die Verände-rungen sein müssen, um die herrschenden Strukturprobleme zeitnah zu ändern, es scheint sogar eine Anpassung des Grundgesetzes nötig zu werden. Auf der anderen Seite macht es mir auch Mut, denn es gibt offensichtlich doch eine Ins-tanz, die die katholische Kirche zumindest in Deutschland in ihre Schranken weisen kann: das für alle geltende Gesetz. Insofern ist das Urteil des Bundesar-beitsgerichtes (BAG) Erfurt – welches die Kündigung des Chefarztes als nicht gültig erklärte – von besonderer Bedeutung, weil es an der weiten Auslegung des Sonderstatus der römisch-katholischen Kirche ordentlich rüttelt. Es wäre sehr wünschenswert, wenn es mehr solche Urteile gäbe, gerade auch im Zusammen-hang mit sexueller Gewalt und der Vertuschung der Taten. In Frankreich wurde ein Bischof bereits zu sechs Monaten Haft verurteilt, nicht weil ihm selbst sexu-eller Missbrauch nachgewiesen wurde, sondern weil er die Taten vertuscht hat-te.[168] Sicherlich würden ein solcher Prozess und ein solches Urteil auch in Deutsch-land an der festgefahrenen Situation innerhalb der Kirche, was die Aufarbeitung des Missbrauchsskandals angeht, rütteln.

Ich selbst war mir sehr sicher, dass der aktuelle Brief des zuständigen Bischofs an die Glaubenskongregation – ich verweise auf das Kapitel: Der aktuelle Stand – ein Beweis dafür wäre, dass der Bischof seit Jahren den Täter schützt und die Taten vertuscht. Nach eingehender juristischer Beratung gilt jedoch nach deut-schem Gesetz: Das Vertuschen einer Straftat, die selbst verjährt ist, ist keine Straf-tat. Auch da scheint es dringend Veränderungsbedarf zu geben.[169]

Radikale Veränderungen sind zeitnah zwingend notwendig, das bestätigt sich mir immer mehr!

Neben den juristischen Möglichkeiten, die sich für die katholische Kirche aus Artikel 140 des Grundgesetztes in Deutschland ergibt, führt die Paralleljustiz zu einer weiteren Strukturproblematik, die sich mehr im Zwischenmenschlichen zwischen Täterorganisation und Betroffenen zeigt: die Vermischung von Rechts-system und Seelsorge im Rahmen des Kirchenrechts oder: Wie es mir gerade gefällt.

„Dass der Umgang mit den Verfehlungen von Priestern häufig nicht dem Gerechtigkeitsgefühl breiter Bevölkerungsschichten entspricht, mag auch damit zu tun haben, dass das Kirchenrecht andere Ziele verfolgt als das Strafgesetzbuch. Es dient dem ‚Seelenheil' der Gläubigen, nicht der Aufklärung von Straftaten."

Aus: STERN, 41/2018 vom 04.10.2018; S. 56–57;
von Ingrid Eißele

Noch einmal:
Vermischung von staatlichem Rechtssystem und Seelsorge

oder
Wie es mir gerade gefällt

Das Kirchenrecht verfolgt andere Ziele, oder vielleicht noch genauer: es sollte andere Ziele verfolgen als das Strafgesetzbuch. Die Journalistin beschreibt im obigen Motto-Zitat die Wirkung und die Auswirkung dieser ständigen Vermischung treffend. Und für mich als Betroffene macht es den Prozess der Aufarbeitung noch schwieriger, wenn ich den Eindruck habe, dass durch diese Vermischung Willkür entsteht und ich immer wieder mit den Nachteilen beider Systeme leben muss.

Wie im Kapitel „Vorab" schon erwähnt, habe ich drei Kapitel der Strukturprobleme bereits im Teil 1 ausführlich beschrieben. „Wie es mir gerade gefällt" ist das erste davon. Um Doppelungen zu vermeiden, haben wir uns entschieden, dieses Kapitel hier nicht erneut aufzunehmen. Das Thema gehört allerdings auch in Teil 2 des Buches und findet daher auch an dieser Stelle die entsprechende Würdigung. Es lohnt sich sicher, es erneut durchzulesen.

„Wenn man die Größe, die Dimension der Verbrechen sieht,
dann ist eigentlich klar, es geht um das Fundament der Kirche,
es – das Fundament – (…) es wackelt!"

Heribert Prantl bei „Anne Will" am 24.02.2019; „Krisengipfel im Vatikan –
Wie entschlossen kämpft die Kirche gegen Missbrauch?"[170]

„Mein Bischof = mein Schicksal" –

eine Ergänzung

Als ich 2014 plötzlich kristallklar vor Augen hatte, dass ich meinen Missbrauch in der römisch-katholischen Kirche anzeigen würde, habe ich mich – wie selbstverständlich – an die vermeintlich zuständige Ansprechperson in meiner Wahlheimat gewandt: Frau N. Ich kam gar nicht auf die Idee, die Zuständigkeit wäre nicht an meinen Wohnort geknüpft oder ich könnte mir den Ort für die Anzeige aussuchen.

Dem Himmel und Frau N. des eben nicht zuständigen Bistums sei Dank, denn sie hat immerhin den Antrag aufgenommen und mir erst nach dem erlösenden „Ich glaube dir" mitgeteilt, dass das Bistum nicht zuständig ist. In der römisch-katholischen Kirche sei das Bistum zuständig, in dem der Täter beheimatet ist, teilte sie mir mit. Das zuständige Bistum solle auch die finanziellen Konsequenzen tragen, das wurde mir als Grund genannt. Laut den Aussagen von Bischof Ackermann bei „Anne Will" müssten die Täter sogar selbst für die Anerkennungszahlung aufkommen[171]. So ist es auch in den Leitlinien festgelegt[172]. Damit wäre das zurzeit herrschende Prinzip sowieso überholt und hinfällig.

Für mich als Opfer oder Betroffene ist es nicht egal, welches Bistum zuständig ist. Diese Regelung macht es mir schon rein logistisch schwieriger. Ich hätte über 500 Kilometer fahren müssen, um meinen Antrag beim zuständigen Bistum abzugeben und das Erstgespräch zu führen. Andersherum wäre es für das zuständige Bistum ein hoher Aufwand gewesen, mich persönlich kennenzulernen. Ich hatte mit mehr als zehn verschiedenen Männern dieses Bistums zu tun, und es hat keiner geschafft, die 500 Kilometer zu überwinden, damit ich mal ein Gesicht zu sehen bekäme.

Wenn das nicht zuständige Bistum vor Ort den Antrag zwar aufnehmen, dann aber nicht weiterbearbeiten und entscheiden kann – wie bei mir der Fall –, wird mir als Opfer vermutlich ein „Doppelantrag" zugemutet. Obwohl ich alles mit Frau N. ausführlich besprochen hatte, sie meine Texte und meine Bilder gesehen hatte, waren plötzlich weitere Fragen und Antworten nötig, die sich sicher hätten vermeiden lassen, wenn das Bistum vor Ort auch mein zuständiges Bistum hätte bleiben können.

Für die deutschen Bischöfe gälten die Leitlinien, heißt es, und damit wäre eine „Gleichbehandlung" ja garantiert. Wenn dem so wäre, dann könnte – endlich, opferfreundlich – gelten, dass das Opfer sich aussuchen kann, wo und in welchem Bistum es den Antrag stellt, und dieses Bistum wäre dann auch weiter für das Opfer zuständig. Wenn der Täter wirklich selbst für die Anerkennungszahlung aufkommen muss – ich persönlich glaube das noch nicht –, dann könnte opfernah unabhängig von der Täterheimat die Anerkennung erfolgen. Aber vielleicht – und so scheint es noch zu sein – geht es eben genau nicht darum, opfernah und betroffenenfreundlich einen möglichst schmerzarmen Weg vom Antrag bis zur Anerkennung anzubieten. Vielleicht ist das noch gar nicht im Fokus der Entscheidungsträger, so scheint es zu sein. Denn wenn ich als Opfer entscheiden könnte, an wen ich mich wende, würde der gegenseitige Schutz der Täter zu großen Teilen entfallen. Dann wäre es nicht mehr der Vorgesetzte, der eigene Chef, der vielleicht gute Freund, der die Entscheidung über „Ich glaube dir" oder „Ich schütze lieber meine eigenen Männer" treffen würde. Es würde unweigerlich zu mehr Transparenz und etwas mehr Neutralität führen, wenn zumindest an diesem Punkt eine Entzerrung zugunsten der Opfer getroffen werden würde.

Die freie Wahl des Bistums für meine Anzeige würde mir als Opfer außerdem in der wirklich schweren Zeit der Entscheidungsfindung zwischen „Will ich das wirklich veröffentlichen? Schaffe ich das? Schaffen wir das als Familie? Was wird passieren? Oder doch lieber den Ball flach halten?" ein kleines Gefühl von Autonomie und Selbstbestimmung zurückgeben. In dem Moment, als ich von Frau N. hörte, sie sei nicht weiter zuständig, fühlte ich mich wie ein kleines Rad in einem riesigen Apparat, abhängig von 1.000 anderen Faktoren und ohne weiteres Mitspracherecht. Allein dieses Gefühl kann bei Opfern von sexueller Gewalt retraumatisierend wirken, weil die Ohnmacht, die ein vorherrschendes Gefühl während der sexuellen Traumatisierungen ist, getriggert wird.

Die freie Wahl des Bistums wäre ein kleiner, sehr einfach umzusetzender Schritt, den die deutschen Bischöfe von sich aus organisieren könnten, wenn sie wollten. Eine größere Neutralität wäre garantiert, den Opfern würde mehr Selbstbestimmung zugestanden, „Doppelanträge" und die damit unweigerlich verbundenen längeren Bearbeitungszeiten würden vermieden werden. Solange es also noch keine kirchenunabhängige und neutrale Anlaufstelle für all die Betroffenen gibt, sollte wenigstens die Struktur „Mein Bischof = mein Schicksal" insoweit verändert werden, als das Opfer frei entscheiden kann, an wen es sich wendet, mit dem Antrag, mit all den Ängsten und den Unsicherheiten. Dass der nicht zuständige Bischof mich als Opfer der katholischen Kirche anerkannt hat, ist ein wesentlicher Schritt in diese Richtung: Es geht hier nicht um die Institution Kirche und was für dieses Urgestein am besten und am sichersten ist, es geht hier um die Anerkennung von traumatisierten Menschen.

Bei der zurzeit gängigen Praxis „Mein Bischof = mein Schicksal" ist der ungleiche Umgang mit den Betroffenen vorprogrammiert. Meine Geschichte mit der Erfahrung „nicht zuständiges Bistum so und zuständiges Bistum anders" ist ein lebendiges Beispiel dafür. Vielleicht meinte der Bischof von Hildesheim Heiner Wilmer das in der ZDFzoom-Sendung *„Abschottung oder Aufbruch"*, als er von *„verschiedenen Mentalitäten"* der Bischöfe sprach[173].

Bischof Ackermann sagte dagegen bei „Anne Will" am 24.02.2019: *„Die Uhren laufen anders (...) Diejenigen, die sozusagen versuchen, Kultur zu verändern (...) haben sozusagen ein anderes sozusagen Empfinden, sozusagen was ist schnell, was ist langsam"*.[174]

Aber wo bleiben dabei die Betroffenen? Stehen sie wirklich im Mittelpunkt des Geschehens? So fühlt es sich auch heute, 2019, immer noch nicht an.

„Ich verstehe, dass Betroffene sagen, dass darf doch nicht wahr sein, jetzt geht das 30 Jahre schon oder das geht 10 Jahre, warum geht das nicht schneller? Ja, ich verstehe das, nur die, die versuchen Kultur zu verändern, Maßnahmen zu implementieren, haben natürlich ein anderes Empfinden, sozusagen was schnell und was ist langsam."

Bischof Ackermann bei „Anne Will" am 24.02.2019; „Krisengipfel im Vatikan – Wie entschlossen kämpft die Kirche gegen Missbrauch?"[175]

Noch einmal:
Energetisches Schulterzucken

oder
Die Möglichkeit, Verantwortung zu verschieben

Ein schönes Beispiel für die Verschiebung von Verantwortung sind die oben zitierten Worte von Bischof Ackermann bei „Anne Will". Statt dazu zu stehen, dass die Kirche seit Jahren zu langsam ist in der Verarbeitung und den notwendigen Veränderungen, wird darauf verwiesen, es würde halt dauern, bis Kultur sich verändert.

Heute, 2019, ist das immer eines der ersten Worte in den Schreiben der Verantwortlichen an mich: Es wird dauern!

Wie im „Vorab" erwähnt, habe ich drei Kapitel der Strukturprobleme bereits im Teil 1 ausführlich beschrieben. „Energetisches Schulterzucken" ist das zweite davon. Um Doppelungen zu vermeiden, haben wir uns entschieden, dieses Kapitel hier nicht erneut aufzunehmen. Das Thema gehört allerdings auch in Teil 2 des Buches und findet daher auch an dieser Stelle die entsprechende Würdigung. Es lohnt sich sicher, es erneut durchzulesen.

Art. 5 – Sorge für die Personen

§ 1 Die kirchlichen Autoritäten setzen sich dafür ein, dass diejenigen, die sagen, verletzt worden zu sein, zusammen mit ihren Familien mit Würde und Respekt behandelt werden.

Aus dem Apostolischem Schreiben von Papst Franziskus:
Vos-estis-lux-mundi[176]

Noch einmal:
Verdrehung des „*SchuldPfeils*"

Der Artikel 5 des Apostolischem Schreibens des Papstes fordert einen respektvollen Umgang mit den Menschen, die sagen, sie seien verletzt worden. Das impliziert für mich, dass auch in der Phase der Aufklärung bereits auf meine Würde zu achten ist. Die Überschrift lautet „*Sorge für die Personen*". Es entsteht der Eindruck, dass achtsam und vorsichtig mit mir als Mensch umgegangen werden sollte. Eigentlich ist das wieder eine Selbstverständlichkeit, etwas spitzer: Eigentlich gehört das doch schon zum christlichen Grundgedanken, sorgsamer Umgang mit der und dem anderen. Und obwohl es zur Basis gehört, wird es vom Papst extra in seinem Schreiben aufgenommen und erwähnt. Und das muss es auch, denn die von mir immer wieder erlebte „Verdrehung des *SchuldPfeils*" wird mir als Betroffener nicht gerecht, trifft mich in meiner Unsicherheit und triggert das Gefühl, selbstverantwortlich und schuld zu sein an dem erlebten Missbrauch. Das ist weder respektvoll, noch wird da vorsichtig mit mir umgegangen.

Wie im Kapitel „Vorab" schon erwähnt, habe ich drei Kapitel der Strukturprobleme bereits im Teil 1 ausführlich beschrieben. „Verdrehung des *SchuldPfeils*" ist das dritte davon. Um Doppelungen zu vermeiden, haben wir uns entschieden, dieses Kapitel hier nicht erneut aufzunehmen. Das Thema gehört allerdings auch in Teil 2 des Buches und findet daher auch an dieser Stelle die entsprechende Würdigung. Es lohnt sich sicher, es erneut durchzulesen.

„Im Untersuchungszeitraum besteht das Maximum an beschuldigten Klerikern in den 1960er bis 1980er Jahren, wobei sich bis zum Ende der Erhebungsperiode im Jahre 2014 jedoch neue Erstbeschuldigungen finden. Dabei ist zu berücksichtigen, dass die absolute Zahl der Kleriker in den letzten Jahren deutlich abgenommen hat."

Aus: Dreßing u.a., in: Deutsches Ärzteblatt 2019, S. 389–96[177]

LEITLINIEN

für den Umgang mit sexuellem Missbrauch Minderjähriger und erwachsener Schutzbefohlener durch Kleriker, Ordensangehörige und andere Mitarbeiterinnen und Mitarbeiter im Bereich der Deutschen Bischofskonferenz

> *„In ihrer Verantwortung für den Schutz der Würde und Integrität junger Menschen und erwachsener Schutzbefohlener haben sich die deutschen Bischöfe auf die folgenden Leitlinien verständigt. Sie schreiben damit die Leitlinien von 2002 und 2010 fort (…).“*[178]

So heißt es 2013 in der Einleitung der Leitlinien der Deutschen Bischofskonferenz.

Die Leitlinien sollten und sollen einen gerechten, unbürokratischen und fairen Umgang mit den Opfern garantieren. Wörtlich heißt es: *„Die Leitlinien sollen eine abgestimmte Vorgangsweise im Bereich der Deutschen Bischofskonferenz gewährleisten.“*[179] Laut meiner aktuellen Recherche wurden die Leitlinien 2014 um den Teil der Prävention erweitert. In seiner Erklärung zum Motu proprio „Vos estis lux mundi“ von Papst Franziskus vom 9. Mai 2019 erklärt Bischof Ackermann: *„Diese [die Leitlinien, Anmerkung d. Autorin] befinden sich aktuell ohnehin in einer Phase der Überprüfung.“*[180]

Diese Aussage überrascht mich insofern, als immer wieder von vielen deutschen Bischöfen darauf hingewiesen wird, dass allein durch das Vorhandensein der Leitlinien und deren unangefochtene und nicht infrage zu stellende Einhaltung durch die Bischöfe und die Bistümer schon sehr viel für die Betroffenen getan wurde und wird. Im Grunde bekomme ich durch den ständigen Hinweis darauf häufig das Gefühl, viele der Betroffenen – und auch ich – würden auf hohem Niveau jammern. Wir können doch schon wirklich froh sein, dass wir die Leitlinien haben, so scheint der Tenor.

Ich habe ein paar Punkte der Leitlinien herausgesucht und sie genauer auch in Bezug auf die Einhaltung – angelehnt an meine persönlichen Erfahrungen – angeschaut:

> *„7. Der Diözesanbischof richtet zur Beratung in Fragen des Umgangs mit sexuellem Missbrauch Minderjähriger und erwachsener Schutzbe-*

*fohlenen [sic] einen ständigen Beraterstab ein. Diesem gehören neben den beauftragten Ansprechpersonen insbesondere Frauen und Männer mit psychiatrisch-psychotherapeutischem, pastoralem sowie juristischem (...) und kirchenrechtlichem **Sachverstand und fundierter fachlicher Erfahrung und Kompetenz in der Arbeit mit Opfern sexuellen Missbrauchs** an (...)" [Hervorhebung d. Autorin].*[181]

Klingt doch super, der Beraterstab aus Menschen mit fundierter fachlicher Erfahrung und Kompetenz im Umgang mit Opfern von sexueller Gewalt. Wenn ich mir meine Liste der Ansprechpartnerinnen und Ansprechpartner des zuständigen Bischofs anschaue, dann hatte ich genau mit einem Fachmann – Herrn Drei, dem Psychotherapeuten – zu tun. Ich hatte mehrfach gefragt, ob der Kriminalbeamte im Ruhestand – Herr Eins – oder der Kirchenrechtler – Herr Zwei – oder gar der Jurist – Herr Vier! – Erfahrungen im Umgang mit traumatisierten Menschen hätten. Diese Fragen wurden nicht nur nicht zufriedenstellend beantwortet, sondern eigentlich gar nicht. Ich wage daher zu bezweifeln, dass der zuständige Bischof den Punkt 7. der Leitlinien wirklich im Sinne der Opfer umgesetzt hatte.

„14. Für das weitere Verfahren können im Hinblick auf Kleriker zuständig sein: der Ortsordinarius des Wohnsitzes der beschuldigten Person (...) oder der Ortsordinarius des Ortes, an dem die Straftat begangen worden ist (...)."[182]

Ganz offensichtlich ist das Strukturproblem „Mein Bischof, mein Schicksal" in Deutschland ein selbst gemachtes Problem und wurde nicht aus Rom so vorgegeben. Bischof Ackermann schreibt ja, die Leitlinien würden zurzeit überprüft. Es bleibt zu hoffen, dass dies hausgemachte Problem für uns Betroffene zeitnah aufgehoben wird und sich jede und jeder Betroffene aussuchen kann, wo der Antrag gestellt wird und wer weiterhin zuständig ist, bis es – endlich – neutrale und kirchenunabhängige Anlaufstellen *und* Entscheidungsträger gibt.

„20. Das mutmaßliche Opfer (...) wird zu einer eigenen Anzeige bei den Strafverfolgungsbehörden ermutigt."[183]

Punkt 20 der Leitlinien wurde vom zuständigen Bistum definitiv nicht eingehalten, denn Herr Vier! zum Beispiel hat mir schriftlich von einer Anzeige abgeraten, weil die Taten ja verjährt seien. Ich finde, es steht ihm nicht zu, das vorab zu beurteilen, das übersteigt seine Kompetenz, vielleicht nicht als Jurist, aber als Berater und

Kommissionsführer des zuständigen Bistums sollte er mich sogar dazu ermutigen und mir individuell zugeschnittene Unterstützung zukommen lassen. Das hat er – auch stellvertretend für den zuständigen Bischof – nicht getan.

> *„18. Dem Schutz des mutmaßlichen Opfers und dem Schutz vor öffentlicher Preisgabe von Informationen, die vertraulich gegeben werden, wird besondere Beachtung beigemessen.“*[184]

Ich habe keine Ahnung, wie der zuständige Bischof, Herr Acht, und seine Mitarbeiterinnen und Mitarbeiter diesen Absatz der Leitlinien verstehen. Ich zumindest habe mich im Kontakt mit den vielen Ansprechpartnern nicht geschützt gefühlt. Das Erste, was ich Herrn Zwei damals telefonisch sagte, war, dass sie vorsichtiger mit mir umgehen müssten. Bedeutet Schutz nicht auch, Briefe und E-Mails so zu formulieren, dass ich sie verstehe? Bedeutet es nicht auch, mich nicht in einer E-Mail mit dem Täter in einem Satz namentlich zu nennen, als wären wir Gegner in einem Tennismatch? Wurde mit meinen Daten vertraulich umgegangen, wenn ein Zeuge befragt wurde, ohne dass ich informiert wurde? Ich hatte darum gebeten, dass mein Name und meine Anschrift dem Täter nicht mitgeteilt werden sollten – das sei nicht möglich, hieß es! Ist das Schutz? Auch hier haben der zuständige Bischof und das zuständige Bistum die Leitlinien meines Erachtens nach nicht eingehalten. Es bleibt an dieser Stelle die Frage, warum all die anderen Bischöfe und die Verantwortlichen in Rom, die ich ja mutig auf den Missstand hinwies, nicht geantwortet haben oder wegschauten? Leider entsteht das Bild, dass hier ein kollektives Nicht-Einhalten der selbst ernannten Leitlinien nicht zu leugnen ist. Zumindest scheint es geduldet zu werden, wenn ein Bischof sich nicht an die selbst festgelegten Leitlinien hält.

Punkt 29 der Leitlinien besagt, dass *„sobald tatsächliche Anhaltspunkte für den Verdacht einer Straftat“* im Sinne von sexueller Gewalt vorliegen, *„die Informationen an die staatlichen Strafverfolgungsbehörden und – soweit rechtlich geboten – an andere zuständige Behörden“*[185] weitergeleitet werden.

Ich verstehe diesen Abschnitt so, dass die Strafverfolgungsbehörde auf jeden Fall und die anderen zuständigen Behörden gegebenenfalls, also wenn es rechtlich geboten ist, informiert werden. Wenn diese Interpretation richtig ist, dann hat das zuständige Bistum sich definitiv wieder nicht an die Leitlinien gehalten, und fast alle Bischöfe Deutschlands waren und sind darüber informiert.

Weiter heißt es unter Punkt 30: *„In jedem Fall sind die Strafverfolgungsbehörden einzuschalten, wenn weitere Gefährdungen zu befürchten sind oder weitere mutmaßliche Opfer ein Interesse an der strafrechtlichen Verfolgung der Taten haben könnten.“*[186]

In meinem Fall argumentierte die Glaubenskongregation 2015 nicht mit Argumenten zur Entlastung des Täters, um den ihn zu schützen. Das heißt, definitiv lag und liegt eine weitere Gefährdung durch den Täter vor! Und das wusste der zuständige Bischof auch, wie aus seinem Schreiben vom 09.04.2019 hervorgeht. Und doch hat er bis zum Erscheinen des Buches die Justiz nicht von dem schwerwiegenden Verdacht informiert. Leider ist nach staatlichem Recht das Vertuschen einer verjährten Straftat keine Straftat – wörtlich heißt es: *„Der Anspruch auf* **Bestrafung** *setzt voraus, dass die Tat rechtswidrig und schuldhaft verübt worden ist, dass sie nach deutschem Recht strafbar ist und dass weder ein Verfahrenshindernis noch ein Schuldausschließungsgrund vorliegt. § 258* **scheidet aus, wenn die Vortat verjährt** *oder die Strafantragsfrist abgelaufen ist (bis dahin ist jedoch ein Verfahren wegen Strafvereitelung möglich; der Täter kann aber erst nach Antragstellung verfolgt werden). Bestrafung bedeutet jede Art v. Strafe einschl. Jugendstrafe, Nebenstrafe (etwa Fahrverbot) und Nebenfolgen nach § 45. Nicht genügen: Geldbußen, Disziplinarmaßnahmen, erzieherische Maßnahmen nach dem JGG, Einstellungen nach §§ 153 ff StPO oder exekutive Maßnahmen wie Beschlagnahme, Sicherstellung oder Auslieferungshaft.“*[187] Auch das wird dem zuständigen Bischof bekannt sein. Daher macht er sich zwar nicht im Sinne des deutschen Gesetzes schuldig, aber im Sinne seiner selbst aufgesetzten Leitlinien schon. Ich gehe mal davon aus, dass auch das vielen der anderen Bischöfe bekannt ist!

> *„36. Liegen tatsächliche Anhaltspunkte für den Verdacht eines sexuellen Missbrauchs an Minderjährigen oder erwachsenen Schutzbefohlenen vor, entscheidet der Ordinarius über das weitere Vorgehen unter Berücksichtigung der kirchen- und arbeitsrechtlichen Bestimmungen.*
>
> *Im Falle von Klerikern kann er gemäß Art. 19 SST konkrete, in can. 1722 CIC aufgeführte Maßnahmen verfügen (zum Beispiel Freistellung vom Dienst; Fernhalten vom Dienstort bzw. Arbeitsplatz; Fernhalten von Tätigkeiten, bei denen Minderjährige gefährdet werden könnten).“*[188]

Ohne Zweifel lagen in meinem Fall *„tatsächliche Anhaltspunkte"* für den Verdacht eines sexuellen Missbrauchs vor. Sonst hätte das Bistum kein kirchenrechtliches Voruntersuchungsverfahren eingeleitet. Erst dachte ich, der Bischof hätte auch diesen Punkt der Leitlinien geschickt umgangen, aber das stimmt nicht ganz, denn die Bischöfe haben sich hier ein Schlupfloch gelassen, indem sie festhalten, dass der zuständige Bischof konkrete Maßnahmen verfügen *kann*, aber eben nicht *muss*. Mir sind die Leitlinien an diesem Punkt zu weich, zu wenig konkret, vor allem unter dem selbst gemachten Problem „Mein Bischof = mein Schicksal". Ich habe als Opfer keine Wahl, ich kann mir weder meine Ansprechpartner noch den entscheidungstragenden Bischof aussuchen, die deutschen Bischöfe weisen auf die von ihnen erlassenen Leitlinien, die eine abgestimmte Vorgehensweise garantieren sollen, und beim Lesen des Kleingedruckten lassen sich die Bischöfe Schlupflöcher, indem der zuständige Bischof selbst entscheiden darf, ob es Konsequenzen für den Täter gibt oder nicht!

Ganz ehrlich, da verliere ich jedes Vertrauen in die Leitlinien und auch in die Männer, die sie – angeblich um mich zu unterstützen und ein deutschlandweit abgestimmtes Umgehen mit Opfern zu garantieren – aufgestellt haben.

> *„37. Soweit der Ordinarius nicht eine andere geeignete Person benennt, unterrichtet er die beauftragte Ansprechperson über die beschlossenen Maßnahmen und den jeweiligen Stand der Umsetzung, **damit diese das mutmaßliche Opfer (…) davon in Kenntnis setzen kann**" [Hervorhebung d. Autorin].*[189]

Punkt 37 wurde vom zuständigen Bistum mir gegenüber nicht eingehalten! Ich wurde ohne mehrfaches Nachfragen meinerseits gar nicht darüber informiert, was mit dem Täter passierte. Aus Schriftstücken an andere erfuhr ich Monate später, dass Zeugen befragt worden waren. Wer das war, wurde mir über weitere Monate nicht mitgeteilt. Dass der Täter zur Ruhe gesetzt wurde, habe ich aus der Zeitung erfahren; auf Nachfragen hieß es vom zuständigen Bistum, das sei aus Altersgründen erfolgt und habe mit meiner Anzeige nichts zu tun. Der Täter wurde in der Zeitung mit den Worten zitiert, er würde auf jeden Fall weiter vertretungsweise als Religionslehrer arbeiten wollen. Mir wurde schlecht, als ich das las.

> *„39. Wenn der Verdacht des sexuellen Missbrauchs nach staatlichem Recht nicht aufgeklärt wird, zum Beispiel weil Verjährung eingetreten ist, jedoch tatsächliche Anhaltspunkte bestehen, die die Annahme eines sexuellen Missbrauchs an Minderjährigen oder erwachsenen Schutzbefohlenen rechtfertigen, sollen sich die zuständigen kirchlichen Stellen im Rahmen ihrer Möglichkeiten selbst um Aufklärung bemühen (…)."*[190]

Auch hier finde ich die Zusagen unpräzise: Die zuständigen Bistümer sollen sich selbst um Aufklärung bemühen – eigentlich eine Selbstverständlichkeit – „*im Rahmen ihrer Möglichkeiten*" lässt dann wieder viel Spielraum für das Ausmaß dieser Möglichkeiten. In meinem Fall gab es zum Beispiel nach monatelangem Hin und Her endlich einen Termin im Juni 2015 für eine weitere Anhörung meiner Person, der dann von Herrn Zwei abgesagt wurde, weil er – anders als mehrfach vorher zugesagt – nun darauf bestand, dass Herr Eins die Vernehmung durchführen müsse. Im Rahmen der Möglichkeiten haben sich das zuständige Bistum und die zuständigen Männer redlich bemüht – eines gewissen Zynismus kann ich mich da nicht erwehren. Es bleibt die Frage, ob es auch in den Leitlinien festgelegt ist, wer das Gespräch mit den Opfern zu führen hat. Dazu heißt es unter Punkt 17:

> „*17. Wenn ein mutmaßliches Opfer (ggf. seine Eltern oder Personensorgeberechtigten) über einen Verdacht des sexuellen Missbrauchs informieren möchte, vereinbart eine der beauftragten Ansprechpersonen ein Gespräch. In Abstimmung mit dem Ordinarius kann die beauftragte Ansprechperson eine weitere Person hinzuziehen (…).*"[191]

Es gibt also keine einheitliche Regel, wer das Gespräch mit mir als Opfer hätte führen müssen. Herr Zwei kann sich in diesem Fall nicht hinter der Einhaltung der Leitlinien verstecken. Im Rahmen ihrer Möglichkeiten hätten die zuständigen Männer durchaus ihre Zusage mir gegenüber einhalten können, das Gespräch für mich so wenig retraumatisierend wie möglich zu gestalten. Herr Zwei war *die* Ansprechperson für mich, er hätte die Leitlinien durchaus eingehalten, wenn er mit mir gesprochen hätte. Vermutlich waren hier andere – persönliche – Gründe viel ausschlaggebender. Vielleicht wollte Herr Zwei Herrn Eins – vielleicht ein guter Freund – nicht die Rolle des „Verfahrensführers" streitig machen. Vielleicht befürchtete Herr Zwei, Herr Eins wäre schon gekränkt, weil er im Vorfeld rausgeflogen war und dann wieder eingesetzt wurde, vielleicht war es auch für Herrn Zwei zu viel und zu nah … Was auch immer eine Rolle gespielt haben mag, wie ich im Vorab bereits schrieb, ist es im Umgang mit uns Opfern wesentlich, dass die Ansprechpartnerinnen und Ansprechpartner ihre eigenen Gefühle und Emotionen in voller Selbstverantwortlichkeit zu sich nehmen, beleuchten, sich eingestehen und extern bearbeiten. Es wäre für mich als Betroffene viel leichter und ehrlicher gewesen, wenn Herr Zwei die Gründe für seine Entscheidung wirklich angesprochen hätte, sich verletzlich gezeigt hätte, statt plötzlich irgendwelche formalen Gründe zu nennen und das so wichtige Gespräch einfach abzusagen.

Zurück zu den Leitlinien: Die Einschränkung *„im Rahmen ihrer Möglichkeiten"* lassen den einzelnen Bistümern viel Spielraum für die Qualität und auch Exaktheit der notwendigen Aufklärungsarbeit. Sie müssen sich ja laut des Textes auch nur *„bemühen"*, das reicht vollständig aus. Zum Schluss will ich noch auf den Punkt eingehen, auf den sich das zuständige Bistum fast mantramäßig in den verschiedenen Briefen bezog:

> *„28. Auch der beschuldigten Person gegenüber besteht die Pflicht zur Fürsorge. Sie steht – unbeschadet erforderlicher unmittelbarer Maßnahmen – bis zum Erweis des Gegenteils unter Unschuldsvermutung."*[192]

Bis zum Beweis des Gegenteils. Wie kann und will sexuelle Gewalt nach vielen Jahren bewiesen werden, wenn der Täter keine Verantwortung für sein Handeln übernimmt und gesteht? Oder den **SchuldPfeil** von sich weist, zum Beispiel weil das Opfer „immer so eine süße rote Hose anhatte". Erforderliche unmittelbare Maßnahmen – wie in den Leitlinien gefordert – hat der zuständige Bischof nicht ergriffen. Bis heute nicht!

Zusammenfassend sind die Leitlinien, die die Deutsche Bischofskonferenz aufgestellt hat, in vielen Punkten nicht klar und deutlich genug. Sie lassen durch „Möglichkeiten" zu viel Spielraum, um wirklich ein *„abgestimmtes Vorgehen"* zwischen den Bistümern zu garantieren. Auf der anderen Seite gibt es keine Kontrollinstanz, ob und in welcher Form die einzelnen Bischöfe sich an die sogenannten Leitlinien halten, und daher sind diese Spielregeln keine wirkliche Unterstützung für uns Betroffene. Es bleibt zu hoffen, dass die *„Phase der Überprüfung"*, wie Bischof Ackermann es nennt, dazu dient, die von den Bischöfen selbst immer wieder sehr gelobten Leitlinien konkret und überprüfbar zu gestalten.

Im Onlineshop der Deutschen Bischofskonferenz gibt es unter *„Arbeitshilfen"* ein 152 Seiten dickes Dokument mit dem Titel: *„Aufklärung und Vorbeugung – Dokumente zum Umgang mit sexuellem Missbrauch im Bereich der Deutschen Bischofskonferenz"*, 5., verbesserte Aufl. 2019.[193] Auch in der 5. Auflage 2019 wurde der Satz aus 2010 übernommen: *„Sie [die Leitlinien, Anmerkung d. Autorin] verhindern Vertuschung und Verschleierung. Die Leitlinien sagen den Opfern und ihren Angehörigen eine menschliche, therapeutische und seelsorgliche Hilfe zu, die individuell angepasst ist."*[194] Nein, das kann ich so als erfahrene Betroffene nicht unterstreichen. Die Leitlinien verhindern weder das Vertuschen noch das Verschleiern von sexueller Gewalt. Und die Leitlinien sichern mir als Opfer auch keine solche Hilfe zu.

Das wirkliche Problem an dem Festhalten an dieser Darstellung ist für mich, dass ich große Zweifel daran habe und immer mehr bekomme, ob den Entscheidungsträgern in Deutschland und auch Rom wirklich das Ausmaß der Vertuschung und des Täterschutzes bewusst ist. Und wenn es das nicht ist – und so stellt es sich für mich an vielen Punkten dar –, dann zweifle ich auch an dem echten Veränderungsdrang und -wunsch, der aber unabdingbar notwendig ist, um die großen und kleinen Revolutionen endlich und *jetzt* voranzutreiben. Warum sollte etwas geändert werden, wenn die Leitlinien seit 2010 Vertuschung und Verschleierung schon vermeiden und den Opfern bereits seit 2010 individuelle Hilfe zukommt?

Auch die Worte von Bischof Ackermann im Pressegespräch „*Sexueller Missbrauch an Minderjährigen. Informationen zum aktuellen Stand der Aufarbeitung und Prävention*"[195] zur Frühjahrs-Vollversammlung der Deutschen Bischofskonferenz am 13. März 2019 in Lingen machen mir nicht viel Hoffnung, dass sich nach dem Krisengipfel in Rom im Februar 2019 zeitnah viel ändern wird. Er bezeichnet die zurückliegenden Monate als „*sehr intensiv*".[196] Was meint er damit? Meine Erfahrungen mit dem Täter waren ehrlich gesagt auch sehr intensiv. Ich wünsche Bischof Ackermann, andere intensive Momente! Weiter sagte er:

„*Zunächst hebe ich das Teilprojekt ,Unabhängige Aufarbeitung' hervor: Ziel des Teilprojektes ist die Erarbeitung eines ,Leitfadens' für die unabhängige Aufarbeitung in den Diözesen.*"[197] Noch einen Leitfaden? Vermutlich meint er einen anderen, als den, den es schon gibt. Aber es ist verwirrend, wenn der gleiche Begriff für unterschiedliche Dinge genutzt wird. Bis Ende Mai sollten in diesem Punkt erste Inhalte festgelegt worden sein. Das ist mir weiterhin zu unkonkret. Was ist mit all den anderen Inhalten? Bis wann sollen die festgelegt werden?

> „*Zur Überprüfung und Weiterentwicklung des Verfahrens zu Leistungen in Anerkennung zugefügten Leids soll auf Anregung des UBSKM [Unabhängigen Beauftragten für Fragen des sexuellen Kindesmissbrauchs der Bundesregierung] ein Gutachten in Auftrag gegeben werden, das die Praktikabilität des Verfahrens und die Akzeptanz bei Betroffenen und Diözesen prüft.*"[198]

Wow, die Kirche brennt, und dann soll ein Gutachten erstellt werden, ob der Wasserdruck reicht … Das kommt bei mir schon so an, als solle weiter Zeit gewonnen werden. Und wer wird bei dem Gutachten befragt? Bei mir hat noch keiner angefragt, wie meine Akzeptanz des Verfahrens so ist. Ich würde gerne mitmachen. Aber wahrscheinlich passe ich nicht in das zu befragende Klientel der Bischöfe.

Später sagt Bischof Ackermann:

> *„Ich darf noch einmal daran erinnern, dass wir das Verfahren zu Leistungen in Anerkennung des Leids im März 2011 etabliert haben. Es soll in Fällen, in denen z.B. wegen eingetretener Verjährung kein durchsetzbarer Anspruch auf Schadensersatz und Schmerzensgeld besteht, auf **möglichst unbürokratische** Weise eine Anerkennung des erlittenen Leids in Form einer materiellen Leistung gewähren" [Hervorhebung d. Autorin].*[199]

Ich habe lange überlegt, ob es im Buch ein eigenes Kapitel über die Bürokratie der römisch-katholischen Kirche geben soll. Fast nichts an dem Ablauf nach der Weitergabe meines Antrags vom nicht zuständigen an das zuständige Bistum ist unbürokratisch. Als ich bei Frau Drei telefonisch nachfragte, ob mein Antrag auf Wiederaufnahme des Verfahrens nach Rom geschickt worden sei, meinte sie – Wochen nach Eingang meines erneuten Antrags (!), das sei noch nicht geschehen. Ich fragte nach dem Grund der Verzögerung, und sie meinte, es gebe keine Verzögerung, es müsse eben noch ein Schreiben dazu verfasst werden, das müsse dann noch gegengelesen werden … Das sei doch keine Verzögerung. Nein, klar, es ist völlig unbürokratisch. Genauso wie die vielen Schreiben, die Notwendigkeit der ständigen Absprachen, das völlig unbürokratische Verhalten, als die zentrale Stelle in Bonn eine Anerkennung in einem besonders schweren Fall empfahl … Alles unbürokratisch. Nur, wenn – vielleicht – viele der Bischöfe das selbst nicht so wahrnehmen – obwohl sie zumindest auch von mir informiert wurden –, dann wird alles so bleiben wie es ist, weil es ja schon so unbürokratisch läuft!

Der Bischof sagte außerdem: *„Die betroffene Person stellt über die Diözese oder den Orden einen Antrag bei der ZKS. Diese spricht eine Empfehlung über die Höhe der Leistung aus. Die Auszahlung selbst erfolgt dann durch die entsprechende kirchliche Körperschaft, die für den Täter in Vorleistung tritt. Denn der Täter selbst soll, sofern er noch am Leben ist, die Leistung erbringen."*[200] Auch diese verkürzte Darstellung ist – 2019! – stark geschönt und entspricht nicht meiner Erfahrung. Ich konnte keinen Antrag bei der ZKS stellen, sondern mein Antrag hing in der Diözese fest. Selbst als Herr Zwei sehr mutig den Antrag an den „Oberen" vorbei an die ZKS geschickt hatte und die Empfehlung vorlag, hielt sich das zuständige Bistum mitnichten daran. Bis heute! Und das, obwohl sogar die Glaubenskongre-

gation keine Argumente zur Entlastung des Täters fand. Eines gewissen Fremdschämens kann ich mich auch hier nicht erwehren.

Und der Umgang mit mir damals dürfte den meisten der Bischöfe bekannt
sein, doch Herr Ackermann stellt es in der Pressekonferenz nach dem Krisengipfel so dar, als sei der Antrag ein Spaziergang im milden Nachmittagssonnen-
schein mit einem Regenbogen am Himmel und kein monatelanges Spießrutenlaufen gespickt mit Retraumatisierungen, allein aufgrund des unprofessionellen
und opferfeindlichen Verhaltens einiger Mitarbeiter des zuständigen Bistums
und Schweigens vieler anderer Bischöfe!

Es erschüttert mich und es entmutigt mich, wenn ich lese, wie geschönt und
verharmlost die Situation auch heute noch von Stellvertretern der römisch-
katholischen Kirche vor allem öffentlich dargestellt wird, und ich stelle mir erneut
die Frage, warum zum Beispiel Bischof Ackermann etwas ändern wollen sollte,
wenn er alles schon so positiv und im Ablauf so reibungslos wahrnimmt?

Immerhin: *„Im Blick auf die Einrichtung unabhängiger Anlaufstellen für Betroffene läuft eine Recherche zu nichtkirchlichen Beratungsangeboten, die möglicherweise als Kooperationspartner für eine niederschwellige, gegenüber der katholischen Kirche vertrauliche und gegebenenfalls auf Wunsch anonyme Beratung zur
Verfügung stehen könnten.“*[201] Und wieder läuft eine Recherche, das erinnert mich
an die Studie, wenn die Kirche brennt Und leider gibt es diesmal keine Äußerung
dazu, bis wann diese Recherche abgeschlossen sein soll und bis wann erste Inhalte
zur Umsetzung feststehen müssten … Alles bleibt vage und im Grunde doch wieder offen.

Doch dann heißt es weiter: *„Wir haben auch noch einmal die Unabhängigkeit
der aktuell benannten Ansprechpersonen für sexuellen Missbrauch in den Bistümern
überprüft. Das Ergebnis zeigt, dass eine weitgehende Unabhängigkeit der Missbrauchsbeauftragten mittlerweile gegeben ist.“*[202] Ich kann nur hoffen, dass das
zuständige Bistum das in den letzten Jahren wirklich geändert hat, denn 2014/2015
wurden die Mitglieder der Kommission im zuständigen Bistum vom Bischof
ernannt oder berufen, sie wurden zu Gesprächen entsandt usw. Unabhängig war
da keiner!

Weiter sagte Bischof Ackermann, es würde eine *„Standardisierung in der Führung
der Personalakten der Kleriker“* angestrebt, um *„sicher[zu]stellen, dass Miss-
brauchsbeschuldigungen künftig in allen Diözesen verbindlich, einheitlich und
transparent dokumentiert“*[203] würden. Transparenz in der Aktenführung würde
ich mir allerdings nicht nur für die Personalakten der Kleriker wünschen – ich
denke, mir und uns als Betroffenen steht auch Transparenz in den über uns
geführten Akten zu. Das zuständige Bistum verweigert mir bis heute, Juli 2019,

eine Akteneinsicht – mit dem Argument, das sei im Kirchenrecht nicht vorgesehen.

Die Leitlinien – letztmalig 2013 überarbeitet und 2014 ergänzt – befinden sich zurzeit ja laut Bischof Ackermann „*ohnehin in einer Phase der Überprüfung*". Die Hoffnung, dass es wirklich zu einer Veränderung im Sinne einer opferfreundlichen, transparenten und gleichen Behandlung für alle Betroffenen kommt, schwindet mit dem Maß an öffentlichen Stellungnahmen von Stellvertretern der römisch-katholischen Kirche, in denen weiterhin der Umgang mit den Opfern schöngeredet wird, der Missbrauch mit den Missbrauchten verleugnet wird, die Vertuschung und der Täterschutz verharmlost und heruntergespielt werden.

Und doch: Die Hoffnung stirbt zuletzt. Aber vielleicht muss diese Hoffnung auch komplett sterben, damit noch mehr Gläubige massenhaft aus der römisch-katholischen Kirche austreten, römisch-katholische Priester unter Protest ihr Amt niederlegen, mehr Richterinnen und Richter den Mut haben, die römisch-katholische Kirche in die Schranken zu weisen, wie aktuell mit dem Urteil im Zusammenhang mit der Entlassung des Chefarztes, damit der Papst und die Bischöfe aufhören, nur für uns zu beten, sondern den Worten der „*Null Toleranz*" auch die notwendigen Konsequenzen folgen lassen.

„Der beschuldigte Priester sei sich bewusst, dass er durch die Verletzung seines Zölibatsversprechens gegen seine priesterliche Berufung verstoßen hat."

Stellungnahme der Glaubensgemeinschaft auf Nachfrage des ZDF
zu den Vorwürfen von Doris Wagner[204]

Das sechste Gebot:
Du sollst nicht die Ehe brechen

oder

„Des Pudels Kern"

Die Redewendung „Des Pudels Kern" stammt aus „Faust" von Johann Wolfgang von Goethe (1749–1832). Ein schwarzer Pudel, der Faust bis zu seinem Arbeitszimmer verfolgte, verwandelt sich vor dessen Augen in Mephisto, den Teufel. Das veranlasste den Wissenschaftler Faust zu dem Satz: „Das also war des Pudels Kern." Heute wird diese Redewendung gerne als Metapher benutzt, wenn etwas offensichtlich wird, was bis dahin verschleiert oder nicht erkennbar war.

Während meiner Recherche für dieses Buch stieß ich auf die Aussage, laut des römisch-katholischen Kirchenrechtes sei sexuelle Gewalt von Geistlichen gegen Kinder, Jugendliche und abhängige Erwachsene „nur" ein Verstoß gegen das sechste Gebot: Du sollst die Ehe nicht brechen. Ich konnte und wollte es wahrscheinlich auch nicht glauben und fragte bei Prof. Rössner, einem mich sehr unterstützenden Rechtsanwalt nach. Dieser schrieb mir daraufhin:

„Liebe Frau Born,

schon nach meinen ersten Recherchen zum Tatbestand des sexuellen Missbrauchs in der katholischen Kirche ist klar, dass es einen spezifischen wie im StGB nicht gibt, sondern – wie Sie richtig vermutet haben – das 6. Gebot als Verbotstatbestand dient. Das hat die Folge, dass Betroffene keine Rolle spielen, sondern es sich um bloße Verstöße gegenüber dem göttlichen Gebot und Amtspflichtverletzungen des Geistlichen handelt. Unfassbar! (...)"

Unfassbar! Die römisch-katholische Kirche verfügt über ein eigenes Straf- und Verfahrensrecht, den Codex Iuris Canonici 1983 (CIC). Daraus kann entnommen werden, wie die Kirche mit den verschiedenen Straftaten umgeht und die Täter behandelt wissen will.

Wörtlich heißt das geltende Kirchenrecht in c. 1395 CIC:

„§ 1. Ein Kleriker, der (…) in einem eheähnlichen Verhältnis lebt, sowie ein Kleriker, der in einer anderen äußeren Sünde gegen das sechste Gebot des Dekalogs verharrt und dadurch Ärgernis erregt, sollen mit der Suspension bestraft werden, der stufenweise andere Strafen bis zur Entlassung aus dem Klerikerstand hinzugefügt werden können, wenn die Straftat trotz Verwarnung andauert.

§ 2. Ein Kleriker, der sich auf andere Weise gegen das sechste Gebot des Dekalogs verfehlt hat, soll, wenn nämlich er die Straftat mit Gewalt, durch Drohungen, öffentlich oder an einem Minderjährigen unter sechzehn Jahren begangen hat, mit gerechten Strafen belegt werden, gegebenenfalls die Entlassung aus dem Klerikerstand nicht ausgenommen."[205]

Ich habe beide Paragrafen zitiert, weil so deutlich wird, dass nach dem geltenden Kirchenrecht das Nichteinhalten des Zölibats im Sinne einer gelebten Partnerschaft im Sinne der „wilden Ehe" auf die gleiche Stufe mit sexueller Gewalt mit Kindern und Jugendlichen gestellt wird. Erst im Mai 2019 (!) wurde dieser Passus erweitert und gilt nun auch für abhängige Erwachsene.[206]

Laut dem herrschenden Kirchenrecht verstößt ein Geistlicher, wenn er sich an Kindern und Jugendlichen sexuell vergreift, sexuelle Gewalt anwendet und die jungen Menschen missbraucht, „nur" gegen die Tatsache, dass er mit Gott verheiratet ist und ihm Enthaltsamkeit versprochen hat. Er verstößt nicht gegen mein Recht auf Unversehrtheit, gegen mein Recht auf Schutz und Sicherheit. Ich komme gar nicht vor! Mich gibt es in diesem Zusammenhang für die römisch-katholische Kirche gar nicht!

Und das ist für mich „des Pudels Kern".

Damit erklärt sich für mich zum Beispiel die anhaltende Verharmlosung des Skandals durch viele Entscheidungsträger der römisch-katholischen Kirche. Der Papst verlor – zu – viele Worte in seiner Abschlussrede nach dem Krisengipfel im Februar 2019 darüber, dass sexueller Missbrauch ganz allgemein ein gesellschaftliches Problem sei, dass es auch in Sportvereinen usw. passieren würde. Natürlich, wenn in den Seelen der großen und kleinen Geistlichen der römisch-katholischen Kirche *ich* als Mensch, Kind, Jugendlicher gar nicht vorkomme und das kirchenjuristisch sogar verankert ist, dann ist das alles nicht so schlimm. Dann kann ruhig auf den Fußballverein verwiesen werden, um damit von der eigenen Verantwortung abzulenken!

Nur so lässt sich auch das Zitat des ehemaligen Erzbischofs aus Freiburg Robert Zollitsch in einem Videointerview mit der Badischen Zeitung vom November

2018 verstehen: *„Heute mit 80 Jahren sei er aber ‚nur noch Gott und meinem Gewis-sen verpflichtet‘."*[207] Dann verstehe ich auch, warum die Kirche sich strikt wei-gert, für eine finanzielle Entschädigung aufzukommen. Die Anerkennungszah-lung ist – so wird es immer wieder betont – *keine* Entschädigung. Das kann sie bei der Höhe von 5.000 bis 10.000 Euro auch definitiv nicht sein. Wenn es mich aber gar nicht gibt in dem ganzen System von Schuld, sondern nur den Täter und Gott, dann brauche ich auch nicht entschädigt zu werden. Mein Leid als Betrof-fene kommt in dem Gedankengut nicht vor!

Des Pudels Kern erklärt mir auch, wie große und kleine Geistliche zu der Idee kommen können, den Zölibatsbegriff zu verdrehen und schönzureden. Zölibat würde nur für Sex mit Erwachsenen gelten, heißt es dann gerne oder – wie in meinem Fall – „solange ich nicht einstöpsle, halte ich doch das Zölibat ein"! Natür-lich, wenn *ich* nicht vorkomme, als Opfer von sexueller Gewalt – in welcher Form auch immer –, dann ist auch diese Art der Verharmlosung und des Schönredens naheliegend und nachvollziehbar.

Des Pudels Kern ist auch für mich die Erklärung, warum es wenig Sinn macht und zudem nicht ausreicht, wenn jetzt in den Priesterseminaren von „Priester zu Priester" über Sexualität und das Verhalten bei Verdacht auf sexuelle Gewalt gesprochen wird. Der Gedanke, dass sexuelle Gewalt lediglich eine Untreue Gott gegenüber ist, ist ein tiefsitzender Glaubenssatz, der, seit Generationen als Wahr-heit in die Seelen der Geistlichen eingepflanzt, Wurzeln geschlagen hat.

Des Pudels Kern ist einer der wesentlichen Gründe, warum es katastrophale Auswirkungen für mich als Betroffene hat, wenn die Täterorganisation gleich-zeitig die Richterorganisation ist.

Gleichzeitig schreibt der Paragraf 2 des geltenden Kirchenrechts in c. 1395 CIC, vor, dass ein Kleriker, der sich auf andere Weise gegen das Sechste Gebot verfehlt hat, zum Beispiel indem er sich an Minderjährigen unter sechs Jahren vergan-gen hat, mit gerechter Strafe belegt werden soll, gegebenenfalls auch mit der Ent-lassung aus dem Klerikerstand.[208] In meinem Fall bleibt damit völlig unklar, warum der Täter nicht mit einer gerechten Strafe belegt wurde. Heute – Juli 2019 – ist sogar mir bekannt, dass die Glaubenskongregation in Rom 2015 *nicht* mit ent-lastenden Fakten zugunsten des Beschuldigten argumentiert hatte und wie der zuständige Bischof an die Kongregation am 09.04.2019 schrieb: *„(...) bereits am 12.10.2015 die Kongregation mitgeteilt hatte, es sei mit Sicherheit von einem sexu-ellen Missbrauch der Anzeigeerstatterin auszugehen sei, doch sei das kirchliche Verfahren einzustellen, da eine Anhörung des Opfers, die zu der erforderlichen Klarheit in der Beweislage erforderlich wäre, wegen seiner labilen psychischen Ver-fassung ausgeschlossen sei".*

Völlig unabhängig von meiner psychischen Verfassung und der angeblich notwendigen weiteren Befragung war und ist allen klar, dass der sexuelle Missbrauch durch den Täter stattgefunden hat! Und als alles anfing, war ich unter 16 Jahre alt! Es wird also eindeutig gegen das Kirchenrecht verstoßen, wenn der Täter nicht mit einer gerechten Strafe belegt wurde und weiter wird.

Auch dieses Verdrehen von eigenen Gesetzen mit Begründungen, die sich leicht durch das Umdrehen des *SchuldPfeils* – ich bin schuld, dass das Verfahren nicht weiter verfolgt werden konnte – erklären, basieren zum großen Teil darauf, dass sexuelle Gewalt gegen Kinder und Jugendliche lediglich als ein Verfehlen Gott gegenüber angesehen wird. Wenn *ich* als Opfer, als verletzbarer Mensch, im Mittelpunkt des Verfahrens stehen würde, dann wäre es auch von angemessenem Interesse, wie wichtig es für mich und mein Seelenheil ist, wenn der Täter mit einer gerechten Strafe belegt werden würde.

Die Tatsache, dass laut geltendem Kirchenrecht sexuelle Gewalt jeglicher Form von Geistlichen gegenüber anderen Menschen jeglichen Alters und Geschlechts lediglich als Verfehlung gegen Gott und eben nicht auch als Verfehlung gegen andere gilt, weil das sechste Gebot „Du sollst die Ehe nicht brechen" die gesetzliche Grundlage darstellt, ist für mich persönlich eines der schwerwiegendsten Strukturprobleme der römisch-katholischen Kirche im Umgang mit Betroffenen.

Es hinterlässt bei mir einen schalen Geschmack, wenn Bischof Ackermann in der Pressekonferenz am 09.05.2019 sagte: *„Das mit Datum vom 7. Mai 2019 unterzeichnete Motu proprio Vos estis lux mundi setzt die Reihe der Dokumente fort (…), mit denen Papst Franziskus als universalkirchlicher Gesetzgeber den Kampf gegen den sexuellen Missbrauch durch kirchliche Amtsträger* **noch konsequenter und präziser als bisher weiterführen will**" *[Hervorhebung d. Autorin].*[209] Später sagt er: *„Es weitet die Gruppe der möglichen Opfer aus auf 'schutzbedürftige Personen'. Damit sind Personen gemeint, die aufgrund unterschiedlicher Bedingungen in ihrer Fähigkeit, sich gegen Übergriffe zu wehren, eingeschränkt sind."*[210]

Sicher ist es super, wenn jetzt auch die abhängigen Erwachsenen, damit sind Personen gemeint, die aufgrund unterschiedlicher Bedingungen in ihrer Fähigkeit, sich gegen Übergriffe zu wehren, eingeschränkt sind, mit in den Paragraf 2 des geltenden Kirchenrechts in c. 1395 CIC aufgenommen werden sollen. Aber es ist nicht ausreichend, wenn ich als Betroffene eben sogar kirchenrechtlich nicht im Mittelpunkt des Verfahrens stehe, sondern die Verfehlung Gott gegenüber als Verbotstatbestand bleibt. Daher fehlen mir für Worte wie *„noch konsequenter und präziser als bisher weiterführen will"* eine gewisse Grundlage und erscheinen mir eher das Ergebnis eines Motivations- beziehungsweise Kommunikationsworkshops zu sein.

Wenn auf Dauer wirklich etwas Grundlegendes im Umgang mit Betroffenen geändert werden soll, dann gilt es, des Pudels Kern radikal zu ändern! Hoffentlich meinte der Theologe und Psychotherapeut Wunibald Müller unter anderem auch das, wenn er in der ZDFzoom-Sendung *„Abschottung oder Aufbruch"* sagt: *„Wir fahren mit Karacho die Kirche an die Wand, wenn wir an der Stelle nicht wirklich Entscheidungen treffen."*[211]

„Am Ende wird alles gut! Und wenn es noch nicht gut ist,
ist es noch nicht das Ende."

Oscar Wilde (1854–1900)

Das gute Ende

Ein Glücksbuch, ich bleibe dabei! Und in vielen Aspekten scheint es das Ende zu sein, denn es ist gut:

• Ich genieße das *Kleine Wunder* mit meinen Eltern
Gerade riefen beide spürbar bewegt an, um mir mitzuteilen, sie hätten das „Vorab" gelesen, welches ich ihnen zur Einstimmung auf das Buch schon mal geschickt hatte. Ich habe nicht erwartet, dass sie es lesen würden und lesen könnten. Ich habe nicht erwartet, dass sie – beide weit über 80 – sich dem Thema wirklich stellen wollen und würden stellen können. Vor ein paar Tagen hatte ich in dem Zusammenhang zu einer Freundin gesagt, ich wäre schon froh, wenn das Buch offen bei meinen Eltern auf dem Wohnzimmertisch liegen dürfte, wenn sie es vielleicht dem Pfarrer ihrer Gemeinde zu lesen geben würden, den sie sehr schätzen und für absolut integrer und mehr suchend als findend beschreiben.
Aber nun riefen sie an, und die Worte, die ich hörte, bewegen mich tief. Mein Vater sprach von „Erinnerungs- oder Wissenslücken", die sie gerne schließen wollen, meine Mutter erwähnte ihre Scham. Sie haben überlegt, dass mein Vater das Buch liest, wenn es meiner Mutter zu viel wird, und ihr dann den Inhalt erzählt. Wir sprachen noch mal über den Mut zur Lücke und dass mein Buch kein Erlebnisbericht über den jahrelangen Missbrauch ist. Das schien beide etwas zu beruhigen. Es berührt mich besonders, dass sie meinten, es wäre auch für die nächste Generation wichtig – das sind meine Kinder, die nun keine Kinder mehr sind –, wenn wir noch so viel wie eben möglich offenlegen und verarbeiten. Ja! Genau das! Ich danke Euch!

Doch weiter zu den Dingen, die alle schon sehr gut sind:
• Meine Kinder, die keine Kinder mehr sind, gehen mit großen Schritten in ihr eigenes Leben, trotz meiner Geschichte.
• Meine zwischenmenschlichen Beziehungen sind tiefer und erfüllter geworden und mehr.
• Mein inneres Glücksgefühl blubbert in vielen Momenten gemütlich in mir drin und findet immer häufiger den Weg zu anderen, wie Luftblasen den Weg nach oben …
• Ich fühle mich wacher, präsenter und aufmerksamer.

- Entspannter!
- Ich habe definitiv mehr Spaß im Leben.
- Es gibt ein riesengroßes Ja zu mir, meiner Geschichte und den Folgen daraus … auch wenn es schmerzt!

Wenn ich all das so aufzähle und mich davontragen lasse, dann hoffe ich gerade, es möge doch noch nicht das Ende sein, ich hoffe, mir wachsen noch Flügel! Ich wage wieder, groß zu träumen!

Mit der katholischen Kirche ist es noch nicht zu Ende. Denn trotz der Anerkennung ist es noch nicht wirklich gut!

- Der Täter erhält eine hohe Rente und kann bis auf Weiteres weiter agieren, denn der Ausgang des nun doch angekündigten Prozesses ist bis zum Redaktionsschluss dieses Buches völlig offen, und ich bleibe sehr eingeschränkt in meinem Beruf belastbar, was eine große, auch finanzielle Einbuße für mich und meine Familie bedeutet. Das ist weder für mich noch für die anderen Betroffenen gut! Und ob der Täter gut damit leben kann, weiterhin vor seiner Schuld davonzulaufen und so zu tun, als sei dies alles nicht geschehen, sei dahingestellt.
- Meine Anträge auf Wiederaufnahme des Verfahrens wurden nach Wochen aufgegriffen, und ein Verfahren soll nun eingeleitet werden. Gleich im ersten Schreiben wurde ich darauf hingewiesen, dass allein das Sichten der Akten dauern würde. Das entspricht nicht den aktuellen Ansagen des Papstes. Die Antworten aus dem zuständigen Bistum sind abweisend, es gebe keine Verzögerung und Vertuschung – zum Teil nicht richtig oder unvollständig –, der Papst habe keine Zeiträume genannt,–, und auf das Vorhandensein und die neue Rolle der Metropoliten, wenn es um die Anzeige von „höheren Geistlichen" geht, wird nicht hingewiesen.
- Meine Anfragen an Bischof Ackermann und Bischof Marx und auch an den Jesuitenpater Hans Zollner SJ, Direktor des ‚Centre for Child Protection' in Rom an der Päpstlichen Universität Gregoriana, werden seit Monaten gar nicht beantwortet.
- Auch das aktuelle Wissen, dass die Glaubenskongregation 2015 *„nicht mit entlastenden Fakten zugunsten des Beschuldigten"* argumentierte, wie aus dem Schreiben des zuständigen Bischofs an die Glaubenskongregation am 09.04.2019 hervorgeht, macht es nicht wirklich leichter, das vorläufige Ende gut zu finden.

Aber, wie es so schön heißt: Wenn es noch nicht gut ist, dann ist es auch noch nicht das Ende! Ich bleibe dran! Bis es gut ist, ganz sicher!

Wenn ich den zweiten Teil des Buches zusammenfassen würde, dann würde ich die notwendigen Veränderungen in zwei große Kategorien aufteilen:

- die kurzfristig möglichen und
- die dauerhaft radikalen.

Ich meine zum Beispiel, wenn Rom viel Zeit braucht, um das Zwangszölibat abzuschaffen, dann können sich die Bischöfe laut dem geltenden Kirchenrecht umgehend darauf einigen, dass Priester, die Väter sind, auch öffentlich nicht denunziert werden oder sich zwischen Familie und Priestersein entscheiden müssen. Außerdem kann jedem Geistlichen – ohne Ausnahme – eine lebenslange externe und regelmäßige psychologische Beratung oder Betreuung an die Seite gestellt werden, gerade im Umgang mit Sexualität beziehungsweise mit *Nosex,* wie es die MHG-Studie ja auch rät. Auch könnten die Priesterseminare *jetzt* externe Fachleute hinzuziehen, um die Seminaristen besser auf Themen wie Sexualität, *Nosex* und eheloses Leben vorzubereiten.

Für diese Art von Veränderungen braucht es keine Monate oder Jahre, es braucht einfach nur Einsicht, Erkenntnis, vielleicht etwas Mut und dann eine Entscheidung. Dafür sind keine Gutachten oder was auch immer notwendig. Zu dieser Art von Veränderungen gehören auch Anpassungen der Leitlinien: Wenn zum Beispiel 2010 festgelegt wurde, dass das Bistum des Täters zuständig sein soll – warum auch immer –, dann können die deutschen Bischöfe diesen Punkt der Leitlinien schnell und unbürokratisch ändern, wenn deutlich wird, dass die Entscheidung wenig opferfreundlich ist und eine Gleichbehandlung nicht garantiert. Sie selbst haben die Leitlinien entworfen, dann können sie auch selbst – zeitnah und unbürokratisch – auf Kritik und schlechte Erfahrungen flexibel reagieren.

Dagegen wird das Einrichten externer Anlaufstellen, die dann den Bischöfen gegenüber nach der Entscheidung auch noch weisungsbefugt wären, dauern. Dafür müssen viele andere radikale Veränderungen, wie die Paralleljustiz – eventuell sogar mit Anpassung des Grundgesetzes –, das herrschende monarchische System, das frauenfeindliche Gehabe und mehr geändert werden.

Und ja, dafür braucht es Zeit.

Diese Erkenntnis entschuldigt mitnichten, dass die römisch-katholische Kirche allein in Deutschland mindestens neun Jahre Zeit gehabt hat, auch diese dringcnd notwendigen dauerhaften und radikalen Veränderungen anzugehen, und das im großen Maße verpasst hat. Das kann – ähnlich wie die massenhaft stattgefundenen sexuellen Gewalttaten durch Geistliche – jetzt nicht mehr rückwirkend geändert werden. Das ist bereits dumm gelaufen. Aber die römisch-katholische Kirche kann und muss meiner Meinung nach *jetzt* erkennen, dass schon viel Zeit – für uns Betroffene zu viel Zeit – verplempert wurde, und nicht die Versuche einer Lösung auch noch schönreden. *Jetzt* können umgehend Zwischen-Veränderungen vorgenommen werden, die uns nicht ruhigstellen und auch die Bischöfe und Entscheidungsträger nicht aufatmen lassen können und sollen, sondern den Weg bereiten für all die radikalen Veränderungen bis zur Änderung des Kirchenrechtes, nach dem sexuelle Gewalt gegen Kinder, Jugendliche und abhängige Erwachsene immer noch „nur" eine Straftat nach dem 6. Gebot ist. Für die Zwischen-Veränderungen gelten auch keine Ausreden in der Art, dass alles halt seine Zeit brauchen würde, es wären Gutachten und so weiter nötig. Damit machen sich die Entscheidungsträger nur unglaubwürdig, und bei mir zumindest wird eine echte Bereitschaft zu Veränderungen infrage gestellt.

Beim erneuten Durchlesen des Manuskriptes ist mir noch einmal aufgefallen, dass ich oft von „der römisch-katholischen Kirche" schreibe. Ich hatte ja vorab schon geschrieben, dass natürlich die Institution Kirche weder Schuld und Verantwortung tragen kann noch als Institution dazu in der Lage ist, die so notwendigen Änderungen durchzuführen. Auch hier sind es die Menschen, die Entscheidungsträger, die Mächtigen, die in der Verantwortung stehen, die Veränderungen, die großen und kleinen radikal umzusetzen. *Jetzt*! Auch gegen eigenen und äußeren Widerstand.

Um es etwas einfacher zu haben, schreibe ich dann von „der römisch-katholischen Kirche". Dabei fallen all diejenigen hinten runter, die innerhalb der Institution „katholische Kirche" weit über sich hinauswachsen und mutig versuchen, Missstände aufzuzeigen und zu benennen und Veränderungen durchzusetzen. Mir ist das bewusst, und mir sind auch Menschen bekannt, die diesen sicher schwierigen Weg gehen in der Hoffnung, dass der stete Tropfen den Stein höhlt. Dazu gehören Bischöfe – in meinem Fall natürlich der nicht zuständige Bischof – aber auch andere, die sich in Interviews kritisch äußern oder auch – teilweise noch lebende Bischöfe – kritisieren, die Veränderungen laut fordern und scheinbar immer noch und immer wieder auf Granit beißen.

Ich meine dabei nicht Bischöfe, die so tun, als sei doch alles schon ziemlich gut. Ein gutes Beispiel dafür ist für mich Bischof Ackermann bei „Anne Will" am 24.02.2019. Ich meine die anderen, die weniger zu sagen haben und trotzdem kämpfen. Sie kommen zu kurz in meinem Buch. Das tut mir leid! Ich werde nicht jeder und jedem einzelnen gerecht in dem Bemühen und dem zähen Kampf. Ich danke diesen Menschen, denen, die sich innerhalb des Systems mit aller Kraft und Möglichkeit dafür einsetzen, gegen jeden Widerstand von oben. Die Wege finden, die es eigentlich nicht gibt, wie den einer Anerkennung im Namen der katholischen Kirche, ohne Zuständigkeit. Oder als Jesuit das Vorwort zu schreiben zu meinem Buch, das nun wirklich nicht kirchenfreundlich ist. Oder wie Herr Zwei in den Phasen, in denen er mir ein guter Zuhörer war und dann auch noch meinen Antrag ohne Rücksprache mit „Oben" an das Sekretariat der Deutschen Bischofskonferenz, Büro für Fragen sexuellen Missbrauchs im kirchlichen Bereich in Bonn schickte.

Auch wenn es vielleicht im Buch nicht immer deutlich wird, ich weiß von Euch, ich achte und ehre Euch! Und Ihr seid ein großer Teil, der mich an ein gutes Ende glauben lässt!

Ich wage wieder, groß zu träumen, das ist eine der Glücksbotschaften nach und durch dieses Buch! Es war ein Lebenstraum, das Buch zu schreiben und zu veröffentlichen. Das ist gut!

Abgeben und Loslassen ist der nächste Schritt. Und weiter groß zu träumen, zum Beispiel davon, mit Bischof Ackermann bei „Anne Will" im Spätherbst 2019 auf dem Sofa zu sitzen und gehört zu werden. Das wäre es noch! Ich wage wieder, groß zu träumen, in der Gewissheit, dass auch die römisch-katholische Kirche meine Träume nicht zerstören kann – ein gutes Ende!

„Man muss noch Chaos in sich haben,
um einen tanzenden Stern
gebären zu können.“

Friedrich Nietzsche (1844–1900)

Danke

Das mit dem „richtigen Danke" gestaltet sich schwieriger, als ich dachte. Ich will niemanden vergessen, ich möchte Euch und auch mich schützen und werde daher keine Namen nennen. Das mindert aber nicht mein tiefes Gefühl von Dankbarkeit und Anerkennung und Verbundenheit: Ich danke Euch allen, die ihr mich direkt oder indirekt dabei unterstützt habt, diesen Lebenstraum zu verwirklichen: DANKE, ohne Euch hätte ich es nicht geschafft!

Vier Menschen danke ich besonders:

Meinen Kindern, die keine Kinder mehr sind: Ihr seid es wert, diesen Weg zu gehen, ein Ja zu meiner Geschichte zu finden und mich für einen gerechten und fairen Umgang mit allen Betroffenen einzusetzen. Oft über meine Kraft hinweg, oft im Zu-Viel und sicher oft auch auf Eure Kosten! Ich danke Euch, dass Ihr den Weg mit mir geht und ich Euren Weg mitgehen darf! Khalil Gibran schreibt in seinem Gedicht „Eure Kinder"[212]:

> *„Eure Kinder sind nicht eure Kinder.*
> *Sie sind die Söhne und die Töchter der Sehnsucht*
> *des Lebens nach sich selber.*
> *Sie kommen durch euch, aber nicht von euch,*
> *Und obwohl sie mit euch sind, gehören sie euch doch nicht."*

Nein, ihr gehört mir nicht! Aber Ihr seid mein innerer Motor, dieses Buch zu schreiben, um so viel von dieser elenden Geschichte über sexuelle Gewalt, über Nicht-gehört-Werden und über Traumafolgestörungen zu mir zurückzunehmen, um Euch frei oder zumindest freier in Euer eigenes Leben zu entlassen. Danke!

Und ich danke meinen Eltern. Sie sind das lebende Beispiel dafür, dass innere Bewegung und innere Arbeit altersunabhängig sind. Ihr seid mit weit über 80 Lebensjahren menschliche Urgesteine, und – so macht es den Anschein – werdet dabei immer beweglicher und innerlich bereiter, hinzuschauen. DANKE!
    Die römisch-katholische Kirche könnte und sollte sich ein Beispiel an Euch nehmen!

Anmerkungen

1   *Eine Frau kämpft um Aufklärung.* BR Fernsehen, 06.02.2019, 22.00 Uhr, 44 Minuten. On-
    line: https://www.br.de/mediathek/video/missbrauch-in-der-katholischen-kirche-doku-
    eine-frau-kaempft-um-aufklaerung-av:5c5af92b42b54f00183b451f, letzter Zugriff am
    08.08.2019.

2   https://www.jurion.de/urteile/bgh/1966-10-05/2-str-237_66/, letzter Zugriff am 08.08.2019.

3   Friedrich Spee: *Cautio criminalis seu de processibus contra Sagas Liber,* Rinteln 1631. Wört-
    lich „Rechtlicher Vorbehalt oder Buch über die Prozesse gegen Hexen".

4   Daniel Pittet: *Pater, ich vergebe Euch! Missbraucht, aber nicht zerbrochen.* Herder, 2017.

5   *Das Schweigen der Hirten.* Frankreich 2018. ZDFinfo, 27.12.2018; https://www.zdf.de/do-
    kumentation/zdfinfo-doku/das-schweigen-der-hirten-missbrauch-in-der-kirche-102.html,
    letzter Zugriff am 08.08.2019.

6   Bastian Obermayer und Rainer Stadler: *Bruder, was hast Du getan? Kloster Ettal. Die Tä-
    ter, die Opfer, das System.* Kiepenheuer & Witsch, 2011.

7   *Das Schweigen der Hirten.* Frankreich 2018. ZDFinfo, 27.12.2018, ca. 43 Min.; https://www.
    zdf.de/dokumentation/zdfinfo-doku/das-schweigen-der-hirten-missbrauch-in-der-kir-
    che-102.html, letzter Zugriff am 08.08.2019.

8   Daniel Pittet: *Pater, ich vergebe Euch! Missbraucht, aber nicht zerbrochen.* Herder, 2017.

9   Bei dieser Studie handelt es sich um das interdisziplinäre Forschungsprojekt „Sexueller
    Missbrauch durch katholische Priester, Diakone und männliche Glaubensangehörige im
    Bereich der Deutschen Bischofskonferenz" Die Standorte der beteiligten wissenschaftli-
    chen Einrichtungen sind Mannheim, Heidelberg und Gießen – daher das Akronym MHG.

10 https://www.sueddeutsche.de/medien/maischberger-zu-missbrauch-in-der-katholischen-
    kirche-ich-nehme-euch-als-ganzes-system-nicht-ab-dass-ihr-eine-echte-betroffenheit-
    habt-1.4145720; letzter Zugriff 08.08.2019.

11 „Posttraumatische Belastungsstörung", in: Wikipedia, Die freie Enzyklopädie. Bearbei-
    tungsstand: 25.03.2019, 08:26 UTC. URL: https://de.wikipedia.org/w/index.php?title=Post-
    traumatische_Belastungsst%C3%B6rung&oldid=186901584; letzter Zugriff 08.08.2019.

12 http://www.icd-code.de/suche/icd/code/F43.-.html?sp=SPTBS; letzter Zugriff 08.08.2019.

13 Ebd.

14 „Posttraumatische Belastungsstörung", in: Wikipedia, Die freie Enzyklopädie. Bearbei-
    tungsstand: 25.03.2019, 08:26 UTC. URL: https://de.wikipedia.org/w/index.php?title=Post-
    traumatische_Belastungsst%C3%B6rung&oldid=186901584; letzter Zugriff 08.08.2019.

15 http://www.icd-code.de/suche/icd/code/F43.-.html?sp=SPTBS; letzter Zugriff 08.08.2019.

16 Jochen Sautermeister et. al. (Hrsg.): *Handbuch psychiatrisches Grundwissen für die Seelsor-
    ge.* Herder, 2018.

17 Ebd., S. 567.

18 „Pierre Janet", in: Wikipedia, Die freie Enzyklopädie. Bearbeitungsstand: 12.03.2019, URL: https://de.wikipedia.org/w/index.php?title=Pierre_Janet&oldid=186521385; letzter Zugriff: 08.08.2019.

19 Hessisches Ärzteblatt 5/2016, S. 272; https://www.laekh.de/aerzte/hessisches-aerzteblatt/hessisches-aerzteblatt-archiv/hessisches-aerzteblatt-archiv-2016/hessisches-aerzteblatt-archiv-mai-2016, letzter Download 08.08.2019.

20 „Posttraumatische Belastungsstörung", in: Wikipedia, Die freie Enzyklopädie. Bearbeitungsstand: 25.03.2019, URL: https://de.wikipedia.org/w/index.php?title=Posttraumatische_Belastungsst%C3%B6rung&oldid=186901584; letzter Zugriff: 08.08.2019.

21 Hessisches Ärzteblatt 5/2016, S. 271-275; https://www.laekh.de/aerzte/hessisches-aerzteblatt/hessisches-aerzteblatt-archiv/hessisches-aerzteblatt-archiv-2016/hessisches-aerzteblatt-archiv-mai-2016, letzter Download 08.08.2019.

22 Ebd.

23 „Trauma (Psychologie)", in: Wikipedia, Die freie Enzyklopädie. Bearbeitungsstand: 07.04.2019, URL: https://de.wikipedia.org/w/index.php?title=Trauma_(Psychologie)&oldid=187333360; letzter Zugriff: 08.08.2019.

24 Jochen Sautermeister et. al. (Hrsg.): *Handbuch psychiatrisches Grundwissen für die Seelsorge.* Herder, 2018.

25 Ebd. S. 567.

26 Ebd. S. 571.

27 https://www.domradio.de/themen/vatikan/2018-08-23/kirchenrechtlerin-wijlens-missbrauch-vertuschen-staerker-ahnden; letzter Zugriff 08.08.2019.

28 Doris Wagner: *Nicht mehr ich. Die wahre Geschichte einer jungen Ordensfrau,* Knaur 2016.

29 Geoffrey Robinson: *Macht, Sexualität und die katholische Kirche. Eine notwendige Konfrontation,* Publik-Forum 2010, S. 27.

30 https://www.dbk.de/themen/sexueller-missbrauch/normen-und-leitlinien/, letzter Zugriff 08.08.2019.

31 „Anne Will", ARD, 24.02.2019, 21.45 Uhr, bei ca. 61,01 Min.; https://daserste.ndr.de/annewill/archiv/Krisengipfel-im-Vatikan-wie-entschlossen-kaempft-die-Kirche-gegen-Missbrauch,erste11436.html, letzter Zugriff 08.08.2019.

32 Mit freundlicher Genehmigung von Prof. Rössner, vorgestellt im Referat beim 70. Forensischem Seminar am 23.05.2019 in Mainz.

33 „Abschottung oder Aufbruch? Die katholische Kirche und die Missbrauchskrise", ZDFzoom, 20.02.2019, bei ca. 27,30 Min.; https://www.zdf.de/dokumentation/zdfzoom/zdfzoom-abschottung-oder-aufbruch-100.html; letzter Zugriff 08.08.2019.

34 „Anne Will," ARD, 24.02.2019, 21.45 Uhr, bei ca. 27,40 Min.; https://daserste.ndr.de/annewill/archiv/Krisengipfel-im-Vatikan-wie-entschlossen-kaempft-die-Kirche-gegen-Missbrauch,erste11436.html, zuletzt aufgerufen am 08.08.2019.

35 Ebd., bei ca. 27,03 Min.

36 Ebd., bei ca. 28,24 Min.

37 Ebd., bei ca. 27,30 Min.

38 https://www.presseportal.de/pm/66749/4143258; letzter Zugriff 08.08.2019.

39   Franz Ruppert: *Trauma, Angst und Liebe. Unterwegs zu gesunder Eigenständigkeit. Wie Aufstellungen dabei helfen.* Kösel, 2012.

40   https://www.stuttgarter-zeitung.de/inhalt.stephan-burger-freiburger-erzbischof-schliesst-abschaffung-des-zoelibats-nicht-aus.0f95a12e-ff6c-4b4c-81cc-00972f87f2c3.html; letzter Zugriff 08.08.2019.

41   Bischof Geoffrey Robinson: *Macht, Sexualität und die katholische Kirche. Eine notwendige Konfrontation.* Publik-Forum, 2010.

42   Ebd., S. 23–24.

43   diag-magdeburg.gmxhome.de/pdf/CIC.pdf; letzter Zugriff 08.08.2019.

44   Vereinigung katholischer Priester und ihrer Frauen e.V.; https://www.vkpf.de/; letzter Zugriff 08.08.2019.

45   https://daserste.ndr.de/annewill/podcast/Krisengipfel-im-Vatikan-wie-entschlossen-kaempft-die-Kirche-gegen-Missbrauch,audio489388.html; bei ca. 33,40 Min, letzter Zugriff 08.08.2019.

46   „Anne Will", ARD, 24.02.2019, 21.45 Uhr, bei ca. 51,09 Min.; https://daserste.ndr.de/annewill/archiv/Krisengipfel-im-Vatikan-wie-entschlossen-kaempft-die-Kirche-gegen-Missbrauch,erste11436.html; letzter Zugriff 08.08.2019.

47   Ebd., bei ca. 51,37 Min.

48   Ebd., bei ca. 51,58 Min.

49   Ebd., bei ca. 51,48 Min.

50   Bastian Obermayer und Rainer Stadler: *Bruder, was hast Du getan? Kloster Ettal. Die Täter, die Opfer, das System.* Kiepenheuer & Witsch, 2011.

51   Ebd., S. 165.

52   Ebd.

53   Ebd.

54   https://daserste.ndr.de/annewill/podcast/Krisengipfel-im-Vatikan-wie-entschlossen-kaempft-die-Kirche-gegen-Missbrauch,audio489388.html, bei ca. 30,43 Min. und ca. 30,55 Min., letzter Zugriff 08.08.2019.

55   Deutsche Bischofskonferenz: „Ehe und Familie"; https://www.dbk.de/katholische-kirche/aufgaben/ehe-und-familie/, letzter Zugriff 08.08.2019.

56   Vereinigung katholischer Priester und ihrer Frauen e.V., https://www.vkpf.de, letzter Zugriff 08.08.2019.

57   Initiativgruppe vom Zölibat betroffener Frauen, www.zoelibat-frauen.de, letzter Zugriff 08.08.2019.

58   https://www.zeit.de/gesellschaft/2018-10/schwangerschaftsabbruch-pabst-franziskus-abtreibung-auftragsmord; letzter Zugriff 08.08.2019.

59   https://www.badische-zeitung.de/wirtschaft-3/zweite-ehe-keine-kuendigung--166944326.html; letzter Zugriff 08.08.2019.

60   https://daserste.ndr.de/annewill/podcast/Krisengipfel-im-Vatikan-wie-entschlossen-kaempft-die-Kirche-gegen-Missbrauch,audio489388.html, bei ca. 32,35 Min., letzter Zugriff 08.08.2019.

61   Karl-Leisner-Jugend, http://www.k-l-j.de, letzter Zugriff 08.08.2019.

62   https://www.kirche-und-leben.de/artikel/aerger-mit-geistlichen-gemeinschaften-in-raes-feld/; letzter Zugriff 08.08.2019.

63   Karl-Leisner-Jugend: „Sexualität und Kirche … ein unschlagbares Paar"; http://www.k-l-j.de/download/pdf/katechesen/029_sexualitaet_kirche.pdf, letzter Zugriff 08.08.2019.

64   Karl-Leisner-Jugend: „Sexualität und Kirche … ein unschlagbares Paar"; http://www.k-l-j.de/download/pdf/katechesen/029_sexualitaet_kirche.pdf, S. 2-3, letzter Zugriff 08.08.2019.

65   Ebd.

66   Ebd.

67   Ebd.

68   W. Stangl. (2019), https://arbeitsblaetter-news.stangl-taller.at/ letzter Zugriff 08.08.2019.

69   W. Stangl. (2019), Katholische Kirche und Sexualität; https://arbeitsblaetter-news.stangl-tal-ler.at/sexualitaet-und-katholische-kirche/(2019-08-08).

70   Ebd.

71   Ebd.

72   Ebd.

73   Ebd.

74   Ebd.

75   Ebd.

76   https://www.herder.de/religion-spiritualitaet/bibel/bibel/zehn-gebote/?gclid=EAIaIQob-ChMIjO3V6t7w4wIVweR3Ch1SEweOEAAYASAAEgLoUvD_BwE; letzter Zugriff 08.08.2019.

77   SexMedPedia. Sexual-Medizinische Enzyklopädie; https://www.sexmedpedia.com/katho-lische-kirche-und-sexualmoral/; letzter Zugriff 08.08.2019.

78   Eunuchen für das Himmelreich: Katholische Kirche und Sexualität von Jesus bis Benedikt XVI. Heyne Verlag, 2000.

79   SexMedPedia. Sexual-Medizinische Enzyklopädie; https://www.sexmedpedia.com/katho-lische-kirche-und-sexualmoral/; letzter Zugriff am 08.08.2019.

80   Ebd.

81   Ebd.

82   Ebd.

83   Ebd.

84   Ebd.

85   Ebd.

86   Ebd.

87   Ebd.

88   Ebd.

89   Ebd.

90   Ebd.

91   Ebd.

92 Ebd.

93 https://www.heiligenlexikon.de/BiographienP/Paul_VI.html; letzter Zugriff 08.08.2019.

94 https://weltkirche.katholisch.de/Portals/0/Dokumente/DBK_Deus_Caritas_Est.pdf; letzter Zugriff 08.08.2019.

95 Ebd.

96 Ebd.

97 Karl-Leisner-Jugend, Beitrag von Peter: „‚Sex‘ aus Sicher der katholischen Kirche“; http://www.karl-leisner-jugend.de/Sex.htm, letzter Zugriff 08.08.2019.

98 https://weltkirche.katholisch.de/Portals/0/Dokumente/DBK_Deus_Caritas_Est.pdf; letzter Zugriff 08.08.2019.

99 Päpstlicher Rat für die Familie; http://www.vatican.va/roman_curia/pontifical_councils/family/documents/rc_pc_family_doc_08121995_human-sexuality_ge.html; letzter Zugriff 08.08.2019.

100 Ebd.

101 Stangl W. Katholische Kirche und Sexualität; https://arbeitsblaetter-news.stangl-taller.at/sexualitaet-und-katholische-kirche/(2019-08-08).

102 Päpstlicher Rat für die Familie; http://www.vatican.va/roman_curia/pontifical_councils/family/documents/rc_pc_family_doc_08121995_human-sexuality_ge.html; letzter Zugriff 08.08.2019.

103 Das menschliche Leben wird zum simplen Produkt; https://www.tagesanzeiger.ch/sonntagszeitung/das-zoelibat-ist-kein-dogma/story/16856406; S. 15-17; letzter Zugriff 08.08.2019.

104 Ebd.

105 Mit freundlicher Genehmigung von Prof. Rössner, vorgestellt im Referat beim 70. Forensischem Seminar am 23.05.2019 in Mainz.

106 Das menschliche Leben wird zum simplen Produkt; https://www.tagesanzeiger.ch/sonntagszeitung/das-zoelibat-ist-kein-dogma/story/16856406; S. 15-17; letzter Zugriff 08.08.2019.

107 Ebd.

108 Frag den Kardinal: „Antwort des Kardinals – ‚Sexualmoral der Kirche‘?“; https://www.youtube.com/watch?time_continue=673&v=lWJP-r92n6M, letzter Zugriff 08.08.2019.

109 Bodydearmoring; free your soul!; http://www.bodydearmoring.ch; letzter Zugriff 08.08.2019.

110 Zitat des ehemaligen Erzbischof Robert Zollitsch in einem Video-Interview; aus der Badischen Zeitung vom 20.11.2018.

111 „Anne Will“, ARD, 24.02.2019, 21.45 Uhr, ca. 60 Min.; https://daserste.ndr.de/annewill/archiv/Krisengipfel-im-Vatikan-wie-entschlossen-kaempft-die-Kirche-gegen-Missbrauch,erste11436.html, letzter Zugriff 08.08.2019.

112 Bischof Geoffrey Robinson: *Macht, Sexualität und die katholische Kirche. Eine notwendige Konfrontation.* Publik-Forum, 2010, S. 311.

113 Ebd.

114 Karl-Leisner-Jugend: „Sexualität und Kirche … ein unschlagbares Paar“; http://www.k-l-j.de/download/pdf/katechesen/029_sexualitaet_kirche.pdf, S. 2, letzter Zugriff 08.08.2019.

115 Stangl, W. (2019). Katholische Kirche und Sexualität. Werner Stangls Arbeitsblätter-News,

https://arbeitsblaetter-news.stangl-taller.at/sexualitaet-und-katholische-kirche/ (2019-08-08).

116 Bischof Geoffrey Robinson: *Macht, Sexualität und die katholische Kirche. Eine notwendige Konfrontation.* Publik-Forum, 2010, S. 23.

117 Frag den Kardinal: „Antwort des Kardinals – ‚Sexualmoral der Kirche?‘; https://www.youtube.com/watch?time_continue=673&v=lWJP-r92n6M, letzter Zugriff 08.08.2019.

118 Bastian Obermayer und Rainer Stadler: *Bruder, was hast Du getan? Kloster Ettal. Die Täter, die Opfer, das System.* Kiepenheuer & Witsch, 2011, S. 159.

119 Ebd., S. 160.

120 Ebd.

121 Ebd.

122 Ebd.

123 Mit freundlicher Genehmigung von Prof. Rössner, vorgestellt im Referat beim 70. Forensischem Seminar am 23.05.2019 in Mainz.

124 Bastian Obermayer und Rainer Stadler: *Bruder, was hast Du getan? Kloster Ettal. Die Täter, die Opfer, das System.* Kiepenheuer & Witsch, 2011, S. 160.

125 Peter Winnemöller: Es gibt keine solche Monarchie in der Kirche. Ein Montagskick; https://www.kath.net/news/67635, letzter Zugriff 08.08.2019.

126 Ebd.

127 Andrea Schreiber und Nicolai Piechota: „Abschottung oder Aufbruch? Die katholische Kirche und die Missbrauchskrise,“, ZDFzoom, 20.02.2019; https://www.zdf.de/dokumentation/zdfzoom/zdfzoom-abschottung-oder-aufbruch-100.html, letzter Zugriff 08.08.2019.

128 Ebd., bei ca. 15,10 Min.

129 Stangl W.: Katholische Kirche und Sexualität; https://arbeitsblaetter-news.stangl-taller.at/sexualitaet-und-katholische-kirche/(2019-08-08).

130 Ebd.

131 Ebd.

132 I. Vatikanisches Konzil „Pastor aeternus“; http://www.kathpedia.com/index.php?title=Pastor_aeternus_(Wortlaut); letzter Zugriff 08.08.2019.

133 Simon Linder: „Du bist Petrus“; https://www.katholisch.de/aktuelles/aktuelle-artikel/du-bist-petrus, letzter Zugriff 08.08.2019.

134 Geoffrey Robinson: *Macht, Sexualität und die katholische Kirche. Eine notwendige Konfrontation.* Publik-Forum,2010, S. 15.

135 Doris Wagner: *Pater Klaus Mertes. Spiritueller Missbrauch in der katholischen Kirche.* Herder, 2019.

136 „Anne Will“, ARD, 24.02.2019, 21.45 Uhr, bei ca. 51,26 Min.; https://daserste.ndr.de/annewill/archiv/Krisengipfel-im-Vatikan-wie-entschlossen-kaempft-die-Kirche-gegen-Missbrauch,erste11436.html, letzter Zugriff 08.08.2019.

137 Das menschliche Leben wird zum simplen Produkt; https://www.tagesanzeiger.ch/sonntagszeitung/das-zoelibat-ist-kein-dogma/story/16856406; S. 15-17; letzter Zugriff 08.08.2019.

138 Geoffrey Robinson: *Macht, Sexualität und die katholische Kirche. Eine notwendige Konfrontation.* Publik-Forum, 2010, S. 15.

139 Ebd., S. 16.

140 Ebd.

141 Ebd.

142 Ebd.

143 Ebd.

144 Bastian Obermayer und Rainer Stadler: *Bruder, was hast Du getan? Kloster Ettal. Die Täter, die Opfer, das System*. Kiepenheuer & Witsch, 2011, S. 154.

145 Ebd., S. 155.

146 Ebd.

147 Ebd., S. 156.

148 Ebd., S. 157.

149 „Anne Will", ARD, 24.02.2019, 21.45 Uhr, bei ca. 51,26 Min.; https://daserste.ndr.de/annewill/archiv/Krisengipfel-im-Vatikan-wie-entschlossen-kaempft-die-Kirche-gegen-Missbrauch,erste11436.html, letzter Zugriff 08.08.2019.

150 „Mythos Vatikan. Das Heil verwalten", Herder Korrespondenz, Spezial Nr. 1/2019, Freiburg 2019, S. 51.

151 Wolfgang Thielmann: Diskrete Monarchie, in: DIE ZEIT 25/2012, S. 2.

152 Peter Winnemöller: Es gibt keine solche Monarchie in der Kirche. Ein Montagskick; https://www.kath.net/news/67635 letzter Zugriff 08.08.2019.

153 „Mythos Vatikan. Das Heil verwalten", Herder Korrespondenz Spezial, Nr. 1/2019, Freiburg 2019, S. 51.

154 Peter Winnemöller: Es gibt keine solche Monarchie in der Kirche. Ein Montagskick; https://www.kath.net/news/67635 letzter Zugriff 08.08.2019.

155 Ebd.

156 Wolfgang Thielmann: Diskrete Monarchie, in: DIE ZEIT 25/2012, S. 1–2.

157 https://www.juraforum.de/lexikon/voelkerrechtssubjekt; letzter Zugriff 08.08.2019.

158 Wolfgang Thielmann: Diskrete Monarchie, in: DIE ZEIT 25/2012, S. 1–2.

159 I. Vatikanisches Konzil „Pastor aeternus"; http://www.kathpedia.com/index.php?title=Pastor_aeternus_(Wortlaut), letzter Zugriff 08.08.2019.

160 Peter Winnemöller: Es gibt keine solche Monarchie in der Kirche. Ein Montagskick; https://www.kath.net/news/67635, letzter Zugriff 08.08.2019.

161 „Mythos Vatikan. Das Heil verwalten", Herder Korrespondenz Spezial, Nr. 1/2019, Freiburg 2019, S. 51.

162 „*Vos estis lux mundi*"; http://w2.vatican.va/content/francesco/de/motu_proprio/documents/papa-francesco-motu-proprio-20190507_vos-estis-lux-mundi.html; letzter Zugriff 08.08.2019.

163 Deutsche Bischofskonferenz, Pressemeldung Nr. 075: „Bischof Ackermann zum Motu proprio ‚Vos estis lux mindu' von Papst Franziskus", 09.05.2019; https://www.dbk.de/presse/aktuelles/meldung/bischof-ackermann-zum-motu-proprio-vos-estis-lux-mundi-von-papstfranziskus/detail/, letzter Zugriff 08.08.2019.

164 „Mythos Vatikan. Das Heil verwalten", Herder Korrespondenz Spezial, Nr. 1/2019, Freiburg 2019, S. 51.

165 Ebd.

166 „Anne Will", ARD, 24.02.2019, 21.45 Uhr, bei ca. 9,27 Min.; https://daserste.ndr.de/annewill/archiv/Krisengipfel-im-Vatikan-wie-entschlossen-kaempft-die-Kirche-gegen-Missbrauch,erste11436.html, letzter Zugriff 08.08.2019.

167 https://www.spiegel.de/karriere/bundesarbeitsgericht-kuendigung-von-katholischem-arzt-unwirksam-a-1254150.html; letzter Zugriff 08.08.2019.

168 https://www.vaticannews.va/de/welt/news/2019-03/frankreich-kardinal-barbarin-sechs-monate-haft-verurteilt-vatiab.html, letzter Zugriff 08.08.2019.

169 Pflieger/Momsen, in: Dölling et al. (Hrsg.): Nomos Kommentar. Gesamtes Strafrecht, zu § 258 StGB, Rn. 5.

170 https://daserste.ndr.de/annewill/podcast/Krisengipfel-im-Vatikan-wie-entschlossen-kaempft-die-Kirche-gegen-Missbrauch,audio489388.html; bei ca. 32,25 Min.; letzter Zugriff 08.08.2019.

171 „Anne Will", ARD, 24.02.2019, 21.45 Uhr, bei ca. 61 Min.; https://daserste.ndr.de/annewill/archiv/Krisengipfel-im-Vatikan-wie-entschlossen-kaempft-die-Kirche-gegen-Missbrauch,erste11436.html, letzter Zugriff 08.08.2019.

172 Deutsche Bischofskonferenz: „Leitlinien für den Umgang mit sexuellem Missbrauch Minderjähriger und erwachsener Schutzbefohlener durch Kleriker, Ordensangehörige und andere Mitarbeiterinnen und Mitarbeiter im Bereich der Deutschen Bischofskonferenz", 16.09.2013, in der aktuellen Fassung vom 25.06.2019; https://www.dbk.de/fileadmin/redaktion/diverse_downloads/presse_2012/2013-151a-Ueberarbeitung-Leitlinien_Rahmenordnung-Praevention_Leitlinien.pdf, letzter Zugriff 08.08.2019.

173 „Abschottung oder Aufbruch? Die katholische Kirche und die Missbrauchskrise", ZDFzoom, 20.02.2019, bei ca. 27,46 Min.; https://www.zdf.de/dokumentation/zdfzoom/zdfzoom-abschottung-oder-aufbruch-100.html, letzter Zugriff 08.08.2019.

174 „Anne Will", ARD, 24.02.2019, 21.45 Uhr, bei ca. 27,00 Min.; https://daserste.ndr.de/annewill/archiv/Krisengipfel-im-Vatikan-wie-entschlossen-kaempft-die-Kirche-gegen-Missbrauch,erste11436.html, letzter Zugriff 08.08.2019.

175 https://daserste.ndr.de/annewill/podcast/Krisengipfel-im-Vatikan-wie-entschlossen-kaempft-die-Kirche-gegen-Missbrauch,audio489388.html; bei ca. 27,03 Min.; letzter Zugriff 08.08.2019.

176 http://w2.vatican.va/content/francesco/de/motu_proprio/documents/papa-francesco-motu-proprio-20190507_vos-estis-lux-mundi.html; letzter Zugriff 08.08.2019.

177 Dreßing u.a.: Sexual abuse at the hands of Catholic clergy – a retrospective cohort study of its extent and health consequences for affected minors (The MHG Study), Dtsch Arztebl Int 2019; 116: 389-96. DOI: 10.3238/arztebl.2019.0389.

178 Deutsche Bischofskonferenz: „Leitlinien für den Umgang mit sexuellem Missbrauch Minderjähriger und erwachsener Schutzbefohlener durch Kleriker, Ordensangehörige und andere Mitarbeiterinnen und Mitarbeiter im Bereich der Deutschen Bischofskonferenz", 16.09.2013, in der aktuellen Fassung vom 25.06.2019; https://www.dbk.de/fileadmin/redaktion/diverse_downloads/presse_2012/2013-151a-Ueberarbeitung-Leitlinien_Rahmenordnung-Praevention_Leitlinien.pdf, letzter Zugriff 08.08.2019.

179 Ebd., S. 2.

180 https://www.katholisch.de/aktuelles/aktuelle-artikel/kampf-gegen-missbrauch-papst-verscharft-kirchenrecht-drastisch, letzter Zugriff 08.08.2019.

181 Deutsche Bischofskonferenz: „Leitlinien für den Umgang mit sexuellem Missbrauch Minderjähriger und erwachsener Schutzbefohlener durch Kleriker, Ordensangehörige und andere Mitarbeiterinnen und Mitarbeiter im Bereich der Deutschen Bischofskonferenz", 16.09.2013, in der aktuellen Fassung vom 25.06.2019, S. 4; https://www.dbk.de/fileadmin/redaktion/diverse_downloads/presse_2012/2013-151a-Ueberarbeitung-Leitlinien_Rahmenordnung-Praevention_Leitlinien.pdf, letzter Zugriff 08.08.2019.

182 Ebd., S. 5.

183 Ebd., S. 6.

184 Ebd., S. 6.

185 Ebd., S. 7.

186 Ebd., S. 7

187 Pflieger/Momsen, in: Dölling et al. (Hrsg.): Nomos Kommentar Gesamtes Strafrecht, zu § 258 StGB, Rn. 5.

188 Deutsche Bischofskonferenz: „Leitlinien für den Umgang mit sexuellem Missbrauch Minderjähriger und erwachsener Schutzbefohlener durch Kleriker, Ordensangehörige und andere Mitarbeiterinnen und Mitarbeiter im Bereich der Deutschen Bischofskonferenz", 16.09.2013, in der aktuellen Fassung vom 25.06.2019, S. 8; https://www.dbk.de/fileadmin/redaktion/diverse_downloads/presse_2012/2013-151a-Ueberarbeitung-Leitlinien_Rahmenordnung-Praevention_Leitlinien.pdf, letzter Zugriff 08.08.2019.

189 Ebd., S. 8.

190 Ebd., S. 8.

191 Ebd., S. 5.

192 Ebd., S. 7.

193 Deutsche Bischofskonferenz: „Aufklärung und Vorbeugung – Dokumente zum Umgang mit sexuellem Missbrauch im Bereich der Deutschen Bischofskonferenz", 5., geänderte Auflage, Bonn 2019; https://www.dbk-shop.de/de/deutsche-bischofskonferenz/arbeitshilfen/aufklaerung-vorbeugung-dokumente-umgang-sexuellem-missbrauch-bereich-deutschen-bischofskonferenz.html; letzter Zugriff 08.08.2019.

194 Ebd., S. 12.

195 Deutsche Bischofskonferenz: „Pressegespräch ‚Sexueller Missbrauch an Minderjährigen. Informationen zum aktuellen Stand der Aufarbeitung und Prävention'", 13.03.2019; https://hilfe-bei-missbrauch.bistumlimburg.de/beitrag/pressegespraech-sexueller-missbrauch-an-minderjaehrigen/, letzter Zugriff 08.08.2019.

196 Ebd.

197 Ebd.

198 Ebd.

199 Ebd.

200 Ebd.

201 Ebd.

202 Ebd.

203 Ebd.

204 https://www.zdf.de/dokumentation/zdfzoom/zdfzoom-abschottung-oder-aufbruch-100. html; bei ca. 10,00 Min., letzter Zugriff 08.08.2019.

205 http://www.ihlisoft.de/cgi-bin/dbman.cgi?db=cic83dt&uid=&view_records=1&Canon=1395&Text=&bool=and&view_records=Suche, letzter Zugriff 08.08.2019.

206 https://www.dbk.de/presse/aktuelles/meldung/bischof-ackermann-zum-motu-proprio-vos-estis-lux-mundi-von-papst-franziskus/detail/, letzter Zugriff 08.08.2019.

207 Zitat des ehemaligen Erzbischof Robert Zollitsch in einem Video-Interview; aus der Badischen Zeitung vom 20.11.2018.

208 https://www.codex-iuris-canonici.de/cgi-bin/dbman.cgi?db=cic83dt&uid=&view_records=1&Canon=1395&Text=&bool=&view_records=Suche, letzter Zugriff 08.08.2019.

209 Deutsche Bischofskonferenz: „Bischof Ackermann zum Motu proprio ‚Vos estis lux mundi' von Papst Franziskus", Pressemeldung Nr. 075 vom 09.05.2019; https://www.dbk.de/presse/aktuelles/meldung/bischof-ackermann-zum-motu-proprio-vos-estis-lux-mundi-von-papst-franziskus/detail/, letzter Zugriff 08.08.2019.

210 Ebd.

211 Andrea Schreiber und Nicolai Piechota: „Abschottung oder Aufbruch? Die katholische Kirche und die Missbrauchskrise", ZDFzoom, 20.02.2019, bei ca. 00,50 Min.; https://www.zdf.de/dokumentation/zdfzoom/zdfzoom-abschottung-oder-aufbruch-100.html, letzter Zugriff 08.08.2019.

212 Khalil Gibran: http://muster.daszitat.de/index.php?id=478, letzter Zugriff 08.08.2019.

Abbildungsverzeichnis

Hahaha S. 15

Die Falle S. 19

Der schwarze Sog S. 24

Der rote Traum der Hoffnung S. 25

Der Engel S. 48

Bunt oder nicht S. 57

Die Hampelfrau S. 66

Die Schlange im Kopf S. 88

Die Blase der Einsamkeit S. 114

Die Wut 1 S. 126

Die Wut 2 S. 127